schueleraustausch.d

Die Deutsche Bibliothek - CIP-Einheitsaufnahme

Gundlach, Christian:
Ein Schuljahr in den USA : Austausch-Organisationen auf dem Prüfstand : Infos zu über 70 Anbietern / Christian Gundlach ; Sylvia Schill. Mit einem Vorw. von Rita Süssmuth. - 6., völlig neu bearb. und aktualisierte Aufl. - Hamburg : Recherchen-Verl. Schill, 2002
ISBN 3-930902-04-4

Impressum
6., völlig neu bearbeitete und aktualisierte Auflage 2003/2004

Druck: Fuldaer Verlagsagentur, Fulda
Umschlaggestaltung: Update Satzstudio, Hamburg
Grafik, Layout, Satz: Jens Todzy, Hamburg
Printed in Germany
ISBN 3-930902-04-4

(Redaktionsschluß: 01.08.2002)

Dieses Buch ist in jeder Buchhandlung im deutschsprachigen Raum erhältlich. Bezugsadressen für den Buchhandel sind die Barsortimenter. Wer im Laden kein Glück hat, kann Bücher auch direkt beim Verlag beziehen:
Recherchen-Verlag, Verlag & Agentur Sylvia Schill,
Harkortstraße 81, D-22765 Hamburg
Tel./Fax: +49 (0 40) 23 11 97, E-Mail: info@recherchen-verlag.de
Internet: www.schueleraustausch.de
Recherchen-Verlag, Verlag & Agentur Sylvia Schill, Hamburg

Christian Gundlach, Sylvia Schill

Austausch-Organisationen auf dem Prüfstand:
Infos zu über 70 Anbietern

Ein Schuljahr in den USA

Mit einem Vorwort
von Prof. Dr. Rita Süssmuth

Recherchen-Verlag
Verlag & Agentur Sylvia Schill, Hamburg

Pressestimmen – ein Auszug

➔ ***Die Zeit:*** „(...) Detaillierte Tips, vor allem für die Auswahl der Austauschorganisationen, gibt (...) Christian Gundlach in seinem Ratgeber „Ein Schuljahr in den USA". (...)"

➔ ***Frankfurter Rundschau:*** „(...) Neben Tabellen, die einen Vergleich der einzelnen Organisationen überhaupt erst ermöglichen, beantwortet der allgemeine Teil so gut wie jede Frage, die sich Schüler und Eltern stellen sollten.(...)"

➔ ***Capital:*** „(...) Bei der Entscheidung für oder gegen den mindestens 10.000 Mark teuren Langzeittrip hilft Christian Gundlach mit seinem Buch „Ein Schuljahr in den USA". (...)"

➔ ***Stiftung Warentest - test:*** „(...) Der Band gibt eine gute Hilfestellung bei der Auswahl der Organisation. (...)"

➔ ***Spotlight:*** „(...) There are so many organizations providing different programmes that it is impossible to research them all. But a new book, Ein Schuljahr in den USA, can help you out. It guides you through different organizations with details and rankings. (...)"

➔ ***Frankfurter Allgemeine:*** „(...) „Ein Schuljahr in den USA" stellt Schülern und Eltern eine Leistungsübersicht und den Vergleich zwischen den auf dem deutschen Markt tätigen Organisationen vor. (...) Grundlage für Lehrer und Pädagogen, die über Schüleraustausch informieren müssen. (...)"

➔ ***WirtschaftsWoche:*** „(...) Infos aus erster Hand: Die Plattform www.schueleraustausch.de bietet Foren mit der Möglichkeit zum Chatten, Erfahrungsaustausch sowie einen virtuellen Literaturshop. (...)"

Symbole

Wichtige Informationen, besondere Hinweise und Tips haben wir durch verschiedene Symbole gekennzeichnet:

Das „STOP"-Symbol kennzeichnet besonders Wissenswertes und Wichtiges. Hier lohnt es sich, genauer nachzulesen.

Das „TIP"-Symbol macht auf praktische Hinweise vor, während und nach dem High School-Jahr aufmerksam.

Das „BUCH"-Symbol zeigt auf weiterführende Literatur. Die wohl umfangreichste Sammlung von Literatur zum Thema Schüleraustausch (auch US-Titel) finden Sie in unserem Literatur-Verzeichnis.

Das „WWW"-Symbol markiert interessante WWW-Adressen zum Thema Schüleraustausch. Diese befinden sich auch im WWW-Verzeichnis oder noch praktischer direkt zum Anklicken unter unserer eigenen WWW-Adresse:
„www.schueleraustausch.de" unter Links

Danksagung

An der Erstellung dieses Buches waren viele Menschen beteiligt.
Sie haben uns mit ihrem Erfahrungs- und Wissensschatz geholfen,
die verwirrenden Puzzleteilchen zusammenzusetzen.
Im einzelnen möchten wir für ihre Hilfe danken:

Prof. Tyll van Geel, Dr. Lutz Goertz,
Julia Howard, Erika Gundlach-Schröter

Dedicated to "Katyllixap"

Christian Gundlach

Allen Austauschorganisationen, Jens Todzy, Wolfgang Röttger

Sylvia Schill

Christian Gundlach, geb. 1970, war selbst Austauschschüler in den USA. Durch verschiedene Berufspraktika in amerikanischen Firmen rundete der Autor seine USA-Erfahrungen ab. Nach seinem Medienmanagement-Studium in Hannover war er PR-Sprecher eines mittelständischen Handelsunternehmens und ist heute Marketingleiter der Landesbühne Hannover.

Sylvia Schill, geb. 1963, arbeitete nach ihrem Germanistik- und Philosophiestudium drei Jahre bei einer Austauschorganisation. Danach wechselte sie in die Verlagsbranche und war mehrere Jahre für Redaktion und Werbung zuständig. Heute ist sie Presse-Referentin eines internationalen Bildungsunternehmens.

Inhaltsverzeichnis

Vorwort: Prof. Dr. Rita Süssmuth

Teil 1

Teil 2

Verzeichnisse

Vorwort

Liebe Leser,

wenn Sie dieses Buch in den Händen halten, spielen Sie selbst mit dem Gedanken, ein Schuljahr in den USA zu verbringen oder sind Eltern eines Kindes, welches plant, für ein High School-Jahr in die Vereinigten Staaten zu gehen. Auch wenn der Abschied schwer fällt, bin ich mir sicher, daß Sie die richtige Entscheidung getroffen haben. Denn ein Auslandsaufenthalt hilft dem Austauschschüler nicht nur beim Erlernen der Sprache des Gastlandes. Darüber hinaus lernt der Schüler, sich in einem fremden Land und in einer fremden Kultur zurechtzufinden. Dadurch entwickelt der Austauschschüler Sensibilität und Verständnis für Menschen anderer Nationen. Letztendlich trägt ein solcher Austausch aber auch zur Völkerverständigung bei: ein lebendiger Jugendaustausch bewirkt mehr als große Deklarationen.

Die Organisation eines solchen Aufenthaltes ist nicht einfach. Schließlich soll ja die ideale Gastfamilie gefunden werden. Es gibt zahlreiche Anbieter für Schuljahre in den USA. Diese alle einzeln zu kontaktieren, wäre sehr mühsam. Dieses Buch soll helfen, den Überblick im Dschungel der Anbieter zu bewahren. Außerdem erfahren Sie hier alles rund um die persönliche Vorbereitung des Aufenthaltes.

Beim Lesen und Vorbereiten viel Freude sowie eine schöne Zeit im Ausland

wünscht Ihnen

Ihre

Rita Süssmuth

Prof. Dr. Rita Süssmuth

I Einführung

„Krachend aufeinander"?

Der Artikel sprang sofort ins Auge: „Einen ‚Horrorfilm' nennt (eine Mutter) ihre Erfahrungen mit dem Gastschüler-Programm". Für einen 17jährigen Marler Austauschschüler war das als „Traum" begonnene USA-Austauschjahr „zur Hölle" geworden. „Zuletzt habe er nicht einmal mehr im Internet surfen können".
Das Nachrichtenmagazin „Spiegel", in dem diese Abscheulichkeiten am 14.02.2000 zu lesen standen, nutzte den Anlaß, um über das Geschäft mit dem Schüleraustausch zu berichten und es als lukrativen Markt für unseriöse Vermittler zu brandmarken. Glaubt man dem Artikel, dann werden immer mehr Austauscherfahrungen zu Horrortrips. Schuld daran sind Veranstalter, bei denen unklar ist, wo das Geld bleibt. Und schuld sind natürlich auch die amerikanischen Partnerorganisationen, die bei der Vermittlung und Betreuung der Gastschüler lasch arbeiten.
Mit dieser Darstellung trat der „Spiegel" eine ganze Welle von Veröffentlichungen los, die das Austauschgeschäft in ein übles Licht rückten. Viele, auch überregionale Tages- und Wochenzeitungen überboten sich in den folgenden Wochen mit dramatischen Erlebnisberichten ehemaliger USA-Austauschschüler. Solche und ähnliche Presseberichte wiederholen sich regelmäßig. Kein Wunder, dass sich fast alle Austauschorganisationen von den Medien mehr Unterstützung wünschen, wenn es darum geht, den Austauschmarkt realistisch zu präsentieren.
Die negative Berichterstattung betrifft nur etwa 2% aller Austauschschüler. Über die anderen 98%, die ein gutes Jahr haben, wird so gut wie nie berichtet. Eine Journalistin eines größeren TV-Senders sagte mir, daß sie in der Redaktionskonferenz einen positiven oder auch nur informierenden Beitrag über Schüleraustausch nicht durchsetzen könne, da Sensationen gefragt seien.
Woran aber merkt man, daß es einer Organisation nur ums Geld geht? Was ist eine „gute Vorbereitung"? Wie erkennt man eine „sorgfältige

Betreuung“? Bisher mußten sich austauschwillige Schüler und deren Eltern auf die eigene Recherche verlassen – und das konnte eine schweißtreibende Angelegenheit sein. Immerhin handelt es sich hierbei um eine „Investition in die Zukunft des Schülers“, und zwar nicht nur im übertragenen, sondern auch im eigentlichen Sinne des Wortes.

Schüleraustausch – kompliziert und teuer?

Womit wir beim Thema wären: Schüleraustausch ist kompliziert und teuer. Allein an Programmgebühren legt man für ein Jahr USA locker EUR 6.500 auf den Tisch. Kann man dafür nicht auch etwas verlangen? Eine passende Gastfamilie? Eine abwechslungsreiche, sichere Schule? Eine gute Vorbereitung? Eine Rundumvierundzwanzig-Stunden-am-Tag-und-in-der-Nacht-Betreuung? Es kann schließlich nicht nur negative Erlebnisse geben, sonst würden doch nicht jedes Jahr wieder tausende von Schülern die weite Reise antreten.

Sich durch das fast unüberschaubare Angebot an Schüleraustausch-Organisationen durchzukämpfen, ist eine schwer zu bewältigende Aufgabe – es ist nervtötend. Die einzelnen Angebote zu vergleichen, ist noch schwieriger: Jeder gestaltet seine Preise anders und die sich über mehrere Seiten erstreckenden Vertragsbedingungen lesen sich meist ähnlich spannend wie das örtliche Telefonbuch. Erschöpft legt man den Broschürenberg beiseite und denkt: Kann mir nicht einfach jemand sagen: „Fahr mit Organisation X – die sind gut!“

Leider kann dieser Bitte nicht so pauschal entsprochen werden. Dafür gibt es zu viele Unwägbarkeiten, die es unmöglich machen, eine Erfolgsgarantie auszusprechen. Zu viele Menschen sind beteiligt, als daß man von einer „Standarderfahrung“ sprechen könnte.

Deshalb muß aber keiner verzweifeln und den Austauschwunsch gleich wieder über Bord werfen. Die Unwägbarkeiten kann man zwar nicht vermeiden, aber zumindest einschätzen lernen. Die am Austausch beteiligten Menschen und Institutionen kann man nicht gleichschalten, aber man kann lernen, mit ihnen umzugehen. Eine Standarderfahrung kann man nicht erwarten, aber man kann sich informieren, welche Abweichungen man sich nicht gefallen lassen muß.

Sinn und Zweck dieses Buches ist es,

den Schüleraustauschmarkt klar, deutlich und verständlich zu präsentieren, so daß jeder Leser sich einen qualifizierten Überblick über die verschiedenen Angebote verschaffen kann.

Für wen ist dieses Buch?

Angesprochen sind die Schüler, denen längst klargeworden ist, daß die auf wenige Seiten zusammengeschnurrten Werbetexte in den Broschüren der Austauschorganisationen kein umfassendes Bild über das bevorstehende Abenteuer bieten können. Angesprochen sind auch die Eltern, die es leid sind, mit „US-behördlichen Bestimmungen", „administrativen Zwängen" und „kompetenzverlagerten Entscheidungskriterien" konfrontiert zu werden, die sie zwar alle nicht nachvollziehen können, die aber richtig Geld kosten.

Angesprochen sind aber auch die Lehrer, Gemeindejugendsekretäre und andere Personen in pädagogischen Diensten, die für interessierte Schüler und deren Eltern oft erste Anlaufstelle für Informationen zum Schüleraustausch sind. Insbesondere die Schulen werden mit Broschüren der verschiedensten Anbieter geradezu überhäuft. Sich als Fachlehrer durch das Überangebot an Organisationen zwischen Unterricht und Fachbereichskonferenz durchzuwühlen, um die Spreu vom Weizen trennen zu können, ist nicht immer von Erfolg gekrönt.

Nach Lektüre dieses Buches sollten zwei Dinge deutlich sein: Zum einen, daß sowohl ein positives als auch ein negatives Austauscherlebnis jedem passieren könnte. Und zum anderen, daß es in beiden Fällen unfair wäre, allein die deutsche Schüleraustausch-Organisation für den guten bzw. den schlechten Verlauf des Jahres verantwortlich zu machen. Sehr viel mehr Faktoren als nur die Qualität der deutschen Organisation spielen nämlich bei einem wie auch immer definierten Erfolg des Austauschabenteuers eine Rolle.

Von guten und von schlechten Erfahrungen im Ausland hat wahrscheinlich jeder schon mal gehört. Jede Organisation wird sowohl ein „Superjahr" als auch einen „Horrortrip" schon erlebt haben. Ja, es ist gut möglich, daß beide im gleichen Jahr bei der gleichen Organisation vorkommen. Könnte man dann daraus ableiten, daß das „Superjahr" dem Durchschnitt bei dieser Organisation entspricht und der „Horrortrip“ nur ein „Ausrutscher“ sei? Oder umgekehrt? Nein, auch das kann man nicht. Fest steht, daß die absolute Mehrheit der deutschen Austauschschüler ihr Jahr im Nachhinein als positiv bewertet. Aber Kriterien für den positiven bzw. negativen Verlauf eines Jahres sind schwer aufzustellen. Bei aller administrativen Organisation und behördlichen Reglementierung bleibt Schüleraustausch immer ein ganz persönliches, individuelles Erlebnis.

Dieses Buch will die Möglichkeiten und die Grenzen der persönlichen und der organisatorischen Komponenten des Schüleraustausches aufzeigen. Zu den Möglichkeiten mehr auf den nachfolgenden Seiten. Zu den Grenzen schon mal vorab ein Zitat:

...eine andere Kultur...

„Es gibt nur eine Art und Weise, eine andere Kultur zu verstehen. Sie zu leben. In sie einzuziehen, darum zu bitten, als Gast geduldet zu werden, die Sprache zu lernen. Irgendwann kommt dann vielleicht das Verständnis. Es wird dann immer wortlos sein. In dem Moment, in dem man das Fremde begreift, verliert man den Drang es zu erklären. Ein Phänomen erklären heißt, sich davon entfernen.“

Peter Høeg

Was ist Schüleraustausch?

Es geht uns um den sogenannten langfristigen Schüleraustausch mit den USA. Hierzu bedarf es einiger Definitionen, um von vornherein zu sagen, was dieses Buch nicht leisten wird.

Das Wort „Schüleraustausch“ suggeriert eine Art Duales System der Landverschickung. Tatsache ist aber, daß der wirkliche „Austausch“ im eigentlichen Sinne des Wortes gar nicht mehr stattfindet. „Austausch“ nämlich heißt, daß eine Begegnung der Kulturen auf Gegenseitigkeit stattfindet. Demnach müßte für jeden Schüler, der den Weg von Deutschland in die USA antritt, auch ein entsprechender Gegenbesuch kommen.

Die Zahlen vermitteln hier jedoch ein anderes Bild: Die von der amerikanischen „Schüleraustausch-Überwachungsorganisation“ CSIET empfohlenen Organisationen plazierten gut 60.000 Schüler in den USA. Hingegen konnten nur rund 20.000 amerikanische Schüler dazu bewegt werden, die Reise in die weite Welt anzutreten. Da in der CSIET-Liste alle großen Organisationen aufgeführt sind, kann man davon ausgehen, daß diese Zahlen einigermaßen repräsentativ für die Gesamtschülerzahlen sind.

Es läßt sich also feststellen, daß jährlich nur etwa ein Drittel soviele Schüler aus den USA ausströmen, wie in das Land einströmen. Gründe hierfür liegen auf der Hand: Die USA werden noch immer als das Einwanderungsland schlechthin bezeichnet. Vieles, was die westliche Welt prägt, kommt aus den USA: die populäre Musik, Hollywoods Traumkino, das unvermeidliche McDonalds, subkulturelle Trends, usw. So ist es nicht weiter verwunderlich, daß trotz ständiger öffentlicher Kritik an den USA in den letzten 30 Jahren (Stichworte: Vietnam, Nato-Doppelbeschluß, Umweltverschmutzung) immer noch die USA das beliebteste Land der jungen Deutschen zwischen 14 und 29 Jahren ist. Dies ergab eine Umfrage des Nachrichtenmagazins „Der Spiegel“. Auf die Fragen „Möchten Sie lieber in einem Land außerhalb Deutschlands leben? Wenn ja, wo?“ antworteten 24 Prozent der befragten 2.034 Jugendlichen mit „USA“.

Schüleraustausch mit den USA ist also eine Art Einbahnstraße. Trotzdem soll der Begriff, der Gewöhnung halber, weiter verwandt werden. Schüleraustausch ist außerdem und insbesondere ein Geschäft mit den USA. Zwar gibt es viele ehrenwerte Versuche verschiedener Anbieter, diese Tradition zu brechen und auch andere Länder für austauschwillige Schüler attraktiv zu machen. So legt eine international renommierte Organisation Wert darauf festzustellen, daß das vorliegende Buch seinem Anspruch einer Übersicht besser gerecht werden würde, „wenn es sich nicht nur auf Entsendeprogramme und hierbei mehr oder weniger auf das Zielland USA bezöge“.

Diese Aussage ist sicherlich richtig und auch angebracht, schaut man sich das Austauschangebot nicht nur dieser Organisation an. Länder wie Brasilien, Ecuador, Ungarn und Japan finden sich darunter. Und Australien, Kanada und Neuseeland bieten mittlerweile die meisten Organisationen als Austauschziele an. Leider bilden diese Programme immer noch die Ausnahme, nicht zuletzt auch deshalb, weil z. B. Australien und Neuseeland „quoten“. Der guten, alten Austauschidee

treu, muß für jeden ausländischen Schüler, der ins Land kommt, auch ein eigener Schüler das Land verlassen.
Der Grundgedanke, der dahintersteckt, ist sicherlich nicht verkehrt. Der Effekt jedoch ist, daß der Austausch mit diesen Ländern nicht so richtig in Gang kommt, da es insbesondere in Deutschland sehr viel mehr austauschwillige Schüler gibt als in jenen Ländern.

Austauschziel USA?

Deshalb soll es nur um die USA als Austauschziel gehen. Und dies hat auch pragmatische Gründe. Wie in den nachfolgenden Kapiteln zu lesen sein wird, handelt es sich beim Schüleraustausch um eine äußerst komplexe, schwer zu erfassende und noch schwerer zu kategorisierende Angelegenheit.
Andere Austauschziele dieser Erde in dieses Buch einzubeziehen, hätte schon allein bei der Benennung der behördlichen Bestimmungen Schwierigkeiten mit sich gebracht, da diese natürlich von Land zu Land verschieden sind. Wie weiter hinten im Buch deutlich werden wird, sind die den Schüleraustausch betreffenden Bestimmungen allein in den USA von Schuldistrikt zu Schuldistrikt verschieden. Wie kann man da noch von Übersicht reden, wollte man diese Bestimmungen für die vielen Austauschländer dieser Welt skizzieren?

Aber es gibt noch einen anderen Grund, warum es in diesem Buch ausschließlich um High School-Programme in die USA gehen soll: Die USA waren und sind immer noch das beliebteste Austauschziel der deutschen Schüler. Selbst beim weltweit operierenden YFU belegen dies die Zahlen für 2002/2003: Von rund 1.150 entsendeten Schülern gingen 897 in die USA, 25 nach Finnland, 16 nach Argentinien, 20 nach Neuseeland und 15 nach Brasilien. Die übrigen 170 Schüler verteilen sich auf rund 20 weitere Länder. Auch bei den vielen anderen Organisationen, die sich eine Internationalisierung des Schüleraustausches auf die Fahne geschrieben haben, sieht die Bilanz ähnlich aus. Selbst die gängigeren Programme nach Australien, Neuseeland oder Kanada machen nur einen kleinen Teil der Schülerzahlen aus.

Eine Anmerkung ist an dieser Stelle wichtig. Die Begrenzung des inhaltlichen Feldes dieses Buches auf die USA hat keine wertenden Gründe. Schüleraustausch mit Australien, Japan oder Paraguay ist mit Sicherheit ebenso spannend, erlebnisreich und vielseitig wie Schüleraustausch mit den USA.

Trotzdem beschränke ich mich exemplarisch auf den langfristigen (d.h. mindestens sechsmonatigen) Austausch mit den USA. Programme kürzer als sechs Monate sind meiner Meinung nach Sprachkurs- bzw. Ferienprogramme (z. B. sog. Homestay-Programme), da der Schüler dort meistens ein „paying guest“ ist. Der High School-Besuch wird bei den in diesem Buch diskutierten Programmen vorausgesetzt, schließlich handelt es sich um schulpflichtige Jugendliche.
Auch der Studienaustausch wird in diesem Buch explizit ausgeklammert. Die hierfür geltenden Bestimmungen und Anforderungen sind so grundverschieden vom Schüleraustausch, daß eine vergleichende Diskussion nur zur allgemeinen Verwirrung beitragen würde.

Was leistet dieses Buch?

Der langfristige Schüleraustausch mit den USA wird am deutschen Markt derzeit von mehr als 50 Organisationen angeboten. Diese Zahl ergab sich aus Auswertungen im Internet, Analysen von Zeitungsanzeigen und der erhältlichen Literatur zum Thema, sowie Erkundungen bei mit dem USA-Austausch befaßten Institutionen (Amerika-Häuser, Konsulate, Kultusministerien, etc.). Es kann davon ausgegangen werden, daß es sich zum Zeitpunkt der Drucklegung hierbei um die Gesamtzahl der Anbieter handelt. Sollten bestimmte Organisationen übersehen worden sein, werden diese selbstverständlich bei der nächsten Auflage des Buches berücksichtigt. Gleiches gilt für Firmenneugründungen.

TIP

Neben diesen Organisationen gibt es noch verschiedene Institutionen auf Länderebene, die sich mit dem langfristigen Schüleraustausch befassen. Dazu zählt z.B. der Bayerische Jugendring, das

Oberschulamt Stuttgart sowie die Kultusministerien der verschiedensten Bundesländer. Diese Institutionen wurden bei der tabellarischen Auswertung nicht berücksichtigt. Ihre Angebote unterscheiden sich in Anlage und Durchführung derart von den oben beschriebenen Programmen, daß sie ausgeklammert werden mußten. Wiederum handelt es sich hierbei nicht um eine Bewertung der Güte dieser Programme. Im Gegenteil, es ist vielmehr zu begrüßen, daß dem kommerzialisierten Markt der internationalen Begegnung auch von behördlicher Seite nicht immer nur lamentierende Klagen, sondern auch Eigeninitiativen entgegengesetzt werden. Der Hamburger Senat z.B. fördert ganzjährige Austauschschuljahre mit Teilstipendien, wenn der Schüler danach direkt die 12. Klasse der deutschen Schule anschließt. Mehr Informationen im Kapitel "Stipendien".

Die Basis der Recherche zu diesem Buch bildet eine Untersuchung, an der alle zum Zeitpunkt der Drucklegung bekannten Schüleraustausch-Organisationen beteiligt wurden. Ein 16-seitiger Fragebogen wurde jeder dieser Organisationen zugeschickt mit der Bitte, ihn ausgefüllt zurückzusenden. Dieser Bitte sind alle Organisationen nachgekommen. An dieser Stelle gebührt ihnen ein herzliches Dankeschön für die Mühe, die sie sich mit dem Ausfüllen des sehr umfangreichen Fragebogens und der Zusammenstellung der erforderlichen Materialien gemacht haben. Jede Organisation wurde mindestens zweimal angeschrieben und mindestens einmal telefonisch, per Fax oder E-Mail an den ausstehenden Fragebogen erinnert.

Die Entwicklung des Fragebogens beruht auf drei Faktoren: Literatur- und Internetrecherche, Expertengespräche und persönliche Erfahrungen. Die am Markt erhältliche Literatur sowie die zu Redaktionsschluß bekannten Internetseiten (siehe Literatur- und WWW-Verzeichnis) zum Thema USA-Schüleraustausch wurden ausgewertet. Außerdem sind die Inhalte und Meinungen diverser journalistischer Veröffentlichungen in Tageszeitungen (regional und überregional) und Wochenzeitungen bzw. Zeitschriften (Der Spiegel, Die Zeit, Spotlight, Oskars, etc.) in die Untersuchung eingeflossen.

In einem zweiten Schritt wurden Gespräche mit verschiedenen Experten zum Thema geführt. Dazu zählen Mitarbeiter der Amerikahäuser, der deutsch-amerikanischen Institute, der

Kultusministerien und Schulämter sowie der amerikanischen Konsulate und Botschaften.

Letztendlich habe ich meine eigenen Erfahrungen als Austauschschüler für die Entwicklung des Fragebogens berücksichtigt. Mein Austauschjahr war ein voller Erfolg. Um so mehr ein Grund, den eingangs zitierten Zeitungsartikeln nachzugehen.

Der Anspruch dieses Buches...

Die Ergebnisse der Fragebogenaktion wurden statistisch erfaßt. Sie haben eine zentrale Bedeutung für dieses Buch, mit dem Anspruch, sich an der Wirklichkeit des Marktes zu orientieren.

Konzeption dieses Buches

Das Buch besteht aus zwei Teilen: einem Ratgeber-Teil und einem Tabellenteil. Der Ratgeber-Teil erfaßt, beschreibt und erklärt den Schüleraustauschmarkt. Die nachfolgenden Kapitel beschäftigen sich mit den persönlichen und administrativen Voraussetzungen, mit den behördlichen Reglementierungen beidseitig des Ozeans, mit der Arbeit der Organisationen und ihrer amerikanischen Partnerorganisationen und mit dem Ablauf und Inhalt eines Austauschjahres. Dabei fließen immer wieder Ergebnisse der Fragebogenaktion ein, um die angesprochenen Themen in den Gesamtzusammenhang zu stellen.
Im zweiten Teil dieses Buches werden dann die Organisationen ausführlich vorgestellt. Nach Lektüre des ersten Teils wird deutlich, daß eine Vergleichbarkeit der Angebote nur aufgrund des Informationsmaterials der Organisationen nicht möglich ist. Deshalb bietet der Tabellenteil mit Hilfe schnell vergleichbarer Tabellen eine exakte Übersicht über die tatsächlichen, nachgeprüften Leistungen der Organisationen. Im Innenteil kommt die Organisation jeweils selbst zu Wort. Die Texte zu den Themen „Philosophie der Arbeit“ und „Ratschläge an Bewerber“ sind von den Organisationen selbst geschrieben und von Verlag und Autor ohne Prüfung und Nachfrage abgedruckt worden. Die Gewähr für den Wahrheitsgehalt liegt bei den jeweiligen Organisationen.

Gebrauchanweisung für den Tabellenteil:

Durch leichtes Verschieben der linken bzw. rechten Tabellenseite einer Organisation können die wichtigsten Leistungen einer Organisation mit denen der anderen auf einen Blick verglichen werden (siehe auch “Benutzungs-Tip für die nachfolgenden Tabellen”).

II Bin ich bereit?

Von lebensnotwendig bis nützlich

Dieses Buch soll bei der Wahl der richtigen Schüleraustausch-Organisation behilflich sein. Und dennoch geht es zunächst mal gar nicht um die Organisationen, sondern um den Schüler bzw. seine Eltern selbst. Bevor man sich nämlich einer Austauschorganisation zuwendet, sollte man sich darüber im klaren sein, ob man wirklich ein Jahr in die USA reisen möchte; ob einem wirklich bewußt ist, was es heißt, ein Jahr in einem fremden Land in einer fremden Familie, an einer fremden Schule unter Benutzung einer fremden Sprache zu leben. Leben, das beinhaltet ja nicht nur die strahlendlachenden Postkartengesichter und Broschürenfotos kommerzieller Reiseveranstalter, nein, Leben beinhaltet die positiven wie auch die negativen Erlebnisse, die man in einem ganz „normalen" Jahr so haben kann. Dazu gehören neben all den wundervollen Erfahrungen, für die ein USA-Jahr zu Recht steht, dann auch verständnislose Lehrer, falsche Freunde, Krach mit den Eltern, Langeweile und schlechte Laune. Eben all das, was einem sonst auch zu Hause passiert.

Das Auswahlverfahren der Organisationen sollte diejenigen Schüler herausfiltern, denen dieses Ausmaß des Austauschabenteuers nicht klar ist (vgl. Abschnitt „Auswahlverfahren"). Die Befragung der Organisationen hat ergeben, daß in ihren Informationsmaterialien gut die Hälfte der Organisationen die persönlichen Voraussetzungen des Schülers ansprechen. Das heißt, diese Organisationen versuchen schon mit ihren Broschüren, den oben angesprochenen Bewußtseinsprozeß im Schüler in Gang zu setzen.

Dabei gehen sie unterschiedlich geschickt vor. Viele geben eine Liste von Fragen vor, die „unbedingt mit Ja beantwortet werden müssen". Andere listen einfach nur stichpunktartig „nötige Voraussetzungen" auf. Wieder andere entwerfen sogenannte „Selbstinterviews" und lassen sie sich angeblich sogar „patentieren".

Auch die verschiedene Literatur zum Thema geht auf „persönliche Voraussetzungen" ein. Der „Verbraucherschutzverein in Bildungs-

fragen“ ABI beschränkt sich auf die erwähnte „unbedingt mit Ja zu beantwortende“ Frageliste.
Mehr Mühe gegeben hat sich die ehemalige Austauschschülerin Heike Berg in ihrem Buch „What's up“.Auch sie entwirft zwar einen Fragebogen, kommentiert aber immerhin die einzelnen Fragen, so daß diese nicht völlig sinnentleert im Raum stehen.
Das genau ist nämlich die Gefahr bei den „Selbstinterviews“ – ein 16-jähriger Schüler kann mit ihnen wenig anfangen. Entweder sind die Fragen so hypothetisch, daß die Antwort lauten muß „Woher soll ich denn das wissen?“ oder die Formulierung ist derart allgemein, daß die Antwort in jedem Fall „ja“ heißen wird.
Was zum Beispiel ist mit solchen Fragen anzufangen, wie: „Bin ich grundsätzlich von der geistigen Reife und körperlichen Gesundheit zu diesem Programm geeignet?“ (siehe auch Abschnitt „Diabetes, chronische Krankheiten und leichte Behinderungen“) oder „Entspreche ich vom äußerlichen Erscheinungsbild den amerikanischen Vorstellungen?“. Warum ist es wichtig, daß ein Schüler „tolerant, hilfsbereit und kontaktfreudig“ ist? Was hat „Sportliebe und religiöses Interesse“ mit Schüleraustausch zu tun? Und warum ist die Fähigkeit, „Anordnungen zu befolgen ohne zu widersprechen“ eine persönliche Voraussetzung zur Eignung als Austauschschüler?

TIP

In diesem Kapitel sollen die Ansprüche an die persönliche Reife eines Schülers durchleuchtet werden, aufgestellt von Organisationen, Literatur und Ratgebern. Trägt man all diese Fragebögen, Selbstinterviews und Voraussetzungsanforderungen zusammen, ergeben sich verschiedene Kategorien. Diese sollen im folgenden vorgestellt und erläutert werden. Dabei wird deutlich, daß Voraussetzung nicht gleich Voraussetzung ist. Man kann „lebensnotwendige“ Ansprüche gut von solchen unterscheiden, die vielleicht angenehm sind, aber nicht unabdingbare Voraussetzung für das Gelingen eines Austauschjahres darstellen.
Die Einordnung der verschiedenen Eigenschaften in die jeweiligen Kategorien geschah sowohl aufgrund meiner eigenen Erfahrung im Schüleraustausch als auch aufgrund der schon mehrfach zitierten Literatur zum Thema. Allgemeingültige Weisheiten sind besonders schwer zu formulieren. Im Endeffekt kommt es nämlich darauf an, wie sich der einzelne Schüler in einer nicht voraussehbaren Situation mit anderen Individuen verhält.

Formale Voraussetzungen

• Alter

Die vom Department of State, Bureau of Educational and Cultural Affairs, für den Schüleraustausch festgelegten Regeln besagen, daß bei Beginn des Austausches ein Schüler nicht jünger als 15 und nicht älter als 18½ Jahre sein darf. Außerdem darf nur Austauschschüler werden, wer noch nicht mehr als elf Jahre Schulzeit in seinem Heimatland absolviert hat. Die deutschen Organisationen beschränken aus diesen Gründen das Teilnahmealter auf 15 - 18 Jahre.

• Schulpflicht

In Deutschland besteht eine allgemeine Schulpflicht für 12 Jahre (auch inklusive Berufsschulzeit bei Nicht-Abiturienten). Aus diesem Grund braucht man eine Genehmigung, wenn man ein Jahr der deutschen Schule fernbleiben will. Eine solche Genehmigung wird auf Antrag (meist formloses Schreiben) bei der jeweiligen Schule bzw. Schulbehörde erteilt (siehe auch Abschnitt "Versetzungs-Richtlinien").

• Jahrgangsstufe

Aufgrund der Altersbeschränkungen kommen eigentlich nur die Jahrgangsstufen 11 (also nach der 10. Klasse) bzw. 12 (also nach der 11. Klasse) für den einjährigen Schüleraustausch in Betracht. Die Anerkennung der in den USA erbrachten Leistungen ist die Voraussetzung dafür, das in den USA verbrachte Schuljahr nicht wiederholen zu müssen (nähere Auskünfte im Abschnitt "Versetzungs-Richtlinien").
Zu diesem Punkt müssen ein paar Anmerkungen gemacht werden. Landläufig nämlich besteht die Meinung, man „verliere“ ein Jahr, wenn man die Schullaufbahn nicht nahtlos weiterverfolge. Aus diesem Grund gehen auch die meisten Schüler nach der 10. Klasse in die USA. Dort verbringen sie dann das 11. Schuljahr in der Hoffnung, dieses in

Deutschland nach der Wiederkehr überspringen zu können und direkt mit der 12. Klasse weitermachen zu können.

STOP

In vielen Bundesländern nun ist die 11. Klasse sowieso „nur" Vorbereitungs- bzw. Wiederholungsjahr für die Abiturjahre 12 und 13. Aus diesem Grund betrachten es viele Schüler (oder vielleicht eher die Eltern?) als verlorene Zeit, dieses 11. Schuljahr auch noch auf deutschen Schulbänken absitzen zu müssen.

> **Achtung!**
>
> In einigen Bundesländern kann das Abitur bereits nach der 12. Klasse abgelegt werden. Hier empfiehlt sich ein Austauschjahr nach der 10. Klasse.

Meiner Meinung nach ist der Begriff „verlorenes Jahr" unangebracht in Verbindung mit Schüleraustausch. Denn man verliert wirklich nichts, im Gegenteil. Durch den USA-Aufenthalt gewinnt man ein solches Plus an Erfahrungen, daß selbst der um ein Jahr verschobene Schulabschluß dies nicht negativ beeinflussen kann.

Außerdem wird von vielen nicht bedacht, daß ein rückkehrender Austauschschüler Zeit braucht, sich wieder in seiner alten Heimat zurechtzufinden (siehe Abschnitt „Nachbereitung"). Gleich wieder schulische Höchstleistungen in der für das Abitur zählenden 12. Klasse zu verlangen, kann eine Überforderung sein. Insbesondere dann, wenn den Schüler viel essentiellere Fragen quälen, wie „Sind meine Freunde noch meine Freunde?", „Fühle ich mich in Deutschland überhaupt noch wohl?" und „Wo gehöre ich eigentlich hin?".

Jeder Schüler sollte sich selbst fragen, ob er aus eigenen Motiven ein Jahr überspringen möchte, oder ob er von außen durch Lehrer oder Eltern dazu überredet wird. Eigene Motive könnten sein: „Ich bin gut genug, ich schaff' das" oder „Ich möchte weiterkommen und nicht noch ein Jahr an die sowieso wenig herausfordernde Schule dranhängen". Bei allen anderen Motiven jedoch sollte man es sich überlegen, ob man durch ein Jahr mehr wirklich etwas verliert.

TIP

Die Versetzungs-Richtlinien der einzelnen Bundesländer sind im Anhang beschrieben.

• Kosten

Schüleraustausch ist beileibe nicht billig. Mit den bloßen Programmkosten ist es nicht getan (und selbst die können EUR 6.500 und mehr betragen, siehe Abschnitt „Wo bleibt das Geld?“). Da kommt das monatliche Taschengeld (rund EUR 2.000 im Jahr), Extra-Ausgaben für Reisen („nun bin ich schon einmal da, dann kann ich auch nochmal schnell einen Abstecher machen nach...“, schon wieder EUR 1.000 für alle Schulausflüge, Austauschschüler-Reisen, etc. zusammen) und Kosten für Kommunikation (Telefon, Fax, E-Mail) und Post (Paket) hinzu. Eventuell entscheiden sich die Eltern, ihr Kind auch noch selber abzuholen und diesen Besuch mit einer USA-Rundreise zu verbinden. Und plötzlich hat das ganze USA-Jahr gut EUR 13.000 gekostet! Über diese zu erwartenden Ausgaben sollte man sich vorher im klaren sein – Schüleraustausch ist nicht billig.

• Gegenseitigkeit des Programmes

Zwar ist dem Schüleraustausch der eigentliche Austauschgedanke abhanden gekommen (vgl. Abschnitt „Was ist Schüleraustausch“) trotzdem beruht das Programm immer (noch) auf Gegenseitigkeit. Allein schon die Tatsache, daß die Gastfamilien für die Aufnahme eines zusätzlichen Familienmitgliedes nicht bezahlt werden, zeigt, daß das Austauschjahr ein Programm sowohl für den Schüler als auch für seine Gastfamilie ist.

Dies sollten sich insbesondere auch Eltern vergegenwärtigen, die aufgrund der hohen Gebühren, die sie für das Austauschjahr ihres Kindes bezahlen, an die ganze Sache sehr egozentrisch herangehen: „Ich hab' dafür bezahlt, jetzt will ich auch Leistungen sehen“. Darauf kann man erwidern, daß die Gastfamilie gewissermaßen mit ihrer kostenlosen Aufnahme des Schülers ebenfalls für ein „Programm bezahlt“ und ein „Recht auf Leistungen“ hat.

Eine Beispielrechnung: Entsprechend der Düsseldorfer Tabelle beläuft sich der finanzielle Mindestbedarf eines 17-jährigen Schülers auf EUR 269 im Monat. Das heißt, die finanzielle „Leistung“ einer Gastfamilie beläuft sich also auf mindestens EUR 2.690 für die 10-monatige Dauer eines Schuljahres. Und die Eltern in Deutschland gehen auch nicht ganz leer aus: Abgesehen davon, daß Kindergeld und

Steuervorteile für das sich im Ausland befindliche Kind weiterlaufen, kann der Auslandsaufenthalt steuerlich geltend gemacht werden.

Steuervorteil bei auswärtiger Unterbringung:

Ausbildungsfreibetrag für ein Kalenderjahr (maximal)
EUR 924 bei Kindern > 18 Jahren

Die Leistung der Gastfamilie in Geldwert ausdrücken zu wollen, ist natürlich ein schreckliches Vorhaben, das ich auch sofort beenden will (zumal die menschliche Zuneigung, die der Schüler im Gastland erfährt, gar nicht in Banknoten aufzuwiegen ist). Wichtig ist nur, daß die Gastfamilie ebenso wie die Schule in den USA nicht mit einem Animierprogramm im Ferienclub auf Mallorca verglichen werden kann. Schüleraustausch ist ein Programm auf Gegenseitigkeit. Und Erwartungen an ein Austauschjahr haben beide Seiten – der Schüler, aber auch sein soziales Umfeld im Gastland.

WWW

www.deubner-verlag.de/homepage/st_tip/st1102.htm

Persönliche Voraussetzungen

• Sprachkurs oder Schüleraustausch?

Ein High School-Jahr ist kein Sprachkurs, kein Urlaub, kein Hotel, in das man sich einbucht, keine drei Wochen am Strand. Der Schüler muß sich fragen, ob er wirklich ein Jahr im Ausland bei fremden Menschen in einer fremden Kultur mit einer fremden Sprache verbringen will. Es ist absolut nichts dagegen einzuwenden, wenn jemand „mal ein anderes Land kennenlernen" möchte. Nur ist das dann kein Schüleraustausch, sondern eine Reise, ein Urlaubstrip. In Verbindung mit Sprachkursen gibt es hier viele tolle Angebote der verschiedensten Veranstalter.

Das Besondere am Schüleraustausch ist, daß es eine untergeordnete Rolle spielt, in welchem Land man die austauschspezifischen Erfahrungen macht. Austauschspezifische Erfahrungen sind, sich in einer unbekannten Welt einen eigenen, kleinen Platz zu definieren, intensive Freundschaften zu finden und einen tiefen Einblick in die Kultur eines Landes zu bekommen. Und diese Erfahrungen kann man überall auf der Welt machen, in Australien ebenso wie in Kanada, in Japan so wie in Brasilien. Für diese Erfahrungen muß es gar nicht die USA sein, für „ich will mal New Yorker Yuppie-Luft schnuppern" aber schon.

Aus diesem Grund sollte man sich gründlich Gedanken machen, ob man touristische oder austauschspezifische Erfahrungen machen möchte.

● Motivation

Ebenso wie beim Thema „11. Klasse überspringen oder nicht" sollte sich der Schüler ganz grundsätzlich fragen, warum er eigentlich in die USA möchte. Was war der Anstoß zu dem Austauschwunsch? Ist er über die Jahre gewachsen oder ist er durch ein bestimmtes Ereignis von außen geweckt worden? Wenn ja, welches? Es ist ja nichts Schlimmes daran, wenn der Austauschwunsch durch den begeisterten Bericht eines ehemaligen Austauschschülers hervorgerufen wurde – nur, hat man sich verdeutlicht, daß es auch ganz anders verlaufen könnte?
Die Motivation zum Schüleraustausch sollte vom Schüler selbst ausgehen. Organisationen, die Bewerbungsgespräche mit Schülern und Eltern durchführen, haben mir immer wieder von Gesprächen berichtet, in denen schnell klar wurde, daß gar nicht das Kind sondern viel lieber der Vater oder die Mutter ins Ausland wollte.

Literaturtip für Eltern:
The grown - Up's guide to running away from Home
(Rosanne Knorr). 1998: Tenford Press, California.
ISBN 1-58008-000-6

Eltern meinen, ihren Kindern etwas Gutes zu tun, wenn sie den Austauschwunsch in ihnen forcieren und tun ihnen dennoch keinen Gefallen. Ein Schüler, der nicht selbständig auf die Idee kommt, ins Ausland zu wollen, wird sich durch die Vorbereitungsphase im Heimatland vielleicht mit Unterstützung seiner Eltern noch durchwinden können. Aber im Gastland ist er ganz allein auf sich gestellt – dann helfen keine Eltern mehr. Aus diesem Grund sollte die Motivation, ins Ausland zu wollen, vom Schüler selbst kommen.

• Diabetes, chronische Krankheiten, leichte Behinderungen

Die Organisationen wurden befragt, welche Möglichkeiten sie Jugendlichen mit Diabetes, chronischen Krankheiten oder leichten Behinderungen anbieten können. Aufnahmemöglichkeiten in das Programm wurden von keiner Organisation verneint, aber immer abhängig vom Einzelfall gemacht. Einige wenige Organisationen nannten sogar ganz konkrete Fälle von bereits erfolgten Plazierungen.

WWW

Im Eltern- und Schülerforum unter www.schueleraustausch.de haben Eltern und Schüler Möglichkeiten zum Erfahrungsaustausch.

• Anpassungsbereitschaft

Zwar handelt es sich beim Schüleraustausch um ein Programm auf Gegenseitigkeit, bei dem beide Seiten aufeinander zugehen müssen. Letztendlich aber ist es ja der deutsche Schüler, der die amerikanische Kultur kennenlernen möchte. Die meisten Konflikte zwischen Schüler und Gastfamilie beruhen darauf, daß einfache Dinge des Alltags in den USA anders gehandhabt werden als in Deutschland. Der Schüler aber ist oft nicht bereit, sich auf diese Andersartigkeit einzulassen.
Allzuoft wird sofort bewertet. Dabei sind diese Andersartigkeiten nicht falsch oder richtig, sondern eben nur anders. Es bringt nichts, sich über strenge Regeln wie Ausgeh- oder Alkoholverbot aufzuregen, weil das nichts ändern wird. Die amerikanische Kultur wird sich nicht ändern, weil ein deutscher Austauschschüler mit ihren Eigenschaften nicht einverstanden ist. Aus diesem Grund muß der Schüler eine generelle Anpassungsbereitschaft für kulturelle Unterschiede an den Tag legen. Jeder Schüler sollte sich vor Bewerbung bei einer Organisation fragen, ob er bereit ist, prinzipielle Abläufe des täglichen Lebens für ein Jahr anders zu gestalten. Dabei hilft es, sich einfach mal einen Tag lang zu beobachten: Aufstehen, Frühstücken, Tagesplanung, Mittagessen, Hausaufgaben, Freunde treffen, Fernsehen, Freizeitbeschäftigung, ins

Bett gehen – was sind die Gewohnheiten, wer sagt wem, wann und wie er etwas zu machen hat? Welche Entscheidungsfreiheiten gibt es? Wie lange wird was diskutiert, wer hat das letzte Wort? Welche Gewohnheiten sind lieb und teuer, worauf kann nicht verzichtet werden? Man muß davon ausgehen, daß alle diese Dinge im Gastland anders sein könnten. Der Schüler sollte bereit sein, prinzipielle Änderungen an seinen Gewohnheiten für ein Jahr hinzunehmen.

TIP

Außerdem gibt es noch drei Einzelbereiche, in denen ein Schüler hohe Anpassungsbereitschaft aufzeigen sollte: Religion, sozialer Status und Volkszugehörigkeit.

● Kirche und Religion

In den USA hat die Kirche eine ganz andere Bedeutung als in Deutschland. Anstelle großer Landeskirchen gibt es eine unüberschaubare Fülle kleiner und kleinster kirchlicher Gruppierungen. Diese Kirchen sind oft von ihrer Gemeinde finanziell direkt abhängig und finanzieren sich ausschließlich durch die wöchentliche Kollekte. Dadurch haben sie eine viel stärkere Bindung an ihre Gemeinde und fungieren insbesondere in ländlicheren Gegenden als Treffpunkt, Zentrum des kulturellen Gemeindelebens und Martkplatz des Informationsaustausches.

Der oft wöchentliche, gelegentlich sogar tägliche Kirchenbesuch einer amerikanischen Familie ist auch für den besuchenden Gastschüler zunächst Pflicht. Schließlich will er sich ja in die Familie und die Kultur ihres Landes integrieren. Da darf er sich nicht vor solch einem wesentlichen Teil des Familienlebens verschließen. Die Anpassungsbereitschaft an das religiöse Leben des amerikanischen sozialen Umfelds ist also eine prinzipielle Voraussetzung für den austauschwilligen Schüler. Familien können mit Recht behaupten, daß ein Gastschüler sich nicht in ihr Familienleben integriere, wenn er den Kirchenbesuch mit ihnen verweigert.

STOP

Nun sollte man hieraus nicht schließen, daß jede amerikanische Familie streng religiös sei. Und selbst diejenigen, die es sind, räumen der Religion in ihrem Leben einen eher pragmatischeren Stellenwert ein, als man das vielleicht erwartet. Insbesondere in den ländlichen Gegenden hat der sonntägliche Kirchgang oft eine wichtige kulturelle Funktion. Da ist dann der Gottesdienst nur ein Teil des langen Vormittags mit Gesprächen, Kaffee und Kuchen. Die Kirche ist hier der Platz, an dem man sich trifft, wichtige Neuigkeiten austauscht oder eben einfach nur mal „klönt".

> **Aktivitäten in der Kirchengemeinden**
>
> *» ...North Carolina liegt innerhalb des sogenannten „Bibel Gürtels" (bible belt). Der christliche Glaube und damit ebenfalls die verschiedenen Kirchengemeinden haben einen sehr großen Stellenwert. Meine Gasteltern versuchten, einmal wöchentlich den Gottesdienst zu besuchen. Für viele Jugendliche (mich eingeschlossen) war die Teilnahme an kirchlichen Aktivitäten sehr attraktiv. «*
>
> **Andrea, ehemalige Teilnehmerin**

● Amerikanische Mittelschichtfamilien

Einige Organisationen werben in ihren Informationsmaterialien, daß die Schüler in „amerikanischen Mittelschichtfamilien" plaziert werden. Was genau die amerikanische Mittelschicht ist, wird hingegen verschwiegen.

Fest steht, daß in den USA die Schere zwischen Arm und Reich weit auseinanderklafft. So ist es dort geradezu ein Problem, daß die Mittelschicht im eigentlichen Sinne als Rückgrat der Gesellschaft immer mehr ausgedünnt wird. Diejenigen Familien, die man dennoch dieser Schicht zuordnen kann, sind in der Regel finanziell schlechter gestellt, als dies in der deutschen Mittelschicht der Fall ist. Aus diesem Grund ist es auch üblich, daß beide Eltern zum Familienunterhalt beitragen.

Die Erfahrung zeigt, daß einen deutschen Austauschschüler normalerweise ein sozial schlechterer Status erwartet, als er dies aus seinem Heimatland her gewohnt ist. Auf kleineren Alltagsluxus wird er verzichten müssen – dazu zählt evtl. auch das „Kahlfressen" des Kühlschranks aus Heißhunger oder Langeweile, welches die Gastfamilie bis zum nächsten Großeinkauf in finanzielle Probleme bringen könnte.

• Kultureller Schmelztiegel

Die USA ist (immer noch) ein Einwanderungsland. Die Vielfalt der ethnischen Herkunft ist in diesem Land beeindruckend. Um es kurz und knapp zu sagen: Ein Austauschschüler muß sich darüber im klaren sein, daß seine Gastfamilie unterschiedlicher Herkunft sein kann. Ob schwarz, asiatisch, orientalisch oder mexikanisch: das alles ist Amerika – das alles muß man als Austauschschüler selbstverständlich akzeptieren.

Zum Abschluß noch ein Hinweis...

der meiner Meinung nach selbstredend ist: Ein austauschinteressierter Schüler sollte sich gründlich informieren und recherchieren. Und zwar nicht nur über die Organisation, mit der er am besten in die USA kommt, sondern auch über das Land, seine Kultur, Geschichte und Geographie selbst. Wer das getan hat, dem waren die bisher aufgelisteten „Voraussetzungen“ nichts Neues mehr.

(Ausführliche Lesetips siehe Literaturverzeichnis)

BUCH

Und das ist auch noch wichtig

Die unabdingbaren, die notwendigen Voraussetzungen für die erfolgreiche Durchführung von Schüleraustausch mit den USA sind jetzt genannt worden. Sofort wird, insbesondere unter den Austauschorganisationen, der Sturm der Entrüstung beginnen: „Das war ja wohl noch nicht alles!“ Und richtig, vergleicht man die bisher aufgelisteten Eigenschaften mit den schon mehrfach zitierten „Selbstinterviews“ und „Fragebögen“, scheint noch einiges zu fehlen.
Aber die nun folgenden Voraussetzungen bezeichne ich nicht mehr als unbedingt lebensnotwendig, sondern allenfalls als das mögliche „Zünglein an der Waage (zum Erfolg)“. Dies erklärt sich so: Zwar sind alle die folgenden Eigenschaften wichtig, aber unter bestimmten Umständen können sie vollkommen belanglos sein.
Warnung: Dies ist kein Freibrief für Schüler, nach Studieren der nach-

folgenden Punkte zu sagen: „Alles klar, trifft für mich nicht zu, brauch' ich nicht zu beachten." Das Gegenteil ist der Fall. In den meisten Fällen steht und fällt der Erfolg des Jahres mit dem Vorhanden- bzw. Nichtvorhandensein der nachfolgenden Eigenschaften. Ich finde es aber wichtig, darauf hinzuweisen, daß ein Austauschjahr auch ohne diese Eigenschaften absolviert werden kann. Möchte man aber ein erfolgreiches Jahr erleben, dann sind die nachfolgenden Eigenschaften von weichenstellender Bedeutung.

• Rauchen

Knapp 30% der deutschen Bevölkerung über 10 Jahren rauchen. In den USA sind die Glimmstengelverehrer noch mehr in der Minderzahl: Hier rauchen nur noch 25% der Bevölkerung. Ob das nun ein Erfolg der Gesundheitsapostel ist, sei dahingestellt. Tatsache ist, daß die amerikanische Kultur sehr viel strikter und rigoroser gegen Zigarettenkonsum in der Öffentlichkeit vorgeht, als dies in Deutschland der Fall ist.
So ist Rauchen in allen behördlichen Einrichtungen verboten, Restaurants müssen Nichtrauchertische anbieten (was dazu führt, daß die Raucher oft in kleine dunkle Ecken abgedrängt werden), und die meisten öffentlich zugänglichen Gebäude haben ein totales Rauchverbot verhängt. Rauchen wird sozial geächtet, und entsprechend schwer ist es, für Raucher Gastfamilien zu finden. Insbesondere weil der Zigarettenkonsum immer mehr als Einstiegsdroge zum Drogenkonsum bezeichnet wird, ist die Ablehnung vieler amerikanischer Organisationen groß, Raucher zu vermitteln.

Wer raucht und darauf auf keinen Fall für ein Jahr verzichten kann, muß dies bei seiner Bewerbung ehrlicherweise angeben. Denn findet eine Gastfamilie heraus, daß ein angeblicher Nichtraucher heimlich im Garten qualmt, ist dies nicht gerade ein guter Start ins gemeinsame Jahr (und zudem ein Grund, den Schüler vor die Tür zu setzen).

• Aussehen

Na klar, es gibt sie, die flippig-trendigen High Schools in den sonnigen Vororten der amerikanischen Großstädte, in denen alle Schüler rumlaufen wie beim Casting für die nächste Hollywood-Teenie-Komödie. Tatsache aber ist, daß an diese Schulen prozentual die wenigsten Austauschschüler kommen.

TIP

Sehr viel größer hingegen ist die Wahrscheinlichkeit, daß ein Austauschschüler in einer recht konservativen Gegend im mittleren Westen plaziert wird, in der die Schüler alle aussehen wie direkt der letzten Lassie-Flipper-heile-Welt-Fernsehserie entsprungen: züchtig, die Jungs mit kurzen Haaren und glatt rasiert, die Mädchen mit hochgeschlossenem Top und Dauerwelle. Und für alle gilt: Hosen ohne Flicken.

Die Erfahrung zeigt, daß die durchschnittliche Gastfamilie und die durchschnittliche Gastschule weitaus weniger tolerant gegenüber Modetrends wie z.B. Tatoos, Piercing oder Techno sind, als man das vielleicht aus Deutschland gewöhnt ist. Lange Haare, Dreitagebart und Ohrringe bei Jungs werden ebenso wenig akzeptiert wie Miniröcke, tiefausgeschnittene Shirts oder unrasierte Achselhöhlen und Beine bei Mädchen.

Natürlich kann man auch in solch einem unangebrachten Outfit plaziert werden. Insbesondere dann, wenn man sich für die Bewerbungsmappe schick gestylt hat. Aber wer auf Fotos ordentlich und adrett aussah und dann seine Gastfamilie am Flughafen im „Death is beautiful!“-T-Shirt begrüßt, der muß sich nicht wundern, wenn sein Jahr mit vielen Schwierigkeiten verbunden ist.

• Das Schuljahr ist kein Urlaubsjahr

Das High School-Jahr ist, wie der Name schon sagt, ein Schuljahr und nicht ein Urlaubsjahr mit der Gastfamilie. Neben der Familie muß nämlich auch die jeweilige Schule dem Besuch des Gastschülers zustimmen (siehe Abschnitt „Langfristige Vorbereitung“). Entsprechend stellt die Schule auch Erwartungen an die Leistungen des Schülers.

Nun muß man sich trotz dieser Erwartungen keine Sorgen machen. Selbst an einer High School mit hohem akademischen Anspruch gibt es Kurse für leistungsschwache Schüler (dies ist die amerikanische High School ihrem Gesamtschulcharakter schuldig). Wer will, kann das Schuljahr mit einem Minimum an Aufwand „überstehen“.

Man kann sich aber in diesem Jahr auch richtig Arbeit machen.

TIP

Insbesondere dann, wenn die Schule eine große Auswahl an sogenannten AP-Kursen hat (advanced placement, college courses). Diese Kurse dienen der direkten Vorbereitung auf den späteren Universitätsbesuch, oftmals können sie gewisse Kursanforderungen der amerikanischen Unis sogar ersetzen. Entsprechend viel Arbeit verlangen diese Kurse von ihren Schülern.
Für Austauschschüler ist insbesondere das aufzubringende Lesepensum anfangs ein Problem. 70 Seiten von einem Tag auf den anderen im American-history-Buch kann ganz schön viel sein, insbesondere dann, wenn einem all die Namen und Orte nichts sagen und jedes dritte Wort nachgeschlagen werden muß.
Dieser Situation des Austauschschülers sind sich die Lehrer an den High Schools in der Regel durchaus bewußt. Auch wissen sie, daß das Jahr für den Schüler oft akademisch nicht zählt (außer er will das Jahr in Deutschland überspringen). Trotzdem erwarten sie, daß sich der Schüler zumindest bemüht und Interesse zeigt. Ist dies nicht der Fall, kann die Schule berechtigterweise die Ernsthaftigkeit des Schülers bezweifeln, ein High School-Jahr absolvieren zu wollen. Und sieht erst einmal die Schule das Austauschprogramm in Frage gestellt, kann die Organisation oft nicht mehr viel schlichten. Ohne Schulplatz jedoch ist der Austausch umgehend beendet.

Kann das Leben angenehmer machen

Abschließend gibt es noch eine Handvoll Eigenschaften, die – soweit vorhanden – das Leben als Austauschschüler angenehmer machen können. Sind sie jedoch nicht vorhanden, muß sich niemand graue Haare wachsen lassen. Für den Erfolg einer Austauscherfahrung sind sie nicht von erstrangiger Bedeutung.

● Sport

Ja, die USA sind ein sportbegeistertes Land, und der Teamgeist an den High Schools zählt sehr viel. Gleiches aber gilt auch für Deutschland, nur daß der Teamgeist hier mehr in privaten Vereinen zu finden ist. Trotzdem aber kann man in Deutschland viele Freunde haben und ein spannendes Leben führen, auch wenn man kein sportbegeisterter

Mensch ist. So bieten auch die amerikanischen High Schools neben den Sportteams viele andere Freizeitaktivitäten für Nicht-Sportler an: Musik, Theater, Hobby-Clubs, usw.
Problematisch wird es nur dann, wenn dieses Angebot aufgrund der Größe der High School nicht allzu üppig ausfällt. Da kann es dann schon mal passieren, daß man sich für etwas begeistern muß, dem man sonst eigentlich gar nicht so recht etwas abgewinnen kann (z. B. Bonsai-Club...).

TIP

In solchen Fällen ist es empfehlenswert, auch als Nichtsportler sich in irgendeiner Sportaktivität zu engagieren – und wenn man nur als Maskottchen die ganze Saison auf der Bank sitzt. Wichtig ist der Teamgeist und das Gemeinschaftsgefühl. Und das umfaßt alle Beteiligten.
Kurz gesagt: ein Austauschschüler muß sich begeistern können – auch für etwas, das ihm eigentlich nur ein müdes Gähnen entlocken kann. Die Herausforderung eines Austauschjahres liegt in der Fähigkeit, es mit allem Unbekannten zumindest erstmal zu versuchen.

• Kirche

Ein Interesse an kirchlichen Aktivitäten, wie Gottesdienst, Bibelstunde und Jugendarbeit, kann von Vorteil sein. Dies gilt insbesondere dann, wenn das Freizeitangebot an der High School nicht allzu umfangreich ist. Die Kirche der Gastfamilie kann in solch einem Fall eine echte Alternative sein (vergleiche auch Abschnitt „Persönliche Voraussetzungen: Kirche und Religion“).
Wichtig: das Interesse an der Kirche ist selbstverständlich nicht mit der Bereitschaft zu verwechseln, diese zu besuchen. Ersteres nämlich ist von Vorteil, aber kein Muß, während letzteres eine wichtige persönliche Bereitschaft ist.

• Sprachkenntnisse

Natürlich machen gute Englischvorkenntnisse das Leben in den USA leichter – insbesondere am Anfang. Viele Mißverständnisse und Mißtöne ergeben sich aus sprachlichen Problemen. Wenn man jemanden nicht ganz genau versteht, versucht man, aus dem Tonfall des

TIP

Gesagten auf dessen Inhalt zu schließen. Dies aber kann gefährlich sein, insbesondere da die Sprachmelodie des Amerikanischen von der des Deutschen so verschieden ist. So klingt es für Amerikaner häufig leicht aggressiv, wenn sich Deutsche ganz normal unterhalten.
(Siehe auch Abschnitt „Das amerikanische Deutschlandbild: Kuckucks-Uhren und Mercedes-Stern“).
Tatsache ist aber auch, daß man nirgendwo eine Sprache besser lernt, als in dem Land, in dem sie gesprochen wird. Auch wer keine brillanten Vorkenntnisse hat, wird sich bald dabei „ertappen“, auf englisch zu denken oder zu träumen.

● Gastgeschenke

Gastgeschwister kannst Du je nach Alter mit Überraschungseiern, Sporttrikots (Adidas, Puma), Gummibärchen, etwas von Diddl oder Pokemon, Lego-Bausätzen oder Universitäts-T-Shirts begeistern. Auch Füllfederhalte (mit einem Vorrat Patronen), typisch deutsches Traditionshandwerk (Bierseidel, Kuckucksuhren), CDs mit deutschen Liedern, Autoschilder mit Namensaufdruck kommen gut an - genauso wie Kochbücher mit deutschen Rezepten (siehe auch Literaturliste weiter hinten). Bildbände oder Videos über Deutschland und Deine nähere Umgebung sind gute Ideen.

WWW

Die US-Zollvorschriften für die Einführung von Waren findest Du im Internet: www.customs.ustreas.gov/travel/travel.htm

Ist das wirklich sinnvoll?

Bei den Recherchen zu diesem Kapitel sind mir zwei immer wieder geforderte Eigenschaften eines Austauschschülers aufgefallen, die ich auf den ersten Blick als unbedingt notwendig eingestuft hatte. Auf den zweiten Blick jedoch mußte ich mich fragen, ob diese Eigenschaften wirklich sinnvoll sind oder ob sie – insbesondere in der unkommentierten Art und Weise, wie sie in der Regel formuliert werden – nicht vielleicht sogar hinderlich sein können.

• Selbständigkeit

Diese Eigenschaft wird insbesondere im Zusammenhang mit der Fähigkeit gefordert, Konflikte lösen zu können. Nach all dem, was wir nun aber schon über den doch sehr unselbständig gehaltenen Status eines Austauschschülers wissen, sollten wir diesen Begriff differenzierter betrachten. Der Schüler darf nichts ohne die Erlaubnis von Gastfamilie und/oder Organisation machen, er muß sich den strengen Regeln des Landes (z.B. Alkoholverbot) und der Familie (z.B. Ausgehverbot) unterordnen. In vielen Schulen muß er sich für die Toilette einen Laufzettel besorgen und sein Aussehen den Schulregeln anpassen. Mit Selbständigkeit hat das nicht viel zu tun.

Im Gegenteil: bei Konflikten wird der Austauschschüler gehalten, genaue Hierarchien einzuhalten, Freunde oder Lehrer nicht einzuweihen, sondern erstmal mit dem Area rep zu sprechen. Dessen Anweisungen ist, auch im Konfliktfall, unbedingt Folge zu leisten. Beim Area rep liegt die Entscheidung, ob ein Familienwechsel nötig ist. Hat das wirklich etwas mit Selbständigkeit zu tun?

• Ohne Freunde und Familie auskommen

Dieser Satz steht fast überall: „Kannst Du ein Jahr ohne Freunde und Familie auskommen?“ Bewußt mißverstehend wäre meine Antwort darauf: Nein, kann ich nicht. Und ich möchte gerne den Menschen sehen, der das kann. Deshalb verbringt man ja ein Jahr als Mitglied einer Familie und an einer High School. Damit man eben nicht ein Jahr vollkommen ohne soziale Kontakte leben muß. Die Frage ist geradezu mißverständlich. Ein typischer Eigenbrötler könnte sich davon angesprochen fühlen und denken: „Prima, niemand da, der mir was zu sagen hat – keine Verpflichtungen." Und das kann ja nun wirklich nicht gemeint sein. Diese beiden Beispiele stehen für einen allgemeinen Trend, den man in Literatur und Materialien zum Thema beobachten kann: Der Schüler wird zum Verzicht aufgefordert, nicht zum Teilen.

Wie wäre es, wenn ein Schüler sagen würde: „Nein, ich glaube nicht, daß ich meine Konflikte in einem fremden Land selbständig lösen kann. Daher baue ich darauf, daß ich Menschen dort finden werde, die mir helfen können; Menschen, denen ich vertrauen kann." Oder: „Nein, ich kann auf Familie und Freunde nicht verzichten. Ich möchte aber trotzdem in die USA, deshalb werde ich dort alles tun, um mich bei meiner Gastfamilie zu Hause zu fühlen und schnell neue Freunde zu finden." Von diesem Schüler hätte ich einen viel positiveren Eindruck, als von jemandem, der selbstkasteiend sagt: „Ich finde mich ohne Familie und Freunde zurecht, verzichte auf meine Hobbys und kriege das alles alleine geregelt."

...um zu sein, muß ich teilhaben

Schüleraustausch hat viel mit dem amerikanischen Begriff des „sharing" zu tun: „Teilen" im Sinne von „Teilhaben lassen" und „sich mitteilen". Wer dies als Maxime für sein Austauschjahr begreift, wird ein spannendes, und erfolgreiches Jahr erleben.

Zuerst kommt der Mensch und dann die Organisation. Nach der Lektüre dieses Kapitels sollte klar sein, daß die beste Organisation nichts auszurichten vermag, wenn die persönlichen Voraussetzungen bei Schülern und Eltern nicht stimmen. Ich kann nicht beurteilen, wie schwer oder einfach es ist, die beschriebenen Eigenschaften in einem Menschen zu finden. Die Organisationen haben verschiedene Methoden entwickelt, Schüler und Eltern auf „Austauscheignung" zu überprüfen. Mit welchem Erfolg, ist schwer zu beurteilen (vgl. Abschnitt „Auswahlverfahren"). Daher sollte jeder austauschwillige Schüler die Inhalte dieses Kapitels intensiv überdenken, bevor er sich bei einer Organisation bewirbt.

III Das amerikanische Deutschlandbild: Kuckucks-Uhren und Mercedes-Stern

Von Prof. Wolfgang Gast (Professor für Medienwissenschaft und Medienpädagogik an der Universität Gießen)

Daß selbst die amerikanische Betreuerin Deutschland nicht auf Anhieb auf der Weltkarte findet und die Gastfamilie vor allen Dingen Porsche, BMW und Mercedes von Deutschland kennt, darf nicht verwundern, denn Fernsehen und Video spielen eine wichtige Rolle bei den Amerikanern, wenn sie sich ein Bild über eine „fremde Nation" machen.

Das wird bestätigt durch verschiedene Emnid Studien, die belegen, daß ca. 54 % der befragten Amerikaner ihre Kenntnisse über Deutschland aus dem Fernsehen haben. Da direkte Kontakte mit Deutschland, deutscher Sprache und Kultur gering sind, werden die Medien immer wichtiger. Auch eine Untersuchung der Bundesregierung bescheinigt: Das Fernsehen spielt eine überragende Rolle im amerikanischen Alltag, wobei der Anteil von ausländischen Themen sehr gering ist.

Das bedeutet zugleich auch, daß „versteckte Deutschlandbilder" in allgemeinen TV-Unterhaltungs- und Informationsprogrammen eine besondere Bedeutung erhalten und Vorurteile unterstützen (z.B., daß die überwiegende Mehrheit der Deutschen jodelnd in Lederhosen herumläuft).

Fernseh-Darstellungen, die US-Amerikaner am meisten beeinflussen:

Werbung

Werbung wirkt im Unterbewußtsein, da die Bilder über die Deutschen keine informierenden Darstellungen sind. Das wird an einem Werbespot für deutsche Autos deutlich. Er zieht eine Reihe von Bildern nach sich, die durch folgende Mittel dargestellt werden:

- Typisch deutsche Bauwerke und Symbole
- Typisch deutscher Akzent und Tonfall
- Deutsche Wörter wie „Autobahn, Bundeskanzler etc.“.

Die ständige Wiederholung solcher Bilder verfestigt eine bestimmte Vorstellung über die Deutschen im Kopf des Amerikaners, was Austauschschüler berücksichtigen sollten.

Historische und geschichtliche Sendungen

Sie sind relativ kalkulierbar, da es für die Amerikaner klar ist, daß hier Themen wie Krieg, Nazizeit etc. verarbeitet werden. Der Hitlergruß oder Kriegsszenen sind also keine Überraschung und wirken mit ihrer Darstellung der Deutschen direkt.

Unterhaltung (Familienserien, Krimis etc.)

Hier wird das Deutschland-Bild wieder unbewußt aufgebaut: Eine bestimmte Figur vertritt in einer Handlung typisch deutsche Eigenschaften wie Pünktlichkeit oder Disziplin, ohne daß es dem Zuschauer bewußt ist.

Schlußfolgerung: Problematisch wird es, wenn sich die Bilder immer wiederholen, sich gleichen und dadurch eine bestimmte Vorstellung von den Deutschen, ihrer Geschichte und ihren angeblich typischen Eigenschaften verfestigt wird. „So banal und trivial die Bilder für sich genommen auch sind, als Bild-Teppich mit immer wiederkehrender Textur, in immer erneuten Anstößen zu suggestiven Wahrnehmungsangeboten entwickeln sie insgesamt eine Stoßkraft, die sich aus der Regel begründet: „Das ganze Bild ist mehr als die Summe der Teile“. So wundert es nicht, wie hartnäckig bestimmte Deutschland-Bilder in den Köpfen der Amerikaner verhaftet sind. Gesteuert werden diese Klischees auch noch von „Old Heidelberg Restaurants“ in „deutsch“ gestylten Dörfern mitten in Amerika. Fast jede Gastfamilie wird mit „ihrem“ deutschen Gastschüler einen Ausflug dorthin machen.

Beispiele aus dem TV:

Slap Maxwell Story (Fernsehserie des Senders ABC): Der Typ des grobschlächtigen Deutschen wird durch Akzent und primitives Vokabular, Kleidung, Körpersprache sowie Kameraführung unterstrichen. Gegenpart ist der junge adrette Amerikaner, der sofort den Zuschauer auf seiner Seite hat. Handlung: Der smarte amerikanische Sportreporter wird von seinem Boss, dem Deutschen, gefeuert.

Benson (Fernsehserie des Senders ABC): Das dümmlich-vertrauensselige Gretchen repräsentiert die Deutsche gegenüber den pfiffigen Amerikanern. Sie ist dem amerikanischen Leben nicht gewachsen.

What´s so bad about feeling good? (Komisch-satirischer Film mit Fortsetzungen des Senders TBS): Hier wird der Deutsche mit Kniebund-Lederhosen, dickem Bauch, Vollbart, Seppelhut und pessimistischer Lebensanschauung gezeigt. Gegenbild ist der optimistische Amerikaner.

The Flintstones (TV-Comic-Serie): Hier wird der zynische deutsche Wissenschaftler aufs Korn genommen, der zwei amerikanische Astronauten auf ihre Weltraumtauglichkeit testet – und das mit Methoden, die aus der Steinzeit stammen könnten.

Werbespot Mercedes S Klasse: Der Deutsche ist in der Rolle des überlegenen Fahrers, aber Tenor ist: „So etwas können die Deutschen bauen – und Du (als Amerikaner) kannst dieses Auto kaufen.“

Die hier beschriebenen Figuren haben ihren Ursprung in der Einschätzung der Deutschen während der Nazi-Zeit. So entwickelte sich der Typus des intelligenten, bösartigen SS-Mannes hin zum genialen, skrupellosen zynischen Wissenschaftler (siehe Flintstones und Mercedes S Klasse Werbung).
Der zweite Typus des ehemals höheren Wehrmachtsoffiziers (strikter Befehlsempfänger) wird heute als arroganter aber nicht wirklich intelligenter, in der „preußischen Militärtradition“ verhafteter Deutscher (Disziplin und Pünktlichkeit) gesehen, als „typischer Kraut“ (siehe Slap Maxwell Story).
Der dritte Typus schließlich, der ehemalige Gefreite und Unteroffizier, wurde zum Vertreter des volkstümlichen Deutschen, der heute gerne mit bayerischer Folklore-Motivik ausstaffiert ist und oft auf Plakaten abgebildet wird, die für deutsche Restaurants in den USA werben (siehe What´s so bad about feeling good?).

TIP

Dies sollte jeder Austauschschüler wissen, vor allem, wenn er auf die Frage, „Wieviele Nazis Mitschüler z.B. noch in Deutschland vermuten“, die Antwort „Na ja, so etwa 35 Prozent“ erhält. Oder eine Vermutung fällt wie „Gehört Bayern eigentlich auch zu Deutschland?“ Auch diese Aussage darf nicht schockieren: „Erst helfen wir Euch nach dem Krieg, und jetzt macht Ihr uns Konkurrenz (bei der Auto-Produktion)“. Aus solchen Antworten und Fragen läßt sich keineswegs tiefer Deutschenhaß ableiten, sie sind ein Ergebnis der Bilder, die sich bei den Amerikanern über Jahrzehnte hinweg vor allem durch das Fernsehen aufgebaut haben. Es liegt deshalb am Gastschüler selbst, was er aus seiner „Botschafterfunktion“ für Deutschland macht. Wichtig ist dabei immer ein sanftes Vorgehen. Denn die Amerikaner werden ihr Deutschlandbild nicht von heute auf morgen ändern, aber während des Austauschjahres besteht genug Zeit, zu informieren, zu reden und zu zeigen.

BUCH

Die ausführlichen, wissenschaftlichen Stichproben beruhen auf Daten von Fernsehsendungen, die vor ca. zehn Jahren erhoben wurden. Die eine oder andere Sendung mag nicht mehr existieren, die Tendenz ist aktueller denn je.
Mehr dazu in: Bredella, Gast, Quandt: Deutschlandbilder im amerikanischen Fernsehen – siehe Literaturverzeichnis.

IV Die acht Phasen des Austauschjahres

Von Joanna King

Die Gefühle eines Austauschschülers sind wie eine Achterbahn-Fahrt. Schnell steigende Begeisterung endet zunächst mit einem rapiden Abfall des Enthusiasmus, bevor der Rest des Austauschjahres – wie auf dem Rummelplatz – als eine Serie von „Ups and Downs“ in berauschender Geschwindigkeit vergeht.

1. Ankunft

Der wohl aufregendste Schritt des Austauschjahres ist der Moment, wenn Du das Flugzeug verläßt und die Personen triffst, mit denen Du zehn Monate lang zusammenleben wirst. In den ersten Wochen werden sich Gefühle der völligen Begeisterung mit Zweifeln mischen – eine normale Reaktion auf all das Neue in Deiner Umwelt. Diese Zeit solltest Du nutzen, um Dein Selbstvertrauen zu stärken. Zum Beispiel ist es wichtig und nützlich, Deiner Gastfamilie in ihrer Sprache zu antworten, auch wenn Du nicht perfekt bist. Niemand erwartet das von Dir, aber Deine neuen Familienmitglieder werden Deine Bemühungen sehr schätzen. Bespreche gleich zu Beginn mit Deiner Gastfamilie einige wichtige Themen:

- Wie sollst Du sie anreden und wie sollen sie Dich nennen?
- Wer bewohnt welche Zimmer? Wo ist das Bad, die Küche und das Wohnzimmer?
- Wie ist der Tagesablauf? Wann solltest Du aufstehen und zu welchen Zeiten wirst Du abends zurück erwartet? Wann gibt es Abendessen?
- Wobei solltest Du im Haushalt helfen?

TIP

Zwei Sachen solltest Du Dir merken: Erstens: Es werden Zeiten kommen, wo Du Deine Wut nur so herausschreien möchtest – übersetzt auf Englisch. Aber – widerstehe der Versuchung, zu stark auf Deine

Muttersprache zu vertrauen, lasse Dich auf Deine neue Sprache ein. Zweitens: Du wirst körperliche Müdigkeit spüren, besonders wegen des Jet-Lags. Akzeptiere das als normale Reaktion auf Deine weite Reise. Alles ist außerdem neu für Dich: das Essen, das Schlafen, die Sprache, die vielen Namen. Dieses Stadium kann gleichzeitig motivierend und verunsichernd sein.

2. Einleben

In diesem Stadium – (ca. zwei Monate eines zehn-monatigen Austausches) verstehst Du die neuen Regeln Deines Lebens. Wenn Du unbewußt den Weg von der Schule zu Deinem neuen Zuhause zurücklegst, Deine Hand im Unterricht hebst, fühlst Du Zugehörigkeit und identifizierst Dich mit Deiner Umgebung. Trotzdem werden Dir einige Bedenken kommen. Du reagierst differenzierter und empfindlicher auf Deine Umwelt und stellst Vergleiche mit Deinem deutschen Zuhause an. Heimweh kann aufkommen. Setze Dir dann realistische Ziele. Wenn Du Dir vorgestellt hast, der beste Fußball-Spieler Deiner High School zu werden und Du erkennst, daß Deine amerikanischen Mitschüler genauso gut oder sogar besser sind, versuche, ein gutes Team-Mitglied zu werden, aber nicht mehr. Das Beispiel symbolisiert, daß Du Deine Erwartungen von Zeit zu Zeit anpassen solltest.

3. Spielregeln

Während Du zunächst von Tag zu Tag gelebt hast, wirst Du nun "Wurzeln schlagen". Ernstere und tiefere Diskussionen mit Deiner Gastfamilie und Deinen Freunden werden den bisherigen Gesprächen über Haushaltspflichten und alltäglichen Regeln weichen. Nutze diese Zeit, um Deiner Gastfamilie Deine Dankbarkeit für dieses einzigartige Erlebnis auszudrücken und lerne zu verstehen, daß die Teilnahme an ihrem Leben keine Einbahnstraße ist. Erzähle genauso offen von Dir und Deinen Lebensgewohnheiten zu Hause, wie sie es tun. Wenn Du Dich wie ein Familienmitglied behandelt fühlst, verhalte Dich auch so: Nehme Deine Pflichten wahr und bringe Dich in das Familienleben ein. Wenn dann in der Schule noch alles gut läuft, bist Du auf dem richtigen Weg.

4. Kulturschock

Kulturschock ist der Zustand von Angst und Verwirrung, der entsteht, wenn Du mit einer fremden Kultur konfrontiert wirst. Häufig tritt er dann ein, wenn die leichteren Fragen, z.B. über Lebensgewohnheiten, bereits geklärt sind, sich aber keine tieferen Beziehungen für Dich ergeben, sondern im Gegenteil noch mehr Fragen aufgeworfen werden. Anzeichen für den Kulturschock sind:

- Du kannst keine normale Unterhaltung führen, ohne das Gefühl zu haben, abgelehnt zu werden oder anders zu sein.
- Du hast starkes Verlangen, nach Hause zu fahren oder Deine Zeit mit anderen Austauschschülern zu verbringen.
- Du hast unerklärliche Stimmungsschwankungen.

Der Kulturschock ist ein Zustand, den Du nicht beeinflussen kannst. Du kannst Dir selbst helfen, indem Du soviel wie möglich mit Deiner Gastfamilie darüber sprichst und Dir bewußt machst, daß es eine Phase Deines Austauschjahres ist, die dazugehört.

Aktivitäten sind wichtig...

›› Kulturschock?! Häufig bemerkt ein Gastschüler während seines Aufenthalts relativ früh Wechsel in seinem persönlichen Wertesystem. In der Anstrengung, das Zugehörigkeitsgefühl zu einem bestimmten Kulturkreis zu behalten, kann es passieren, daß versucht wird, diesen Perspektivenwechsel (u.a. durch Bemerkungen über Vorzüge des Heimatlandes gegenüber dem Gastland) zu unterdrücken. Daraus können Heimweh und in extremen Fällen sogar Identitätskrisen resultieren. Zu diesem Zeitpunkt sollten viele Aktivitäten stattfinden, um Einsamkeit zu vermeiden. Der oben beschriebene Prozeß beginnt oft nach einer gewissen Einlebensphase. Der Reiz am Neuen ist bereits verloschen und weicht einer Alltagsroutine. Aus der Überwindung dieses Kulturschocks geht ein entspannter Gastschüler hervor, der entsetzt das rapide Fortschreiten des Jahres bemerkt ‹‹

Sven, ehemaliger Austauschschüler

5. Holiday blues

Der dritte, vierte und fünfte Monat Deines Austauschjahres ist schön und auch etwas traurig: Zwei wichtige amerikanische Feier- und Ferienzeiten (Thanksgiving und Weihnachten), fallen genau in die Zeit, in der Du extrem mit Dir selbst beschäftigt bist. Während Du mit Deiner Gastfamilie feierst, wirst Du unweigerlich an Zuhause erinnert, das kann Dich melancholisch stimmen. Was kannst Du gegen den „holiday blues“ tun?

- **Versuche, in der Tradition Deiner Gastfamilie mitzufeiern.** Beschäftige Dich mit Vorbereitungen, das lenkt Dich von den Gedanken ab, wie es Zuhause immer war. Auch wenn es für Dich sicherlich nicht die liebgewonnenen Gewohnheiten Deiner Heimat ersetzt, lernst Du neue, globalere Perspektiven dieser Festtage kennen.

TIP

- **Sei auf den „holiday blues“ vorbereitet, aber erwarte ihn nicht.** Heimweh und Einsamkeit sind die unvermeidlichen Gefühle, die zu dieser Zeit entstehen. Wenn Du weißt, daß sie kommen, kannst Du vernünftig damit umgehen. Übertrage diese Frustrationen nicht auf Deine Gastfamilie, aber rede mit ihr darüber, damit sie entsprechend mit Dir umgehen kann.

6. Verstehen

Von nun an bis kurz vor Deiner Abreise entwickelst Du in der Regel eine der folgenden drei Verhaltensweisen. 75 % der Austauschschüler lernen in dieser Zeit sehr viel über eine neue Kultur und Lebensweise oder beenden ihr Austauschjahr ohne große Probleme. Davon haben

- 25% weiterhin Schwierigkeiten mit dem Kulturschock und müssen daran arbeiten;
- 50% ein kontinuierliches positives Lernerlebnis über eine neue Kultur und Umgebung;
- 25% ein „Überflieger-Erlebnis“, der Kulturschock gibt Auftrieb zu einem überdurchschnittlich positivem Austauscherlebnis.

Wenn Du zur zweiten Gruppe gehörst, wirst Du in der zweiten Hälfte Deines Austauschjahres die besten Ergebnisse haben: Du fühlst Dich wohl, Du sprichst fließend Englisch, Du „saugst" die neuen Erfahrungen auf, Du setzt Dich ernsthaft mit dem Land und den Menschen auseinander und entwickelst neues Selbstbewußtsein.

7. Vorbereitung auf die Rückkehr

Schneller, als Du Dir vorstellen kannst, rückt der Zeitpunkt Deiner Abreise näher und damit auch Traurigkeit bei Dir, Deiner Familie und Deinen Freunden. Aber das ist kein Grund, Trübsal zu blasen. Ganz im Gegenteil: Du hast jetzt die große Chance, die einzelnen Erlebnisse zu einem großen Ganzen zusammenzufügen, das eine wichtige Periode Deines Lebens abschließt. Werde Dir bewußt, welche Gefühle während dieser Zeit entstehen:

- Bedauern, neue Freunde zurücklassen zu müssen.
- Unsicherheit, wie es sein wird, wenn Du nach Hause zurückkehrst.
- Freude, Deine Familie und Deine alten Freunde wiederzusehen.

Diese Zeit kann sehr verwirrend für Dich sein. Um Deinem Leben eine neue Perspektive zu geben, hilft es, die wichtigsten Ergebnisse Deines Jahres schriftlich festzuhalten oder Deine Freunde und Deine Familie zu einem Abschiedsessen einzuladen.

8. Wiedereingliederung

Jetzt bist Du zweifach belastet: Du mußt Dich gleichzeitig zu Hause einleben und Deinen Freunden sowie Deiner Familie einen Eindruck Deines Austauschjahres vermitteln. Dabei hilft das Reden über Deine Gefühle und Ängste sowie das Bewahren Deiner Erinnerungen. Du hast die einmalige Erfahrung gemacht, in zwei Kulturen zu leben, jetzt kannst Du davon profitieren. Nutze in jedem Fall alle Möglichkeiten, die Dir Deine Austauschorganisation zur Wiedereingliederung anbietet – sei es ein Treffen oder ein Wochenendseminar. Dabei triffst Du Jugendliche, die mit den gleichen Problemen kämpfen und merkst, daß Du damit nicht allein bist.

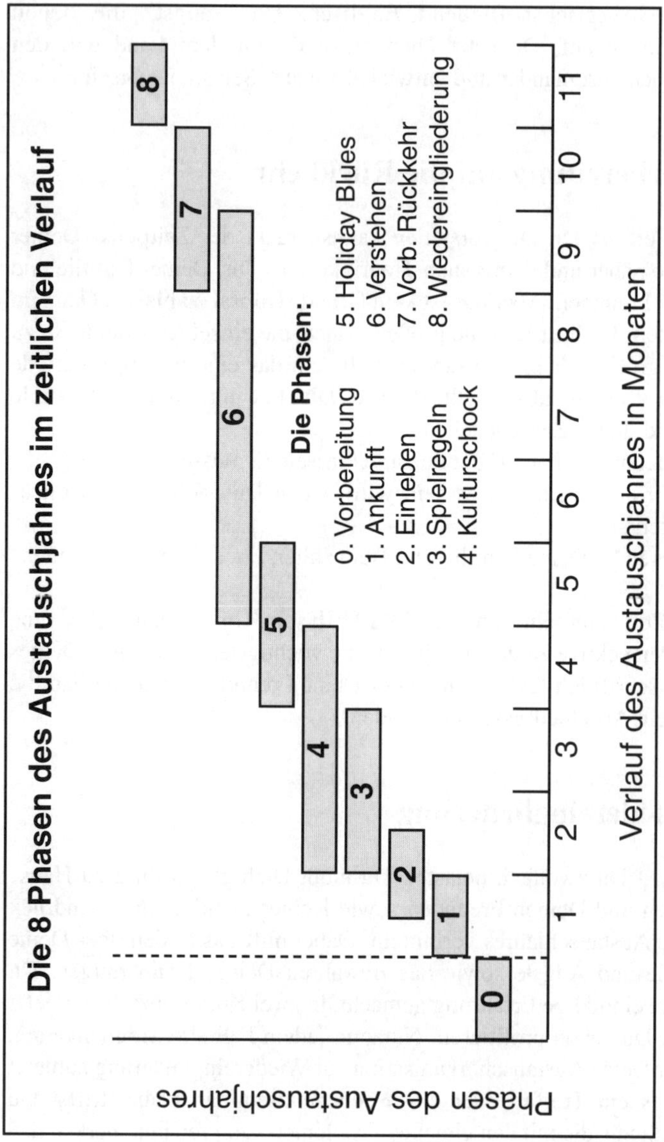
Die 8 Phasen des Austauschjahres im zeitlichen Verlauf
0
1
2
3
4
5
6
7
8
Die Phasen:
0. Vorbereitung
1. Ankunft
2. Einleben
3. Spielregeln
4. Kulturschock
5. Holiday Blues
6. Verstehen
7. Vorb. Rückkehr
8. Wiedereingliederung
1 2 3 4 5 6 7 8 9 10 11
Verlauf des Austauschjahres in Monaten
Phasen des Austauschjahres

V Wahl der Organisation

Gibt es die „richtige“ Organisation?

Wer auch nach dem vorangegangenen Kapitel immer noch in die USA möchte, steht jetzt vor einem Problem: Ich bin bereit für die USA, aber welche Organisation ist bereit für mich?
Tatsache ist, daß die Wahl der richtigen Austauschorganisation die Weichen für den positiven oder negativen Ausgang des Jahres stellen kann. Nicht umsonst wird um dieses Thema ein riesiger Aufstand gemacht: Publikationen, wie „Schuljahres-Aufenthalte in USA“ (Aktion Bildungsinformation e.V.) und selbst Austauschschülerklassiker wie Max Rauners „Als Gastschüler in den USA“ widmen der Wahl der richtigen Organisation einen großen Teil ihrer Aufmerksamkeit. Und schenkt man den vielen Veröffentlichungen zum Thema in Tageszeitungen und Zeitschriften Glauben, dann sind die Organisationen gar der eigentliche Schlüssel zum Erfolg.

BUCH

Frei nach dem Motto: „Mit der richtigen Organisation wird mein Austauschjahr ein Knüller!“ verfahren dann auch die meisten Schüler und deren Eltern. Mittlerweile ist es fast schon zu einem Sport geworden, Organisationen mit Superlativen zu belegen, wie „beste Vorbereitung“, „schnellste Plazierungen“, „größte Erfahrung“ oder „kleinste Familienwechselquote“.
Nun, auch in diesem Kapitel soll es um die Wahl der richtigen Organisation gehen. Wer aber ein Patentrezept erwartet, wird bereits am Anfang enttäuscht. Die beste Organisation gibt es genausowenig wie den perfekten Sommer, das richtige Alter oder das schönste Ferienhaus. Ob der Sommer perfekt war oder nicht, beurteilt man immer erst im nachhinein, wenn man die verregneten Grillpartys schon wieder vergessen hat. Das richtige Alter ist von dem Zusatz „...für was?“ abhängig. Und ob ein Ferienhaus schön ist oder nicht, liegt natürlich ganz beim Betrachter, seinen Wünschen, Erwartungen und Erlebnissen, die er mit diesem Haus verknüpft.
So ähnlich (und oftmals noch viel komplizierter) verhält es sich mit dem Auslandsaufenthalt. Da kann die Organisation noch so gut sein

und alle Tests mit Sternchen bestanden haben, erleben muß man das Jahr dann im Endeffekt doch selbst. Da kann die Organisation noch so gründlich vorbereitet haben, die Anforderungen in der High School muß man selbst bewältigen und seinen Platz in der Gastfamilie muß man sich selbst gründlich und Stück für Stück erarbeiten.

„Prima“, denkt sich jetzt mancher, „dann suche ich mir eben die Organisation heraus, die meinem Austauschwunsch am wenigsten entgegenstellt.“ Meine Untersuchungen haben ergeben, daß es tatsächlich Organisationen gibt, die anscheinend jeden Schüler ungesehen akzeptieren, oftmals noch wenige Wochen vor Schulbeginn, wenn eine sinnvolle Vorbereitung eigentlich gar nicht mehr möglich ist. Wenn es nun aber stimmt, daß man für das Gelingen seines Austauschjahres in erster Linie selbst verantwortlich ist, was soll dann an solchen Organisationen schlecht sein?

Administrative und persönliche Ebenen

Um diese Frage zu beantworten, muß man die verschiedenen Phasen eines Austauschjahres deutlich voneinander unterscheiden. In jeder dieser Phasen gibt es zwei Ebenen, auf denen etwas geschehen kann, nämlich einmal die administrative Ebene und die persönliche Ebene.

Das klingt komplizierter als es ist: Von dem ersten Gedanken „Ich möchte gerne ein Jahr in die USA fahren“ bis lange Zeit nach der Wiederkehr von diesem Abenteuer erlebt der Schüler viele neue, aufregende, beängstigende aber auch spannende Dinge. Davon ist vieles dem Zufall überlassen: Wen treffe ich, wer erzählt mir etwas von den USA, welche Interessen habe ich, welche neuen Interessen entwickle ich in den USA, wie verarbeite ich die Begegnung mit der neuen Kultur, finde ich dort Freunde oder nicht, wie verändert sich mein Umfeld nach der Wiederkehr, und so weiter. All dies ist nicht steuerbar, sondern hängt einfach von unserem ganz persönlichen Lebensweg ab. Deshalb nenne ich diesen sicherlich nicht unwesentlichen Teil der USA-Erfahrung die persönliche Ebene.

Daneben, und sicherlich auch nicht zu verachten, steht die administrative Ebene des Schüleraustausches. Bewerbungsunterlagen, Arzt- und Schulbescheinigungen, Gastfamilien- und High School-Suche, Vorbereitung, Flugorganisation, Notfallbetreuung, Nachbereitung usw. – dies sind alles Dinge, die von der Austauschorganisation geleistet werden können bzw. geleistet werden müssen (siehe auch Abschnitt „Die Arbeit der Organisation – chronologisch in sechs Schritten"). Auf all diese Dinge hat der Schüler persönlich nur wenig oder gar keinen Einfluß. Genau aus diesem Grund nimmt man sich ja auch eine Schüleraustausch-Organisation und organisiert den Austausch nicht etwa selbst. Man braucht eine Organisation, um die vielen administrativen, bürokratischen und rechtlichen Hürden von jemand Erfahrenem nehmen zu lassen.

Auf den ersten Blick haben die beiden Ebenen nicht viel miteinander zu tun. Erst bei näherem Hinsehen wird klar, daß es natürlich sehr viele Berührungspunkte zwischen ihnen gibt. Nämlich dort, wo eine administrative Entscheidung die Voraussetzungen für die persönliche Ebene günstig bzw. ungünstig beeinflussen kann.

Ein Beispiel liegt auf der Hand: Ein sehr musikbegeisterter Schüler wird in einer amerikanischen Kleinstadt plaziert. An der örtlichen High School gibt es außer der marching band keine musikalischen Angebote, von den kulturellen Aktivitäten in der Ortschaft ganz zu schweigen. Dieser Schüler ist nun aber Musiker durch und durch, hat sein Lebensziel auf „Musik" programmiert und das Instrumentalstudium schon so gut wie in der Tasche.

Viele Organisationen raten einem solchen Schüler nun, offen zu sein, Mut zum Neuen zu haben und sich mal ein Jahr lang auf etwas anderes einzulassen. Kann man das von jemandem verlangen, der die Bühnenluft zum Atmen und den Übungsschweiß zum Leben braucht? Dies ist ein kniffliger Fall. Schüleraustausch soll ja den Horizont erweitern. Wer ein Jahr ins Ausland will, weiß, daß ihn nicht ähnliche Verhältnisse wie zu Hause erwarten, sondern daß er sich auf neue Dinge einstellen und auf Gewohntes verzichten muß. Doch kann man einem 16jährigen Schüler wirklich solchen geistigen Spagat zumuten?

Aufgaben der amerikanischen Partnerorganisation

Kann man natürlich nicht. Irgendwo gibt es für alles Grenzen. Die Organisationen wissen das auch – deshalb gibt es sie ja, deshalb werden derart umfangreiche Bewerbungsunterlagen verlangt, und deshalb greift das Department of State (ehemals USIA) auch mit einem umfangreichen Regelwerk in den Schüleraustausch-Markt ein. Ich denke, alle Beteiligten sind sich einig, daß ein Schüler in einem Umfeld glücklicher wird, in dem er seine Interessen ausleben kann als in einem Umfeld, in dem für ihn alles neu und unbekannt ist. Aus diesem Grund ist es das wichtigste Ziel der amerikanischen Partnerorganisationen, aufgrund der Bewerbungsunterlagen des Schülers ein möglichst gutes „match“ zu finden, dem Schüler eine möglichst seinen Interessen und Wesenszügen angepaßte Umgebung zu bieten.

STOP

Klar ist aber auch, daß man eben nicht immer alle Bedürfnisse befriedigen kann. Arrangieren muß man sich in den USA ebenso, wie man das auch in seinem deutschen Alltag tagtäglich wieder tun muß. Eine Garantie für eine erfolgreiche Plazierung (erfolgreich im Sinne des „Zusammenpassens“ von Schüler und Gastfamilie) kann niemand geben. Gescheiterte Ehen sind sicher ein passendes Beispiel: Wenn es auseinandergeht, ist es hinterher oft schwer, den verantwortlichen Scheidungsgrund auszumachen.

Ähnlich verhält es sich auch mit unlösbaren Konflikten zwischen Austauschschüler und Gastfamilie. Ob es nun an bestimmten Verhaltensweisen der beteiligten Personen oder an falschen Erwartungen an den jeweils anderen liegt, läßt sich im nachhinein nicht mehr feststellen. Vielleicht wurde in den Bewerbungsunterlagen des Schülers irgend etwas irreführend formuliert, das unhaltbare Ansprüche geweckt hatte. Vielleicht sind sich Schüler und Familie in einer Zeit begegnet, in der sie füreinander nicht bestimmt waren. Vielleicht stimmt aber auch einfach die „Chemie“ nicht zwischen ihnen.

Was immer auch der Grund für einen Familienwechsel-Wunsch sei, hierin liegt die zweitwichtigste Funktion der amerikanischen Partnerorganisation begründet. Sie muß eine situationsgerechte, unbürokratische und einfühlsame Notfallarbeit leisten, die nicht mehr Scherben hinterläßt als unbedingt notwendig. Ja, es ist wichtig, daß der Schüler möglichst bald in eine angenehmere Situation kommt. Dies ist auch deshalb besonders wichtig, weil es sich um minderjährige Kinder in einer ihnen unbekannten Umgebung handelt.

STOP

Trotzdem darf aber nicht vergessen werden, daß auch auf der anderen Seite des Konflikts Menschen stehen, die mit ebenso vielen Erwartungen und Wünschen an den Austausch herangegangen sind wie der Schüler.

Durch rabiates Vorgehen kann eine Austauschorganisation in solch einem Fall möglicherweise eine gesamte Gemeinde für immer „verlieren". Ich habe von vielen High Schools gehört, die Schüler von bestimmten Organisationen kategorisch abgelehnt haben aufgrund negativer Erfahrungen mit deren Schülern und/oder der Organisation im Konfliktfall. Ja, einige Schulen lehnen sogar Schüler aus bestimmten Ländern entschieden ab – einfach, weil ihre Vorgänger sich nicht gerade wie edle Botschafter ihrer Kultur benommen haben.

Aufgaben der deutschen Organisation

Eine Gastfamilie zu finden und im Notfall einen Familienwechsel zu unterstützen sind also die Aufgaben der amerikanischen Partnerorganisation. Wofür aber ist dann die deutsche Organisation verantwortlich und zuständig? Immerhin bezahlt man dieser Organisation viele tausend Euro – und dann soll sie mit dem augenscheinlichen Hauptteil des Jahres nichts mehr zu tun haben?

Ganz so ist es nicht. Zum einen ist es verständlich, daß auch die amerikanische Partnerorganisation nicht nur für Luft und schöne Worte arbeitet. Ein großer Teil des Geldes geht direkt an den amerikanischen Partner, der sich die Arbeit vor Ort bezahlen läßt (siehe Abschnitt „Wo bleibt das Geld?"). Von einem weiteren Teil des Geldes werden, je nach Leistungsangebot, Versicherungen und Flüge bezahlt. Was dann noch übrig ist, sollte von der Organisation für zwei Dinge verwendet werden: zum einen für die Verwaltungsarbeit drumherum (Bewerbungsunterlagen prüfen, Flüge koordinieren, Plazierungen bekanntgeben etc.) und zum anderen für die Betreuungsarbeit. Hierbei handelt es sich um alle Aktivitäten einer Organisation, die das Austauscherlebnis ihrer Schüler begleiten: die Vorbereitung, die Betreuung (insbesondere der Eltern!) während des Jahres und die Hilfe bei der Wiedereingliederung nach der Wiederkehr des Schülers (Nachbereitung).

TIP

Die Vorbereitung – dieser Arbeitsbereich einer Schüleraustausch-Organisation wurde und wird zum Teil leider immer noch viel zu wenig beachtet. Hierbei handelt es sich nicht um das trockene Abreißen hinlänglich bekannter Floskeln, sondern – im Idealfall – um handfeste „Überlebenstips". Der Schüler soll und muß sensibilisiert werden für sein bevorstehendes Abenteuer und auf mögliche Gefah-

renfelder hingewiesen werden.
Man kann gar nicht genug betonen, wie wichtig eine gute Vorbereitungsarbeit ist. Nicht nur die Güte einer Plazierung, sondern auch die Vorbereitung auf das Auslandsabenteuer als Ganzes kann weichenstellend für ein erfolgreiches Austauschjahr sein. Ein Schüler, der für mögliche Fallgruben in der Beziehung zu gleichaltrigen Gastgeschwistern sensibilisiert ist (z. B. Eifersucht), wird jenen offensiver und problemlösungsorientierter begegnen können. Ein Schüler, dem das Selbstverständnis amerikanischer Lehrer ausführlich erläutert wurde („Ich habe recht, denn ich bin der Lehrer!"), wird Konfliktsituationen zu vermeiden wissen – Situationen, die ihm auf schnellstem Wege das Rückflugticket einhandeln könnten. Ein Schüler, dem Werkzeuge zur Bewältigung von Kulturschock und Heimweh an die Hand gegeben wurden, wird sich mit gezielten Vorgehensweisen zu helfen wissen. Mehr dazu im Abschnitt „Die acht Phasen des Austauschjahres".
Eine gute Vorbereitungsarbeit ist Gold wert – und meiner Meinung nach neben den administrativen Tätigkeiten auch das eigentliche Herzstück der Arbeit deutscher Austauschorganisationen. Es lohnt sich, das Vorbereitungsangebot der Organisationen genauestens zu prüfen. Schnell wird man feststellen, daß die Angebote von nur einem Schüler-Eltern Treffen bis hin zu mehreren Schülertreffen, Schüler-Eltern Treffen, mehrtägigen Schülerseminaren und umfangreichen Materialien reichen.

In diesem Zusammenhang sei auf den Tabellenteil des Buches verwiesen. Dort wird die Vorbereitungsarbeit der Organisationen übersichtlich und schnell vergleichbar dargestellt.

Wie finde ich Informationen?

Wenden wir uns zunächst den Möglichkeiten zu, überhaupt Informationen über Schüleraustausch-Organisationen zu erhalten. Erschreckenderweise muß festgestellt werden, daß es entsprechende Angebote zwar viele, wirklich umfassende Kompetenz allerdings viel zuwenig gibt. Dies hat, wie die Lektüre dieses Buches gezeigt hat und noch zeigen wird, seinen guten Grund: Schüleraustausch ist eine komplizierte Angelegenheit. Das Umfeld, in dem für Schüleraustausch geworben werden kann, setzt dagegen oft Einschränkungen voraus, die zur Verzerrung bzw. auch Falschinformation führen können.

• Literatur

Zunächst sind da die bekannten Bücher über den Schüleraustausch, geschrieben von ehemaligen Austauschschülern. Der Klassiker unter diesen Büchern ist sicherlich Max Rauners „Als Gastschüler in den USA“. Rauner schreibt sehr spannend und detailreich über sein Amerikajahr und nimmt auch bei der Kritik an seiner Organisation kein Blatt vor den Mund. Ausgiebig weist er auf drohende Problemgebiete hin und vergißt nicht, positive wie negative persönliche Erfahrungen zu relativieren.
Ähnliches gilt für Heike Bergs Buch „What's up“. Berg hat einen fesselnden, gelegentlich pathetischen Erlebnisbericht abgeliefert. Auch sie bemüht sich um eine relativierende Darstellung der für sie offensichtlich großartigen Ereignisse in ihrem High School-Jahr.
Ihre Bücher dienen in erster Linie einem Zweck: ausführlich, spannend und individuell von ihren ganz persönlichen USA-Erlebnissen zu berichten. Das tun sie mit Bravour und machen dadurch deutlich, daß jede USA-Erfahrung anders ist. Auf Vergleichbarkeit zielt der Anspruch dieser Bücher nicht ab.
Abgesehen von diesen und anderen Publikationen bleiben dem austauschwilligen Schüler zwecks näherer Informationen jetzt nur noch Artikel in Tageszeitungen und Zeitschriften zum Thema, die halbjährliche Gruner+Jahr Publikation „Oskar's“ und die Amerikahäuser. Artikel in Zeitungen und Zeitschriften können schon aufgrund von Platzgründen und Zeitdruck oft nur an der Oberfläche bleiben. Problematisch allerdings finde ich es, wenn der Informationsgehalt eines entsprechend allgemein gehaltenen Artikels dann dahingehend „aufgepeppt“ werden soll, daß man eine wahllos und willkürlich zusammengestellte Adressenliste von Organisationen hinzufügt.

> Eine ausführliche Beschreibung der aktuellen deutschen und amerikanischen Literatur zum Thema USA-Schüleraustausch finden Sie im Literaturverzeichnis.

Internet

Von offiziellen deutschen und amerikanischen Stellen existieren einige sehr gute Seiten mit einer Fülle von Informationen. Literaturtipps, Erfahrungsberichte, Termine, Schüler- und Elternforen, Chat und Linktipps finden Sie unter www.schueleraustausch.de

Ausgewählte Internet-Sites finden Sie im WWW-Verzeichnis.

Amerikahäuser

Wer sich für Schüleraustausch mit den USA interessiert, wird höchstwahrscheinlich auch die Amerikahäuser konsultieren. Diese sind eine Einrichtung des United States Information Service (USIS) und dienen als Informationsquelle und kulturelle Einrichtung der USA. Jahrelang haben die Amerikahäuser eine von der USIS zusammengestellte Broschüre verteilt, die neben allgemeinen Tips zum Thema Schüleraustausch auch die Adressen von einigen Organisationen enthielt. Interessanterweise hat sich die USIS entschieden, die Auflistung von Organisationen in dieser Broschüre gänzlich zu unterlassen. Mit der Begründung „Es ist nicht die Aufgabe von USIS, private Austauschorganisationen zu überprüfen und zu bewerten. Deshalb werden von uns keine Empfehlungen ausgesprochen" reagiert die USIS damit auf eine wachsende Erkenntnis: Die Bewertung von Organisationen, ja selbst die Darstellung der Marktstrukturen, die sich ständig ändern, ist ausgesprochen kompliziert.
Prinzipiell ist dieser Schritt der USIS also nur zu begrüßen. Auch der Verweis auf entsprechende Organisationen, die das anstelle von USIS leisten können, ist angebracht und richtig.
Die Amerika-Häuser geben keine Auskünfte mehr zum USA-Schüleraustausch. Die Bibliotheken sind jedoch nach wie vor öffentlich zugänglich. Der Beratungsdienst ist jetzt privat organisiert von Council on International Educational Exchange e.V. (CIEE), selbst Anbieter eines High School-Jahres.
Die persönliche und telefonische Beratung erfolgt gegen Gebühr. Aktuelle Preise und Informationen im Internet: www.educationusa.de

WWW

Die Arbeit der Organisation – chronologisch in sechs Schritten

Wir wissen jetzt, wie die Arbeit der Organisation von dem persönlichen Erfahrungsteil des einzelnen Schülers getrennt werden kann und muß. Des weiteren wurde gezeigt, für welchen Teil der Arbeit die deutsche Organisation verantwortlich ist und für welchen Teil die amerikanische. Im folgenden soll die Arbeit beider beteiligten Organisationen jetzt wieder zusammengeführt werden. Entsprechend des Ablaufes eines Austauschjahres werden sechs „Arbeitsphasen" vorgestellt, in denen die Organisationen tätig werden (sollten). Das breite Spektrum an Ausgestaltungsmöglichkeiten einzelner Phasen ergab sich durch die Auswertung der Fragebogenaktion. Das heißt, alles, was Sie hier lesen, wird in der geschilderten Form von der einen oder anderen Organisation auch tatsächlich so gemacht. Das heißt nicht, daß alle Organisationen auf die eine oder andere Weise aktiv werden – auch wenn Ihnen dies nach Lektüre dieses Kapitels vielleicht sinnvoll erscheinen sollte.

Schritt 1: Auswahlverfahren

Bewerbung

Die Arbeit einer Austauschorganisation beginnt schon mit dem Auswahlverfahren. Sinn und Zweck eines solchen Verfahrens soll ja sein, den austauschwilligen Schüler und seine Eltern kennenzulernen, um mit diesen über die bevorstehende Erfahrung zu diskutieren. Die Organisation hat für diesen Zweck pädagogisch geschulte Mitarbeiter, die in der Lage sind, den Reifegrad eines Schülers nach einem persönlichen Gespräch beurteilen zu können.
Reifegrad des Schülers, das ist ja klar. Was aber haben die Eltern damit zu tun? Sehr viel. Während der Zeit meiner eigenen Erfahrungen im Schüleraustausch habe ich immer wieder Interessenten getroffen, bei denen man sofort merkte, daß sie nicht die eigentlich Austauschwilligen sind. In diesen Fällen hatten die Eltern für ihre

Kinder ein Bewerbungsgespräch arrangiert. Dies war selbstverständlich nicht aus bösem Willen geschehen, sondern in der festen Überzeugung, dem Kind etwas Gutes zu tun.
Wie schon weiter vorne deutlich wurde, kann ein Austauschjahr nur dann funktionieren, wenn es der eigene Wunsch des Austauschschülers ist. Eltern, die „die Erfahrung nicht vorenthalten wollen“, tun ihrem Kind oft unwissentlich Zwang an. Wie soll ein Schüler im Ausland bestehen, wenn er schon in der vertrauten Umgebung seine Wünsche den Eltern gegenüber nicht deutlich formulieren kann? Diese Konstellation zu bemerken und entsprechende Bewerber herauszufiltern, dafür ist ein Bewerbungsverfahren in erster Linie da.
Aber noch ein wichtiger zweiter Punkt sollte vom Bewerbungsverfahren erfaßt werden: die unrealistischen Erwartungen des Schülers von den realistischen zu trennen. Schon im Bewerbungsverfahren sollte dem Schüler (und auch den Eltern!) deutlich gemacht werden, wie wenig Erwartungen an das Auslandsjahr gestellt werden dürfen.

Wie werden nun diese zugegebenermaßen hohen Ansprüche an ein Bewerbungsverfahren in die Wirklichkeit umgesetzt? Das Verfahren der Kontaktaufnahme bis zum offiziellen Bewerbungsvorgang erstreckt sich über drei Teile, die hier kurz erläutert werden sollen:

- **Informationsmaterial**

Ganz am Anfang steht das Informationsmaterial und die Werbung einer Organisation. Hierbei handelt es sich normalerweise um den ersten Kontakt zwischen Schüler und Organisation. Daher sollten auch diese Materialien schon die wichtigsten Ziele des Bewerbungsverfahrens beinhalten.
Die Ergebnisse der Untersuchung zeichnen jedoch ein ganz anderes Bild. Es scheint, als ob werbewirksame Lifestyle-Bilder den Organisationen wichtiger sind als vorbereitende Informationen.
Mehr als die Hälfte aller Organisationen diskutieren z. B. in ihren Broschüren die persönlichen Voraussetzungen, die ein Schüler für ein Austauschjahr mitbringen sollte. Sehr viel weniger, nämlich gerade mal ein Drittel der Organisationen (!) diskutieren gar die während

eines Auslandsaufenthaltes zu erwartenden Probleme. Schenkt man den Broschüren Glauben, dann ist das High School-Jahr geradezu dafür bestimmt, das bunteste, aufregendste, spannendste, erfolgreichste und glücklichste Jahr des ganzen Lebens zu werden.
Nun ist es ja nicht so, daß das nicht stimmen kann, jedoch sollte man bedenken, daß es nicht notwendigerweise so kommen muß. Die meisten Organisationen haben mir immer wieder bestätigt, daß wenig Erwartungen zu haben eine der wichtigsten Voraussetzungen für einen erfolgreichen Schüleraustausch ist. Ich frage mich, warum diese Maxime dann nicht schon konsequent bei der ersten Kontaktaufnahme mit den Kunden angewandt wird?

TIP

Es gibt noch eine weitere gute Möglichkeit, Erwartungen oder falschen Vorstellungen bei austauschwilligen Schülern entgegenzuwirken. Dem Informationsmaterial kann eine Telefonliste mit Namen ehemaliger Schüler dieser Organisation beiliegen. Viele Organisationen werben nicht ohne begründeten Stolz damit, daß sie ehemalige Schüler zur Vorbereitung zukünftiger Schüler einsetzen. Das ist gut und sinnvoll. Ehemalige Schüler können den Zukünftigen am besten die Vielfältigkeit der Erfahrungen vermitteln. Warum wird diese wichtige Informationsquelle – wenn überhaupt! – in so vielen Fällen den Schülern erst nach dem Vertragsabschluß zugänglich gemacht? Nur ein Viertel der Organisationen legt eine solche Liste den Informationsmaterialien bei.

Erfahrungen ehemaliger Teilnehmer...

Fragen Sie schon bei der Anforderung der Informationsmaterialien nach der Telefonliste ehemaliger Teilnehmer!

- **Persönlicher Kontakt**

Im zweiten Schritt kommt der persönliche Kontakt zwischen Schüler und Organisation zustande. Hierbei handelt es sich oft um Informationsveranstaltungen, die von den Organisationen (oder anderen Institutionen wie Schulen) zu Beginn der Saison in vielen deutschen Städten durchgeführt werden. Unter Umständen handelt es sich hierbei um eine gute Möglichkeit, die Verantwortlichen persönlich kennenzulernen und sich einen Eindruck über die Kompetenz der Organisation zu verschaffen.

- **Schriftliche Bewerbung**

Im dritten und wichtigsten Schritt geht es um die Bewerbung bei der Organisation selbst. Hier gibt es sechs verschiedene Praktiken, die einzeln oder kombiniert angewandt werden:

1. der Bewerbung tut das Ausfüllen eines kurzen Formulars Genüge. In diesen Fällen werden alle Schüler ohne persönliches Auswahlverfahren akzeptiert.
2. Nach einer kurzen schriftlichen Bewerbung werden die Schüler in Gruppen zu Bewerbungsgesprächen eingeladen. Bei diesen Gesprächen wird die Eignung des Schülers durch Mitarbeiter der Organisation geprüft. Nach dem Gespräch wird über eine Programmteilnahme entschieden.
3. Schüler und Eltern werden zusammen in Gruppen zu Bewerbungsgesprächen eingeladen.
4. Der Schüler wird zu einem Einzelinterview eingeladen.*
5. Als Ersatz für ein persönliches Gespräch kann ein Telefon-Interview stattfinden.
6. Der Schüler und seine Eltern werden zu einem Einzelinterview eingeladen. *

*** Achtung: Dies kann nur 20 Minuten dauern oder ausführliche 4 Stunden.**

Manchmal ist es auch eingebettet in zwei oder drei unterschiedliche Gesprächsrunden, die nacheinander durchlaufen werden.
Fragen Sie vorher nach, denn schon hier wird deutlich, wieviel Zeit sich eine Organisation für Sie nimmt.

Bewerbungsverfahren – Meinungen

Bis zu Beginn meiner Untersuchung war ich davon überzeugt, daß die letzte Alternative die einzig richtige sei. Um einen Schüler so gut wie möglich kennenzulernen, so fand ich, war das persönliche Gespräch mit seinen Eltern die einzig sinnvolle Alternative.
Während meiner Recherchen jedoch wurden mir auch andere Standpunkte vertrauter, so daß ich mir heute nicht mehr ohne weiteres ein Urteil über das richtige Bewerbungsverfahren erlauben möchte.
So führen einige wenige Organisationen ein ausführliches mehrtägiges Bewerbungsseminar durch. Hier werden die Bewerber durch Ehemalige und Mitarbeiter auf Herz und Nieren geprüft. Insbesondere in Rollenspielen wird versucht, das Verhalten von Schülern in ungewohnten Situationen herauszuarbeiten. Andere Anbieter verbringen zwar kein ganzes Wochenende, aber immerhin zumindest ein längeres Bewerbungsgespräch mit dieser Art von Verfahren („Stell Dir vor, Du bist ..."). Manche werten solche Veranstaltungen als „Psycho-Spiele" ab. Die meistgeäußerte Kritik lautet, daß nur wirklich geschulte Psychologen aus solchen Rollenspielen etwas über das Verhalten einer bestimmten Person in einer hypothetischen Situation schließen können. Selbst für im Schüleraustausch erfahrene Kräfte sei eine solche hobbypsychologische Betätigung eine Überforderung und für Ehemalige geradezu eine Zumutung.

Bewerbungsverfahren	
In der letzten Stufe des Bewerbungsverfahrens werden von den Organisationen folgende Methoden verwandt:	
kein Verfahren, jeder wird genommen	2%
Gruppeninterview (nur Schüler)	20%
Gruppeninterview (Schüler und Eltern)	16%
Einzelinterview (nur Schüler)	61%
ersatzweise telefonisches Interview	25%
Einzelinterview (Schüler und Eltern)	77%

STOP

Ca. 25% der Organisationen führen nicht immer ein „face-to-face“ Bewerbungsgespräch durch, sondern verlassen sich auf die schriftlichen Unterlagen der Schüler, telefonieren im günstigsten Fall noch einmal mit ihnen. (Was der Organisation nebenbei Kosten spart, da ein mehrstündiges persönliches Gespräch zeitaufwendig und damit teuer ist.) Ich meine, daß es im Interesse des Schülers und seiner Eltern liegen sollte, zu einem persönlichen Bewerbungsgespräch in die Räumen der Organisation oder ihrer Mitarbeiter eingeladen zu werden. Denn nicht nur die Organisation sollte ein Anrecht darauf haben, sich ihre Bewerber auszusuchen, sondern auch der Schüler und seine Eltern. Schließlich möchte man wissen, mit wem man es zu tun hat und dabei ist der persönliche Eindruck wichtig. Abraten möchte ich von Gesprächen, die unter Zeitdruck in Bahnhofsrestaurants, Hotel-Lobbies o.ä. stattfinden. Hier kann man davon ausgehen, daß es sich um reine Interviewfunktionen freier Mitarbeiter handelt, die nach Erfolg (also pro abgeschlossenen Vertrag) bezahlt werden und möglicherweise kein großes Interesse daran haben, Schülern von einem Aufenthalt abzuraten, wenn sie (noch) nicht geeignet sind.

TIP

Zusätzlich kommt es auch darauf an, wer die Auswertung der Bewerbung vornimmt, sei sie nun schriftlich oder persönlich. Der Vorteil der schriftlichen Bewerbung liegt sicherlich in der Vergleichbarkeit der Beurteilung. Das Schriftstück ist kein flüchtiger Eindruck, sondern liegt auch zur wiederholten Prüfung durch verschiedene Personen immer in der gleichen Form vor – und Papier ist geduldig. Genau das ist aber die Gefahr einer schriftlichen Bewerbung: Wer garantiert der Organisation, daß ein Schüler die Bewerbungsunterlagen inklusive mehrseitiger Selbstdarstellung auf Englisch ohne fremde Hilfe ausgefüllt hat?

Hier liegt ein besonderer Vorteil der persönlichen Bewerbung auf der Hand: Man bekommt einen direkten, nicht medial vermittelten Eindruck vom Bewerber. Und schließlich ist es ja genau dieses persönliche, „Face-to-face“-Auftreten, das für den Schüler im Umgang mit seiner amerikanischen Welt zählen wird und nicht etwa die Frage, wie geschickt er sich in einem Brief darstellen kann.

Trotzdem muß noch einmal darauf hingewiesen werden, daß auch das beste persönliche Interview nur soviel taugt, wie der Interviewer selbst. So ist ein 15minütiges Telefonat zwar ein „persönliches Interview“. Ob es aber eine sonderlich effektive Art ist, mehr über den interviewten Schüler zu erfahren, ist zumindest zweifelhaft.

Zeit zum Kennenlernen...

Man sollte sich daher nicht so sehr an der Art des Bewerbungsverfahrens hochziehen, sondern vielmehr überprüfen, wieviel Zeit die Organisation auf jeden Bewerber verwendet. So kosten zum Beispiel mehrstündige Gespräche oder ganze Bewerberwochenenden die Organisationen mehr Geld als die telefonischen Interviews. Je mehr Zeit in einen Schüler investiert wird, desto größer ist die Chance, diesen wirklich umfassend kennenzulernen.

Der positive Effekt hiervon liegt auf der Hand – wenn er auch nicht gerade Begeisterungsstürme bei austauschwilligen Jugendlichen hervorruft: Je gewissenhafter eine deutsche Organisation ihre Schüler auswählt, desto geringer ist das Risiko, daß diese von der amerikanischen Partnerorganisation noch abgelehnt werden können.
Diesen Punkt sollte man nicht vergessen: Die amerikanischen Organisationen sind nach dem Gesetz geradezu verpflichtet, Bewerber aufgrund der ihnen vorliegenden schriftlichen Bewerbungsunterlagen nochmals selber zu prüfen. Ein Schüler, der von einer deutschen Organisation sorgfältig ausgewählt wurde, muß diese „Prüfung“ nicht mehr fürchten. Das Ausfüllen der umfangreichen englischsprachigen Bewerbungsunterlagen ist dann in erster Linie nur noch Formsache.

TIP

Vorsicht sollte deshalb geboten sein bei Organisationen, die diese aufwendig zu erstellenden Unterlagen dem Bewerber gleich vorlegen, ohne ein eigenes Bewerbungsverfahren vorzuschalten. Man kann in diesem Fall davon ausgehen, daß die deutsche Organisation die Auswahl eines Bewerbers ihrem amerikanischen Partner überläßt.

Schritt 2: Langfristige Vorbereitung

Arbeit der amerikanischen Partnerorganisation

Die Bewerbungsphase ist abgeschlossen, der Schüler ist angenommen, und die umfangreichen Bewerbungsunterlagen sind auf dem Weg nach Amerika. Da die meisten Organisationen ihren Bewerbungsschluß um den 31. März legen, dauert es jetzt noch ein halbes Jahr bis zum Abflug. Diese Zeit ist gut und auch notwendig aus zwei Gründen. Zum einen braucht die amerikanische Partnerorganisation Zeit, eine geeignete Gastfamilie zu finden. Zum anderen braucht der Schüler - und auch seine Eltern - Zeit, sich mit dem bevorstehenden Abenteuer intensiv auseinanderzusetzen.

Aber beginnen wir mit der Gastfamiliensuche, die – wie schon deutlich geworden ist – in ihrer Wichtigkeit nicht unterschätzt werden darf. Zwar hat sich die deutsche Organisation (hoffentlich) ein umfassendes Bild von dem Schüler gemacht, so daß sie ihrem amerikanischen Partner auch ein paar persönliche Eindrücke über den jeweiligen Bewerber übermitteln kann. Trotzdem liegt der amerikanischen Organisation in den meisten Fällen eben nur die schriftliche Bewerbung des Schülers vor. Aufgrund dieser Bewerbung muß sie nun eine für den Schüler geeignete Gastfamilie finden.

Wie geht sie dabei vor? In der Regel sind die amerikanischen Organisationen streng hierarchisch strukturiert. Neben einem Hauptbüro gibt es verschiedene Gebietskoordinatoren, denen dann wieder einzelne Area representatives (Area reps) zuarbeiten. Im Hauptbüro werden die Unterlagen eines Schülers geprüft. Dann erfolgt eine Weitergabe an einen Gebietskoordinator. Bei dieser Vorauswahl spielen oft schon Interessen und Vorlieben des Schülers eine Rolle.

Der Gebietskoordinator wiederum verteilt die ihm zugewiesenen Bewerbungen an seine Area reps. Diese versuchen dann auf verschiedenen Wegen für den Schüler eine geeignete Gastfamilie zu finden. Dabei stellen sich dem Area rep mehrere kleinere Probleme in den Weg. Insgesamt strömen jährlich circa 60.000 Austauschschüler aus allen Ländern dieser Welt in die USA. Daß ein Gastschüler für eine bestimmte Schule oder Gemeinde eine absolut neue Erfahrung sei, kann man daher nicht unbedingt sagen. Das Gegenteil ist oft der Fall.

Immer mehr Schulen müssen dem Strom von Austauschschülern Einhalt gebieten. Sie setzen Höchstwerte pro Schuljahr fest.

(CSIET) Council on Standards for International Educational Travel

Die Aktivitäten der Schulen beschränken sich nicht nur auf Quotenregelungen. Auf Drängen insbesondere von High School-Direktoren und örtlichen Initiativen hin wurde 1984 das Council on Standards for International Educational Travel (CSIET) gegründet. Diese gemeinnützige Organisation hat es sich zur Aufgabe gemacht, Standards für internationale Austausch- und Lehrprogramme zu entwickeln, zu überprüfen und zu verbessern. Mitglieder im CSIET sind ein Großteil der in den USA ansässigen Austauschorganisationen sowie viele High School-Distrikte und örtliche Initiativen.
Einmal jährlich veröffentlicht CSIET eine advisory list, in der solche Organisationen aufgelistet werden, deren Programm mit den CSIET-Standards übereinstimmen. Organisationen, die in der advisory list genannt werden wollen, müssen sich jährlich wieder mit ihrem Programm bewerben. Ein unabhängiges Komitee überprüft die Bewerbungen und stellt die advisory list zusammen. Wichtig ist, daß die Mitgliedschaft im CSIET von der Auflistung in der advisory list unabhängig ist.
An vielen Schulen kommt ein Area rep schneller weiter, wenn seine Organisation auf der CSIET advisory list steht.

Die Liste kann unter www.csiet.org abgerufen werden.
Im Buch ist sie im Verzeichnis "CSIET Advisory List" abgedruckt.

Die Wichtigkeit der Zustimmung der Schule darf nicht unterschätzt werden: ein amerikanischer Schüler darf nur in dem Distrikt zur Schule gehen, in dem auch seine Gastfamilie lebt. Man denke sich folgendes Szenario: ein Area rep findet eine hervorragend geeignete Gastfamilie für einen Austauschschüler. Die Schule in dem Distrikt jedoch hat ihre Austauschschülerquote schon „voll" und sie kann keine weiteren Gastschüler akzeptieren. In so einem Fall muß der Area rep die hervorragende Gastfamilie leider aufs kommende Jahr vertrösten.

Auswahl der Gastfamilie

Wie wird eine Gastfamilie ausgewählt? Der – auch in der Fragebogenaktion von den Organisationen immer wieder bestätigte und vom Department of State (ehemals USIA) vorgeschriebene – Idealfall sieht wie folgt aus: Interessierte amerikanische Familien melden sich entweder selbst beim örtlichen Verantwortlichen der Organisation (Area rep), oder der Kontakt kommt über Empfehlungen zustande. Der Area rep stattet der Familie einen Besuch ab, läßt sich das Haus zeigen und versucht, einen Eindruck vom Familienleben zu bekommen. Er läßt zum Abschied ein paar Schülerbewerbungen zur Ansicht da, von denen er glaubt, daß sie zu dieser Familie passen würden.
Jetzt wartet der Area rep, bis sich die Familie wieder bei ihm meldet und ihr Interesse bekräftigt, Gastfamilie zu sein. Der Area rep läßt sich zwei Referenzen für die jeweilige Familie ausstellen (z. B. von Nachbarn, Arbeitskollegen, Lehrern). Wenn sich die Familie für einen Schüler entschieden hat, muß nur noch die zuständige High School ja sagen, dann ist die Plazierung perfekt.
Man darf aus dieser trockenen Schilderung nicht schließen, daß aufnahmewillige Gastfamilien dem Area rep wie gebratene Tauben in den Mund fliegen, das Gegenteil ist der Fall. Die Mitarbeiterin einer amerikanischen Organisation hat mir mal gesagt, daß auf eine erfolgreiche Plazierung circa 20 erfolglose Versuche kommen, Gastfamilien zu gewinnen. Selbst wenn diese Zahl hoch erscheint, steht doch fest, daß die Gastfamiliensuche mühselig ist und viel Kraft und Zeit in Anspruch nimmt.

Zumal die Praxis dem Area rep die Arbeit dann noch oft unnötig erschwert: Da werden Plazierungen aus familiären Gründen (Versetzung, Kündigung, Krankheit oder Tod, etc.) plötzlich wieder annulliert, Schüleranmeldungen werden von den deutschen Organisationen noch so spät akzeptiert, daß bei den High Schools eigentlich schon nichts mehr geht, bestimmte Area reps stellen fest, daß sie sich leider etwas übernommen haben oder fallen selbst aus familiären Gründen aus, oder High Schools machen aus Geldmangel dicht.
All diese Dinge fallen unter das Stichwort „höhere Gewalt". Um die Plazierungen trotzdem noch termingerecht „durchzupeitschen", wird gelegentlich dann auch zu etwas fragwürdigeren Vermittlungsmethoden gegriffen: Potentielle Gastfamilien werden zur Annahme eines Schülers gedrängt, Anzeigen im Stile von „Armer kleiner Deutscher

sucht liebevolle Gastfamilie..." werden in der lokalen Presse geschaltet, oder es wird Gastfamilien zugesagt, daß sie den Schüler ja nur für ein paar Monate behalten müßten.

Für die Eltern unter den Lesern klingt dies alles natürlich schrecklich. Man ist schon fast gewillt, den Anwalt anzurufen, um sich über rechtliche Schritte gegen solche Vorgehensweisen zu informieren. Aus diesem Grund möchte ich noch einmal ganz deutlich betonen, daß es sich in solchen Fällen um Ausnahmesituationen handelt. Bedenken Sie bitte bei Ihrem Urteil über die Arbeit der amerikanischen Organisationen alle in diesem Kapitel geschilderten Aspekte – und Sie werden mir zustimmen, daß man nun mal an das Austauschgeschäft nicht mit den gleichen Ansprüchen herangehen kann wie z. B. an einen Reiseveranstalter.

Betreuung amerikanischer Gastfamilien durch US-Organisationen in % (Mehrfachnennungen möglich)

Vorbereitungsveranstaltung	ca. 54 %
regelmäßige Telefonate	ca. 97 %
regelmäßige Treffen	ca. 61 %
regelmäßige Besuche	ca. 68 %

Ich muß in diesem Zusammenhang entschieden den in der Öffentlichkeit geäußerten Auffassungen entgegentreten, daß es sich beim Schüleraustausch heute um ein kommerzielles und einseitiges Reisegeschäft handelt. Insbesondere stört mich hier das Wort „einseitig". Es wird vorschnell von der Tatsache hergeleitet, daß eben kein wirklicher „Austausch" von Schülern stattfände, sondern Deutschland in erster Linie Geberland und die USA in erster Linie Nehmerland wäre.

Diese Tatsache ist zwar korrekt, aus den USA kommen wirklich nur sehr wenige Austauschschüler nach Deutschland, und die wenigsten davon kommen auf Gegenbesuch-Basis. Aber deshalb von einem einseitigen Geschäft zu sprechen, halte ich für eine Ohrfeige an all die

tausende von Gastfamilien, die jedes Jahr wieder völlig umsonst einen Gastschüler aufnehmen, um Kultur und Familienleben mit ihm zu teilen. Daß es in solch einem Geschäft dann auch mal „krachend aufeinander" geht, ist unvermeidbar.
Unvermeidbar sind die Konflikte zwischen Menschen, aber die Folgen eines solchen Konflikts, die lassen sich vielleicht beeinflussen. Hier kommt jetzt wieder die deutsche Organisation ins Spiel, die wir ja für den Exkurs „Gastfamilien- und Schulensuche" einen Moment außer acht gelassen hatten. Während sich also der amerikanische Partner mit den beschriebenen Dingen plagt, sollte die deutsche Organisation auch nicht untätig sein.

Arbeit der deutschen Organisation

Wir befinden uns immer noch in dem circa halbjährigen Zeitraum zwischen Annahme und Abflug des Schülers. Für den Schüler steht fest, daß er in die USA gehen wird. Die Zeit ist also reif, sich intensiv mit diesem Land, seiner Kultur und seiner Geschichte zu befassen. Die Organisation sollte hier Hilfestellung geben. Durch regelmäßige Publikationen, Bücherlisten und periodische Treffen mit ehemaligen Schülern und Mitarbeitern der Organisation kann der Schüler immer wieder in die „richtige" Richtung geschubst werden. Er kann das bevorstehende Ereignis in seinem Herzen bewegen und sich des Umfangs der Zäsur durch dieses Abenteuer bewußt werden.
Ich nenne diese Zeit gerne die „langfristige Vorbereitungsphase", doch leider wird sie von den allermeisten Organisationen vernachlässigt. Regelmäßige Publikationen (Newsletter) haben nur eine Handvoll der Veranstalter. Schülerhandbücher verteilen die allermeisten, jedoch sind sie in der Regel recht knapp gehalten. Der Anspruch hinter den meisten Handbüchern ist sehr engagiert, trotzdem bleibt es fraglich, wieviel von diesem Anspruch durch Lesen allein beim Schüler wirklich umgesetzt wird.
Bleiben die meiner Meinung nach weitaus effektiveren Treffen mit ehemaligen Austauschschülern. Diese Art von Vorbereitung bieten immerhin 13% der Organisationen an, nur 4% veranstalten sogar mehrere Schülertreffen. Interessant ist auch die Idee des „Kontaktschülers". Hier bekommt ein Zukünftiger einen Ehemaligen in seiner Nähe zugewiesen, mit dem er sich dann nach Belieben austauschen

TIP

kann. Aus meiner eigenen Erfahrung kann ich bestätigen, daß der persönliche Kontakt zu solchen, die es „durchgemacht“ haben, für den zukünftigen Schüler am wertvollsten ist. Allerdings nur dann, wenn er durch ein entsprechendes pädagogisch strukturiertes Beiprogramm der Organisation unterstützt wird.

Sich mit Ehemaligen zu unterhalten, birgt nämlich eine besondere Gefahr: Man erfährt eben nur einen Blickpunkt. Dieser kann durch bestimmte Ereignisse stark verzerrt sein. Da die Vergleichsmöglichkeiten fehlen, stellt diese Perspektive für den Zukünftigen schnell die zu erwartende Wirklichkeit dar.

Ich erinnere mich an eine Vorbereitungsveranstaltung, auf der über die Hälfte der anwesenden Ehemaligen einen Gastfamilienwechsel mitgemacht haben (der „normale“ Schnitt liegt nach Auswertung der Fragebögen bei 20 - 25 %). Da den Zukünftigen die Vergleichsmöglichkeiten zur Grundgesamtheit fehlten, war „Familienwechsel“ das Thema der folgenden Gesprächsrunden. Schnell machte sich die Überzeugung breit, daß es sich hierbei um ein allen Schülern drohendes Übel handelte. In dieser Situation war es Aufgabe der pädagogischen Mitarbeiter der Organisation, gegenzusteuern, um den Blickpunkt der Schüler wieder auszubalancieren.

Aus diesem Grund ist es so ungeheuer wichtig, daß auch die langfristige Vorbereitung, der „Reife- und Bewußtseinsmachungsprozeß“ im Schüler von der Organisation mitgesteuert wird. Insbesondere in der langfristigen Vorbereitung ist eine solche Hilfestellung notwendig, um dem Schüler Angst zu nehmen und Sicherheit zu geben. Schüler, bei denen dies nicht geschieht, verdrängen die Konsequenzen des bevorstehenden Abenteuers bis zuletzt. Werden sie dann in der Phase der abschließenden Vorbereitung plötzlich mit den bevorstehenden Situationen konfrontiert, reagieren sie panisch und ziehen sich an verzerrten Perspektiven hoch.

Alles braucht seine Zeit: die Gastfamiliensuche, die Schulplazierung und auch die persönliche, individuelle Vorbereitung des Schülers. Es ist schon richtig, daß der Bewerbungsschluß bei den meisten Organisationen im Frühjahr liegt. Wer Schüler noch im Sommer annimmt, kompliziert oder verhindert wichtige Prozesse für die erfolgreiche Durchführung des Jahres. Dies hat der vorangegangene Abschnitt gezeigt.

Schritt 3: Abschließende Vorbereitung

Arbeit der amerikanischen Partnerorganisation

Wann steht die Gastfamilie fest?

Wie schon an anderer Stelle gesagt, gibt es eine „heiße Phase“ direkt vor dem Abflug. Schauen wir zunächst wieder in die USA zur amerikanischen Partnerorganisation, bevor wir uns den Aktivitäten auf deutscher Seite zuwenden.

In den USA gibt es drei Monate Sommerferien. Ein Einschnitt im Leben vieler amerikanischer Familien, der die Arbeit der Area reps nicht gerade erleichtert. Wer entscheidet schon gerne vor den Ferien, was in drei Monaten geschehen wird? Während die deutschen Schüler also schon täglich fast hysterisch zum Briefkasten rennen, werden die Area reps von den potentiellen Gastfamilien gerne auf Labor Day vertröstet (der amerikanische Tag der Arbeit; hiernach fängt normalerweise die Schule wieder an).

Plazierungen vor Juni/Juli sind eher eine Seltenheit. Der Großteil der Schüler wird erst plaziert, wenn die amerikanischen Sommerferien sich dem Ende zuneigen, die Familien absehen können, daß sie wohl auch im nächsten Schuljahr noch in der gleichen Gegend wohnen werden (der Durchschnittsamerikaner zieht in seinem Leben 20 Mal um!) und dem/den Brötchenverdiener/n der Familie der eigene Arbeitsplatz wenigstens halbwegs sicher erscheint. Aber nicht nur diese Unwägbarkeiten führen zu späten Plazierungen. Oftmals entscheiden Amerikaner über die Aufnahme eines Gastschülers auch recht spontan, aus dem Bauch heraus. Das heißt nicht, daß sie weniger zu ihrer Entscheidung stehen, als das eine deutsche Familie tun würde. Während unsereins sich vielleicht die Aufnahme eines Gastschülers monatelang mit allen Fürs und Widers gründlich überlegt, geht der Amerikaner eine solche Entscheidung kurzfristiger an (siehe auch Abschnitt “Inbound-Programme”).

Ist die Familie dann gefunden und hat auch die Schule zugesagt, kann das I-20 oder das IAP-66 ausgefüllt und an den deutschen Schüler mit

der Gastfamilienadresse gesandt werden. Hierbei handelt es sich um Visumantragsformulare, auf die im Abschnitt „Im Preis enthalten" noch näher eingegangen wird.
Wie gesagt, in der Regel finden die Plazierungen im Juli/August statt, und einige Schüler müssen aus den verschiedensten Gründen sogar noch länger warten. Teilweise bis Ende August, Anfang September, in ganz wenigen Einzelfällen auch noch länger. Und leider kommt es auch immer wieder vor, daß bestimmte Schüler vollkommen unplazierbar bleiben.
In diesem Fall ist natürlich eine kulante Rücktrittsregelung von der Organisation wichtig.

> **Je besser der Eindruck, um so besser die Plazierungschance**
>
> Deswegen große Mühe und Sorgfalt auf die Unterlagen verwenden, die die Gastfamilien erhalten. Fotos: keine Ohrringe (bei Jungen), gepflegter Haarschnitt, Zigaretten oder Bierflaschen auf Party-Bildern vermeiden. Möglichst breit gefächerte Hobbys und Interessen angeben, keine starken Erwartungen oder hohe Ansprüche aufschreiben und möglichst keine Wunschstaaten im Aufsatz oder Brief an die Gastfamilie erwähnen.

Arbeit der deutschen Organisation

Die amerikanische Partnerorganisation ist also am Rotieren, und auch in Deutschland beginnt für die Schüler die heiße Phase. Nicht nur, weil sie sehnsüchtig auf die Gastfamilienadresse warten, sondern auch, weil hier jetzt noch einmal in dichter Folge Vorbereitungsveranstaltungen stattfinden.
Es gibt zwei Arten von Veranstaltungsangeboten im Sommer vor der Abreise: das Schüler-Eltern-Treffen und/oder das mehrtägige Schülerseminar. Ein Schüler-Eltern-Treffen veranstalten fast alle Organisationen, ein mehrtägiges Schülerseminar in Deutschland bietet rund ein Drittel der Organisationen an – dies ist eine Erhöhung um 10% seit der letzten Umfrage im Jahre 2000. Rund 34% aller Organisationen führen ein mehrtägiges Schülerseminar in den USA

durch, zu dem ich später etwas sagen werde. Alle genannten Veranstaltungen bieten nur drei Organisationen an.

- **Schüler-Eltern Treffen**

Dabei handelt es sich normalerweise um einen Abend oder Nachmittag mit vielen Informationen, die auf die anwesenden Schüler und Eltern niederprasseln. Den Eltern sollte klar sein, daß dies oftmals ihre letzte (und häufig einzige) Chance ist, die hauptamtlichen Mitarbeiter der Organisation ausführlich zu administrativen und inhaltlichen Themen des Jahres zu befragen.

- **BRD Schüler-Seminar**

Ein Schüler-Seminar definiert sich nicht nur durch die Mehrtägigkeit (bei einer nachmittäglichen Veranstaltung rede ich noch nicht von einem Seminar, sondern von einem Treffen), sondern auch durch ein pädagogisch begleitetes Programm. Landes- und Gesellschaftskunde, problemzentrierte Rollenspiele und die Erarbeitung weiterer, austauschrelevanter Themen sollten das Herzstück eines solchen Seminars bilden. Daneben muß natürlich die Möglichkeit gegeben sein, mit den anwesenden ehemaligen Schülern ausgiebig und ohne Zeitbeschränkungen über die verschiedensten Dinge zu „quatschen", sich auszutauschen und sozusagen in die richtige „Austauschstimmung" zu kommen.

Einige wenige Organisationen bieten nun noch spezielle intensive Sprachvorbereitungskurse an, nicht nur für sprachlich schwächere Schüler. Daß insbesondere durch Mißkommunikation brenzlige Situationen entstehen können, kann sich jeder denken. Daher ist solch ein Angebot prinzipiell zu begrüßen, durch das die Schüler die Feinheiten des amerikanischen Englisch im Zusammenhang mit den kulturellen Besonderheiten lernen. Wichtig ist hierbei aber, daß es sich wirklich um ein speziell auf die Bedürfnisse von USA-Austauschschülern abgestimmtes Angebot handelt. Einige Organisationen hingegen sind hauptsächlich nicht Austauschprogrammanbieter, sondern Sprachreiseveranstalter. Hiervon empfehlen manche einen herkömmlichen Sprachkurs zur Vorbereitung auf das High School-Jahr. Fairerweise muß man dazu sagen, daß es sich bei solchen Angeboten nicht um Angebote im Rahmen des USA High School-Programms im eigentlichen Sinne handelt.

- **USA Schüler-Seminar**

Abschließend noch ein paar Sätze zum Angebot „Schüler-Seminar USA“. Wie schon erwähnt, wird dies von einem guten Drittel der Organisationen angeboten (d.h. es ist im Preis enthalten; zusätzlich zu bezahlende, nicht obligatorische Seminarangebote wurden bei der Auswertung nicht berücksichtigt). Prinzipiell ist ein solches Angebot natürlich eine tolle Sache, denn wo kann man mehr über die Kultur, Sprache und Geschichte eines Landes lernen als im entsprechenden Land selbst?
Problematisch ist jedoch, daß ein wesentlicher Teil der Vorbereitung im Gastland selbst nicht mehr geleistet werden kann: die Problemsituationserkennung und -bewältigung aus der Sicht des Schülers. Ich möchte dies nicht falsch verstanden wissen, aber meiner Meinung nach kann nur derjenige richtiges Verständnis aufbringen und Ratschläge erteilen für die Probleme eines Gastschülers mit einer fremden Kultur, der die Kultur des Gastschülers selbst gut kennt. Warum Alkoholverbot, Ausgehsperrzeiten oder Toilettenlaufzettel für einen deutschen Schüler ein Problem sind, kann ein Amerikaner nicht ohne weiteres verstehen. Und dem Schüler gar Tips an die Hand geben, wie er mit diesen ungewöhnlichen Auflagen am besten umgehen kann, das kann wohl nur jemand, der es selbst durchgemacht hat.

Deshalb finde ich ein mehrtägiges Seminar im Gastland anstelle eines Seminars im Heimatland problematisch. Es findet nicht frühzeitig genug statt, um dem Schüler noch die Möglichkeit einzuräumen, sich über die Seminarinhalte klarzuwerden und sich entsprechend gedanklich vorzubereiten. Für den Schüler wichtige Inhalte werden vermutlich nicht angesprochen, wenn es sich bei den Seminarleitern um Vertreter eben jener Kultur handelt, von der einem noch so vieles unverständlich und fragwürdig erscheint.
Davon abgesehen finden viele dieser Seminare mitten in den amerikanischen Metropolen statt. Die Anbieter vergessen nicht, auf die „tolle

Möglichkeit" hinzuweisen, im Rahmen des Seminars das pulsierende Großstadtleben kennenzulernen. Nun bin auch ich ein Fan von Broadway und Shopping bei Macy's. Aber der Intensität des Gedankengangs während eines Vorbereitungsseminares sind diese Sightseeing-Erlebnisse sicherlich abträglich.

Vorbereitungsangebote der Organisationen in %	
USA Schüler-Seminar	ca. 34 %
BRD Schüler-Seminar	ca. 32 %
Schüler-Eltern-Treffen	ca. 88 %
Schüler-Treffen	ca. 27 %

Schritt 4: Das Jahr in den USA – „Normalfall"

Arbeit der amerikanischen Partnerorganisation

Nun ist der Schüler also in den USA angekommen, und sein Abenteuer kann beginnen. In 75% der Fälle beginnt nun das, was ich als „Normalfall" bezeichnen würde: Der Schüler hat ein erlebnisreiches, nicht selten spannendes, aber undramatisches, herrliches, erfolgreiches Austauschjahr. Er kommt zurück und gehört zu denjenigen tausenden von Deutschen, die durch die Verbreitung ihrer persönlichen Erlebnisse im Freundes- und Bekanntenkreis das Austauschfieber seit Jahrzehnten am Leben erhalten.
Aber auch bei den restlichen 25%, die ich nicht zum „Normalfall" rechnen würde, verläuft das Jahr nicht notwendigerweise katastrophal. Jedoch gehören diese Schüler zu denjenigen, die (mindestens) einen Familienwechsel während ihres Austauschjahres mitmachen müssen.

Aus der Ferne oder im nachhinein betrachtet, ist auch dies kein dramatisches Erlebnis. Aus der Sicht des betroffenen Schülers jedoch hat ein solches Ereignis möglicherweise Weltuntergangscharakter. Daher sollen diese (und andere) unangenehme Erlebnisse während des Jahres unter dem Abschnitt „Notfall“ gesondert behandelt werden.
Wie aber läuft das Jahr, von organisatorischer Seite her betrachtet, im Normalfall ab? Von dem Moment, da der Schüler amerikanischen Boden betritt, wird er vorrangig von der amerikanischen Partnerorganisation betreut. Juristisch betrachtet hat also die deutsche Organisation die Betreuung des Schülers an ihre amerikanischen Partner entsprechend der vertraglichen Vereinbarungen übergeben. Im Notfall ist die amerikanische Partnerorganisation weisungsbefugt.

US-behördliche Regelungen

Es gibt verschiedene Arten von Regelungen, die auf den Schüleraustausch Anwendung finden. Zum einen sind da von den amerikanischen Organisationen aufgestellte Regeln. Ein Beispiel dafür ist das “consent of treatment”. Es muß von den leiblichen Eltern vor der Abreise ihres Kindes unterschrieben werden. Mit diesem Dokument übertragen sie die Entscheidung über erforderliche medizinische Notfallbehandlungen auf die Gasteltern. Hierbei handelt es sich nicht um eine US-behördlich vorgeschriebene Richtlinie.

Zum andern gibt es, wie schon mehrfach zitiert, sogenannte „US-behördliche“ Regelungen. Auch in den Informationsunterlagen der Organisationen findet man den Verweis auf diese Regelungen immer wieder. Um welche Behörden handelt es sich denn nun genau?
Im Prinzip gibt es nur eine US-amerikanische Behörde, die auf den Schüleraustausch im allgemeinen Einfluß hat: das Department of State (ehemals USIA). Hierbei handelt es sich um eine Behörde des amerikanischen Außenministeriums, die auch für den Schüleraustausch ein bindendes Regelwerk erstellt hat. Organisationen, die in den USA Schüleraustausch betreiben möchten, brauchen von der Behörde eine entsprechende Genehmigung. Außerdem werden sie regelmäßig überwacht. Das verbindliche Regelwerk des Department of State schreibt vor, in welchem Umfang Betreuung und Vorbereitung des Schülers zu gewährleisten sind und gibt sowohl schul- als auch versicherungstechnische Richtlinien vor.

Also, die ominösen „US-behördlichen Regelungen" gibt es wirklich, jedoch sollte man nicht allzu leichtgläubig alles akzeptieren, was einem auf dieser Grundlage verkauft wird. Ein Beispiel: Es ist wahr, daß das Department of State vom einreisenden Austauschschüler den Nachweis über eine bestehende Krankenversicherung verlangt. Unwahr ist hingegen, daß der Schüler außerdem unfall- und haftpflichtversichert sein muß.

Nicht aus den Behörden-Richtlinien ersichtlich ist die Auflage, daß, wenn der Schüler sich über seine Eltern in Deutschland privat versichern möchte, die deutsche Versicherung über eine gebührenfreie Telefonnummer in den USA verfügen muß (sog. 1-800-number). Bei einer solchen Vorschrift handelt es sich meiner Meinung nach um einen simplen Verkaufstrick für das von der Organisation angebotene Versicherungspaket. Welcher deutsche Versicherer hat schon ein ständig besetztes, gebührenfrei erreichbares Büro in den USA?

Einschränkend muß man sagen, daß es natürlich auch noch andere Behörden geben kann, die Auflagen für den Schüleraustausch machen. Wie im bundesstaatlich organisierten Deutschland auch, gibt es in den USA neben den Bundesbehörden auch noch Landes- und Kommunalbehörden, die ein Wörtchen mitzureden haben. Und es gibt auch das weitgehend selbständig arbeitende „school board" eines jeden Schuldistrikts, welches eigene Auflagen geltend machen kann.

Ein Beispiel: Jede High School hat ihre eigene „school nurse" (Krankenschwester). Diese wird die Gesundheitsunterlagen des Schülers vor seiner Ankunft prüfen. Stellt sie fest, daß bestimmte vorgeschriebene Impfungen fehlen, oder der Schüler bestimmte Krankheiten noch nicht gehabt hat, wird sie eine Impfung zur Voraussetzung für die Teilnahme am Unterricht anordnen. Dabei kann es sich dann auch um exotische Impfungen wie z.B. gegen Tuberkulose (TBC) handeln, die ein deutscher Arzt niemals durchführen würde. Als Gastschüler hat man da keine Chance: Die school nurse ist die letzte Instanz in diesen Dingen, und ihren Anordnungen ist Folge zu leisten.

Dieses Beispiel illustriert, was man auch aus Deutschland kennt: Die Wege der Bürokratie sind oftmals schwer durchschaubar. In diesem Zusammenhang möchte ich auch um Verständnis für die Austauschorganisationen werben. Da hat man Ihnen versprochen, daß man sich um alle administrativen Anforderungen kümmern werde, daß jetzt tatsächlich alle erforderlichen Unterlagen zusammen wären und daß jetzt garantiert nichts mehr schiefgehen könne – und dann kommt

ein Brief vom Direktor der High School, der den Nachweis über bestimmte vom Schüler schon erbrachte schulische Leistungen noch einmal erklärt haben möchte.
In diesem Fall nützt es nichts, auf die Organisation zu schimpfen, sie hätte nicht sorgfältig gearbeitet. Sie hat es wahrscheinlich selbst nicht kommen sehen. Man darf eben nie vergessen, daß man ein Programm mit Menschen durchführt.

Department of State, Bureau of Educational and Cultural Affairs (bis 30.09.1999 USIA)

Es gibt also eine Reihe von Behörden, die auf den Schüleraustausch Einfluß nehmen. Insbesondere die Regelungen auf kommunaler Ebene können so unterschiedlich sein, daß sie in diesem Buch nicht weiter erläutert werden sollen. Maßgeblich sind in erster Linie die behördlichen Regeln, an die sich die Organisationen in jedem Fall zu halten haben.
Wie schon gesagt, stellt die Behörde Richtlinien dafür auf, was sie unter der Arbeit einer Austauschorganisation versteht. Im folgenden sollen diese Richtlinien auszugsweise vorgestellt und die Arbeit der amerikanischen Organisation im Normalfall daran deutlich gemacht werden.
Eine Austauschorganisation definiert sich nach demnach durch mindestens fünf Programmteilnehmer pro Jahr. Ein Blick in die CSIET advisory list zeigt, daß einige der amerikanischen Organisationen dieser Definition nur mit Mühe entsprechen. Die Erlaubnis, Schüleraustausch zu betreiben, wird für jeweils fünf Jahre erteilt. Mit dieser Erlaubnis zu werben ist jedoch verboten. Insbesondere für High School-Programme gilt, daß ein Austauschschüler nicht kürzer als ein Schulhalbjahr und nicht länger als ein Schuljahr in den USA bleiben darf.

TIP

Interessant zu wissen ist, daß die Behörde prinzipiell nur solchen Organisationen die Erlaubnis erteilt, Schüleraustausch zu betreiben, die gemeinnützigen Status haben (not-for-profit oder non-profit). Wenn deutsche Organisationen sich also mit dem gemeinnützigen Status ihres amerikanischen Partners brüsten, spielen sie eigentlich nur eine Selbstverständlichkeit hoch.
Die Arbeit beginnt schon mit der Auswahl der Austauschschüler. Hierbei sollen sich die amerikanischen Organisationen nicht allein auf ihre Partner im Ausland (z. B. Deutschland) verlassen, sondern ein

eigenes System zur Auswahl geeigneter Programmteilnehmer entwickeln.

TIP

Des weiteren sind die amerikanischen Organisationen gehalten, eigene Informationsmaterialien für die Programmteilnehmer zu entwickeln, sowie eigene Einführungsveranstaltungen durchzuführen, sobald jene in den USA eingetroffen sind. Nach Ankunft der Schüler ist die amerikanische Organisation dafür verantwortlich, den Austauschschüler zu „überwachen“, d.h. die Austauscherfahrung zu begleiten und die Einlösung der Programmgrundsätze zu gewährleisten. Da diese Tätigkeit nicht zentral von einem Hauptbüro ausgeführt werden kann, sollen sogenannte Area representatives (örtliche Verantwortliche) eingesetzt werden. Diese Area reps dürfen nicht weiter als 150 Meilen (242 Kilometer) von einem durch sie plazierten Schüler entfernt wohnen. Es ist nicht erlaubt, daß ein Area rep gleichzeitig als Gastfamilie fungiert. Die Area reps sind gehalten, in regelmäßigem Kontakt mit ihren Schülern, deren Gastfamilie und Schule zu stehen.

WWW

Mehr Informationen unter: www.usinfo.state.gov

Arbeit der deutschen Organisation

Elternabende

Zum Abschluß wieder der Blick auf diese Seite des Atlantiks. Auch hier gibt es eine Betreuung im Normalfall, zumindest bei einigen Organisationen. So bieten ca. 20% der befragten Organisationen während des Jahres Elternabende an, einige wenige sogar mehrere (Dies bedeutet einen Anstieg um 8% gegenüber der Untersuchung von 2000!). Eltern bekommen hier die Möglichkeiten, über ihre bzw. die Erfahrungen ihres Kindes zu berichten. Die Berichte der anderen anwesenden Eltern können helfen, zu relativieren und die eigenen Erlebnisse mit mehr Abstand zu betrachten.
Insbesondere kurz vor der Wiederkehr des Kindes ist ein solcher Elternabend von Bedeutung, da die Wiedereingliederung in Deutschland nach einem Jahr USA sehr schwer fallen kann. (siehe auch

Abschnitt „Nachbereitung“). Die Eltern können hier für die zu erwartenden Probleme im Umgang mit ihren „amerikanischen Kindern“ sensibilisiert werden.

Schritt 5: Betreuung im Notfall

Arbeit der amerikanischen Partnerorganisation

Gastfamilienwechsel

Eine der Fragen in der Untersuchung lautete: „Wenn eine/r Ihrer Programmteilnehmer/innen die Gastfamilie wechseln möchte, welche Schritte werden hierzu von Ihnen bzw. von Ihrer Partnerorganisation in welcher Reihenfolge getätigt?“ Aus den Antworten auf diese Frage läßt sich schließen, daß es die korrekte Vorgehensweise für einen solchen „Notfall“ nicht gibt. Vielmehr kommt es auf die jeweilige Situation und das Einfühlungsvermögen der Beteiligten an, wie man am geschicktesten verfahren kann.
Trotzdem möchte ich im folgenden versuchen, einen “durchschnittlichen Notfall” zu skizzieren – aus mehreren Gründen: einmal soll die Angst genommen werden vor etwas, das im ersten Moment zumindest für den betroffenen Schüler wie ein „Versagen auf ganzer Linie“ aussieht. Zum anderen soll deutlich werden, daß es sich beim Familienwechsel um eine recht normale und oftmals auch für alle Beteiligten sinnvolle Angelegenheit handelt.

TIP

Manche Organisationen haben angegeben, daß bei ihnen Familienwechsel gar nicht oder nur in sehr geringem Maße vorkommen würden. Zu solchen Zahlen kann man natürlich nur gratulieren, liegt doch die Quote sonst bei ca. 25% (und das sicherlich auch mit gutem Grund...).
Oftmals schwelt der Konflikt zwischen Schüler und Gastfamilie längere Zeit vor sich hin, bis er sich dann an Kleinigkeiten plötzlich entlädt. Natürlich sind dann diese Kleinigkeiten („Er räumt nie sein Zimmer auf!“ – „Ihr Hund stinkt!“) nicht die eigentliche Ursache für

den Streit, trotzdem werden sie aber als Begründung für einen Familienwechselwunsch angegeben.

Der Schüler wird zunächst versuchen, seinen Ärger und seine Traurigkeit direkt weiterzuvermitteln. Brenzlig ist es, wenn er dies bei befreundeten Amerikanern in der Schule oder der Nachbarschaft tut. Plötzlich weiß es die ganze Schule, und für die Gastfamilie sieht es so aus, als wenn der Schüler hinter ihrem Rücken schlecht über sie redet. Da ist ein Brief nach zu Hause oder ein entsprechender Anruf sicherlich geeigneter, wenn auch dieser von den Eltern mit Vorsicht genossen werden sollte. So könnte es sein, daß ein im Affekt geschriebener Brief weitaus dramatischer klingt, als sich die Situation eine Woche später darstellt.

TIP

Der sinnvollste Weg (und auch der von den Organisationen am häufigsten beschriebene) ist der Gang zum Area rep als erstem Ansprechpartner. Dieser arrangiert dann ein (hoffentlich klärendes) Gespräch mit Schüler und Gastfamilie und legt beiden eine Probezeit nahe, in der sie es nochmal miteinander versuchen sollen. Sollte es hiernach trotzdem zwischen Schüler und Familie nicht funktionieren, wird „binnen 24 Stunden" (so die Angabe vieler Organisationen) ein Familientausch in die Wege geleitet. Die amerikanische Organisation informiert die deutsche Organisation, die wiederum die Eltern in Kenntnis setzt.

Soweit zur Theorie, nun zur Praxis. Da ist der Area rep die beste Freundin der Gastmutter. Oder der einzige, beste amerikanische Freund, dem – und nur dem! – man seine Probleme anvertraut hat, mußte es unbedingt dem Vertrauenslehrer weiter erzählen, der dann natürlich direkt bei der Organisation angerufen hat. Oder der blöde Brief von voriger Woche nach dem längst vergessenen Streit hat die Eltern in Deutschland in Angst und Schrecken versetzt, und ihr besorgter Anruf bei der deutschen Organisation ist gleich bis zum Area rep durchgesickert. Oder die Gasteltern reagieren auf das eine – wirklich das einzige! – Glas Bier mit knallharten religiösen Prinzipien und wollen den Schüler sofort loswerden. Oder, oder, oder ...

Die Liste der manchmal aus Dummheit, manchmal aus Ungeschick und manchmal völlig ohne eigenes Verschulden denkbaren Situationen ließe sich beliebig fortsetzen. Da hilft kein Argumentieren und auch kein Lamentieren: Manchmal sind die Fronten derart verhärtet, daß ein Familienwechsel innerhalb der nächsten 24 Stunden stattfinden muß. Dies kann insbesondere beim Verstoß gegen „amerikanische Regeln" der Fall sein (Schulregeln, Bestimmungen der Organisation oder Prinzipien der Gastfamilie). Hier geht es dann nicht mehr um Recht oder Unrecht, sondern nur noch um die Frage, wie schnell und schmerzlos die amerikanische Organisation Abhilfe schaffen kann.

Dies ist insbesondere wichtig, da die beteiligten Organisationen mit zweierlei Maß messen. Während nach deutschem Verständnis der Schüler ein durchaus zurechnungsfähiger „Jugendlicher" ist, gilt er für die Amerikaner als „kid". Diese unterschiedliche Handhabung äußert sich z. B. in der Bewertung der Glaubwürdigkeit des Jugendlichen. So sind die deutschen Organisationen durchaus gewillt, den Schilderungen des Schülers über eine Problemsituation Beachtung zu schenken. Anders sieht es aber oft auf der anderen Seite des Atlantiks aus: Die amerikanischen Organisationen vernachlässigen die Meinungen des „Kindes" zugunsten der Aussagen der beteiligten Erwachsenen.

Alle die vorher angesprochenen Regeln finden natürlich auch hier wieder Anwendung: die Erreichbarkeit der Organisation, die Nähe des Area reps, usw. Wichtig ist zu wissen, daß in einem solchen Fall die amerikanische Partnerorganisation die absolute Entscheidungsbefugnis hat. Insbesondere bei Verstößen des Schülers gegen die Regeln des Programms kann er ohne großartige Ankündigung sofort wieder nach Hause geschickt werden.

Hier wird die scheinbare Widersprüchlichkeit des Schüleraustausches wieder deutlich: Man redet von „Menschen-zu-Menschen" Programmen und davon, daß man an eine Schüleraustausch-Organisation nicht mit den gleichen Ansprüchen herangehen kann, wie an ein Reisebüro. Und doch gibt es klare und deutliche Regeln, bei denen jeglicher Verstoß sofort schwerwiegende Konsequenzen hat.

Daher ist meiner Meinung nach im Notfall insbesondere eins von Bedeutung: daß der Schüler einen Ansprechpartner hat, an den er sich vertrauensvoll wenden kann und der ihm zuredet. Seien alle administrativen Vorgänge und „24-hours-emergency-1-800-numbers" mal hinten angestellt: Die echte Kompetenz einer Organisation zeigt sich darin, wie die für sie arbeitenden Menschen mit den individuellen Notfällen umgehen. Und da sollte man über ein verspätetes Fax oder eine sich hinziehende Plazierung dann auch nicht grollen, wenn die weitaus wichtigere, die menschliche Komponente stimmt. Dies gilt übrigens insbesondere auch für solche Situationen, in denen es nicht um einen Familienwechsel geht, sondern um einen medizinischen Notfall oder ähnliches.

Konflikte vermeiden: Richtiger Umgang mit dem Telefon

TIP

Viele Organisationen stellen die Regel auf, daß ein Anruf pro Monat nach Deutschland genügt. Diese Regel ist sinnvoll, hilft sie doch, schneller in die neue Umgebung einzutauchen, ohne immer wieder von Ereignissen zu Hause rausgerissen zu werden. Gespräche aus den USA nach Deutschland können bis zu 3 US$ pro Minute kosten und dafür kann natürlich nicht die Gastfamilie aufkommen. Es empfiehlt sich, eine Calling Card mitzunehmen, um bei den Gasteltern auf eigene Rechnung telefonieren zu können. Das erspart umständliches Auseinanderrechnen der Telefonrechnung und vielleicht so manchen Streit.

Arbeit der deutschen Organisation

An dem ganzen Familienwechselprozeß ist die deutsche Organisation zunächst mal nur indirekt beteiligt. Die Entscheidungsgewalt liegt bei den amerikanischen Mitarbeitern vor Ort, da kann sich das deutsche Büro nicht einmischen.

Trotzdem aber hat auch die deutsche Organisation eine „Notfall-Arbeit" zu leisten. Schließlich werden die Eltern in Deutschland ja doch immer irgendwie von der Situation durch ihre Kinder in Kenntnis gesetzt – oftmals auch früher als dies gewünscht ist. Das läßt sich auch gar nicht vermeiden, denn den Kontakt zu den eigenen Eltern kann man niemandem verbieten.

Die Aufgabe der deutschen Organisation ist es jetzt, für die Eltern erster Ansprechpartner zu sein. Oftmals führt auch die Sprachbarriere zu Mißverständnissen, so daß Eltern schnell panisch reagieren in Sorge um ihre Kinder. Hier ist die deutsche Organisation gefordert, nicht nur zum Verständnis der Eltern für die Situation beizutragen, sondern auch die Eltern ganz gezielt zur Mitarbeit anzuregen. Sie sind es nämlich, die oftmals die größten Einflußmöglichkeiten auf ihr Kind haben; sie sind es auch, die den Schüler am besten kennen. Die Mitarbeit der leiblichen Eltern kann in Problemsituationen von entscheidender Bedeutung sein.

Schritt 6: Nachbereitung

Zunächst die nackten Tatsachen: Ca. 63% der Organisationen bieten Treffen für die ehemaligen Schüler an (dies ist ein Anstieg um 17% seit 2000), rund ein Drittel aller Organisationen veranstalten ein mehrtägiges Seminar für ihre "Returnees" (dies ist ein Anstieg um 20% seit 2000). Zunächst scheint dieses Ergebnis nachvollziehbar, endet doch die vertragliche Verpflichtung der Organisation dem Schüler gegenüber mit seiner Rückkehr aus den USA. Bei näherer Betrachtung jedoch wird klar, daß die Wiedereingliederung in Deutschland nach einem Jahr im Ausland oftmals als schwerer empfunden wird, als das Auslandsjahr selbst. Die Organisationen haben demnach keine vertragliche, aber eine moralische Verpflichtung, den Schülern auch noch in dieser Phase des Austauschabenteuers beizustehen.
Die Wiedereingliederungsproblematik ist noch ein relativ neues Gebiet der sozialwissenschaftlichen Austauschforschung. So ist das Thema erstmalig Mitte der 80er Jahre problematisiert worden.

BUCH

Literaturtip:
Berg, Wolfgang (1987): Zurück zu anderen. Internationaler Schüleraustausch und das reentry – Problem. Zeitschrift für Kulturaustausch, S.581 - 589

Vor diesem Hintergrund ist auch zu verstehen, daß sich die Notwendigkeit der Aufnahme entsprechender Inhalte in die Programmangebote einiger Veranstalter leider noch nicht durchgesetzt hat. Zudem handelt es sich hierbei wieder um kostenintensive Betreuungsangebote, die viele Organisationen nicht mehr zu leisten bereit sind.
An diese Stelle gehört keine ausführliche Abhandlung der Wiedereingliederungsproblematik. Nur soviel sei gesagt: ein Jahr USA, das ist eine Flut von Ereignissen, Erlebnissen und Eindrücken, die verarbeitet sein wollen. In Deutschland hingegen scheint dem zurückkehrenden Weltenbummler alles beim alten geblieben zu sein.
Er fühlt sich mit seinen Berichten unverstanden und hat doch selbst kein Verständnis für die leisen Veränderungen, die auch seine Umgebung während seiner Abwesenheit erfahren hat.
Um es ganz einfach zu sagen: der Schüler hat sich durch den USA-Aufenthalt verändert. Vielleicht in die gleiche Richtung, in die seine

Entwicklung ihn auch ohne USA getragen hätte, vielleicht in eine ganz andere. Fest steht jedenfalls, daß die Veränderungen für seine deutsche Umgebung nicht nachvollziehbar passiert sind. Freunde und Familie begegnen dem Heimkehrer also mit den gleichen Ansprüchen und Erwartungen, wie sie ihn vor einem Jahr haben gehen lassen.
Diese Diskrepanz zwischen Erwartung und Realität auf beiden Seiten, das ist die Wiedereingliederungsproblematik. Und hier kann die Austauschorganisation helfen, die Situation für den Schüler leichter zu machen.

TIP

Treffen mit anderen ehemaligen Schülern helfen hier enorm. Allein schon die Möglichkeit ist wichtig, mit anderen Betroffenen über die eigenen Probleme reden zu können. Vorsicht allerdings ist geboten, wenn dieses „Nachbereitungstreffen" mit der Vorbereitung für Zukünftige verbunden ist. Ein echter Gedankenaustausch zwischen den Ehemaligen ist hier schwierig, weil die Information der Zukünftigen im Vordergrund steht. Daher ist es sinnvoll, wenn den Ehemaligen ein eigener Termin zur Verfügung steht.
Noch besser ist natürlich ein mehrtägiges Seminar, auf dem pädagogisch konzipierte Programmpunkte zur Aufarbeitung des in den USA Erlebten angeboten werden. Hier gelten die gleichen Anmerkungen, wie schon für das Vorbereitungsseminar.

Wo bleibt das Geld?

Die Arbeit der Organisationen ist ausführlich vorgestellt worden. Hier jetzt ein Rechenbeispiel, wofür das Geld ausgegeben wird bzw. werden sollte. Es wird ein Programmpreis von ca. EUR 6.500 angenommen. Hierbei handelt es sich um den durchschnittlichen erwartbaren Gesamtpreis, errechnet aus den Angaben der befragten Organisationen.

Diese Aufstellung scheint zu beweisen, daß die vielzitierte Aussage „Wo bei den Austauschorganisationen das Geld bleibt, weiß niemand!" auf den ersten Blick richtig ist. EUR 1.430 pro Schüler für administrative Kosten und Stipendienvergabe klingt zunächst viel. Bei näherer Betrachtung wurde aber klar, daß dem nicht notwendigerweise so sein muß.

Bedenken muß man, daß bei Organisationen, die tatsächlich die aufgelistete Betreuungsarbeit vollständig leisten (und das sind nicht viele) hohe Personalkosten nicht nur für die Durchführung, sondern auch für die Planung dieser Angebote anfallen. Auch darf man diejenigen Elemente der Betreuungsarbeit nicht vergessen, die in einer solchen Tabelle schwer zu erfassen sind: die Sorgfalt, mit der eine Organisation ihr Bewerbungsverfahren betreibt (vgl.: „Bewerbungsverfahren – Meinungen") oder die individuellen Leistungen der Organisation im Notfall.

Zu hoher Programmpreis?

Um so unerklärlicher wird der Programmpreis deshalb bei Organisationen, die die gelistete Betreuungsarbeit nicht leisten und damit auch die mit diesen aufwendigen Veranstaltungen verbundenen administrativen Kosten nicht aufbringen müssen.

Die Aufwände verteilen sich wie folgt:
Angenommener Programmpreis ca. EUR 6.500
abzüglich folgender Kosten:

Leistung	EUR ca. Preis	
Bewerbungsgespräch	70	Ausführliches persönliches Bewerbungsgespräch (mindestens drei Stunden mit Schüler und Eltern)
Flug vom deutschen Heimatort nächstgelegenen Flughafen zum Zielort in den USA	900	durchschnittlicher Preis Kann bei ungewöhnlichen Reisezielen stark nach oben variieren
Kranken-, Unfall- und Haftpflichtversicherung	500	Durchschnittssumme der Kosten für die von den Organisationen angebotenen Versicherungspakete
Preis der amerikanischen Partnerorganisation für die Plazierung und Betreuung des Schülers	2.500	differenziert stark duch die Schwankungen des US$
vorbereitendes Treffen mit Teilnehmern und Eltern	200	Pauschale Raummiete, Materialerstellung, Einladungsschreiben, etc.
mehrtägiges Vorbereitungs-Seminar	300	Pauschale für Übernachtungskosten, Verpflegung, Raummiete, Materialerstellung, Einladungsschreiben, Zubringerdienste etc.
Elternabend	200	Pauschale wie bei „vorbereitendes Treffen mit Teilnehmern und Eltern“
2-3 tägiges Nachbereitungs-Seminar	300	Pauschale wie bei „mehrtägiges Vorbereitungs-Seminar“
Handbuch, Informationsmaterial	100	Pauschale für Erstellung, Druck und Versand
Summe, die der deutschen Organisation verbleibt	1.430	für laufende administrative Tätigkeiten, Stipendienvergabe, Personalkosten generell und bei o.g. Aktivitäten

Stipendien

Folgende der befragten Organisationen vergeben Voll- oder Teilstipendien. Genauere Informationen erhalten Sie bei der jeweiligen Organisation.

Organisation	Umfang der Stipendien
AFS	rund 180 Teil- und Vollstipendien (Gesamtvolumen EUR 420.000)
AMS	Teilstipendien an 10% der Teilnehmer bis zu 50% der Gesamtkosten
ASSIST	70 Teil- und 20 Vollstipendien für private High Schools (á EUR 11.000 - 23.000)
AYUSA	20 Teilstipendien (Gesamtvolumen EUR 12.000)
Carl Duisberg	4 Teilstipendien á EUR 770
CIEE	2 Teilstipendien á EUR 1.100
EEI	Zuschüsse (á EUR 250 - 500)
EF	5-10 Teilstipendien bis 50% des Programmpreises
EUROVACANCES	Teilstipendien bis EUR 1.500
Experiment	10-12 Teilstipendien á ca. EUR 500
GGS	Teilstipendien auf Anfrage
GIJK	3 Vollstipendien
GIVE	Teilstipendien (á EUR 500 - 1.000)
GLS	1 Stipendium á EUR 6.000 (über DFH)
ICX	15 Teilstipendien (Gesamtvolumen EUR 10.000)
iE	30 Teilstipendien (Gesamtvolumen EUR 15.000)
Into	Teilstipendien auf Anfrage
ISKA	8 Teilstipendien (Gesamtvolumen EUR 3.600)
iST	30-40 Teilstipendien (á EUR 500 - 1.300), Vollstipendien auf Anfrage
i-way	5 Vollstipendien für private High Schools (á EUR 15.000)
Kompaß	Teilstipendien an 5% der Teilnehmer (á EUR 1.000 - 3.000)
LSI	6 Teilstipendien á EUR 550
Partnership	10 Vollstipendien á ca. EUR 7.000
STEP IN	3 Teilstipendien (á EUR 5.100 - 5.700)
STS	Teilstipendien auf Anfrage
team!	5 Teilstipendien á ca. EUR 3.500
TREFF	Teilstipendien (Gesamtvolumen EUR 5.000)
Xenos	3 Teilstipendien bis max. EUR 2.500
YFU	rund 170 Teil- und Vollstipendien (Gesamtvolumen EUR 400.000)

AFS-Stipendienprogramme

Gemeinsam mit Stiftungen, Firmen sowie Einzelspendern hat AFS verschiedene Stipendienprogramme (neben dem AFS Stipendienfonds) aufgelegt. Ziel ist vor allem die Förderung sozial schwächer gestellter Teilnehmer sowie der Ausbau des Schüleraustauschs mit bestimmten Regionen. Die meisten Stipendien sind Teilstipendien, deren Höhe sich nach sozialen Kriterien richtet. Die Schüler unterliegen dem gleichen Auswahl-Verfahren wie alle AFS-Bewerber.

Unternehmen / Stiftung	Stipendien-Berechtigte	Austauschländer
Bausparkasse Schwäbisch Hall AG	freie Stipendien	Europa
Deutsch-Tschechischer Zukunftsfonds	freie Stipendien	Tschechien
James F. Byrnes-Stipendium	Wohnsitz Reg. Stuttgart	USA und weltweit
Robert Bosch Stiftung	Migranten-Kinder	weltweit
Stiftung Mercator GmbH	freie Stipendien	Asien
Audi AG, Aventis Pharma	Mitarbeiter-Kinder	Details unter www.afs.org
Chiron Behring GmbH, Clariant GmbH	Mitarbeiter-Kinder	Details unter www.afs.org
Deutsche Bank AG, Infraserv GmbH	Mitarbeiter-Kinder	Details unter www.afs.org
Antenne Mecklenburg-Vorpommern	Wohnsitz Mecklenburg-Vorpommern	weltweit
Landesstiftung Baden-Württemberg	Wohnsitz Baden-Württemberg	Mittel-, Osteuropa, westeurop. Partnerreg. Bad.-Würrtembergs
Zeit-Stiftung Ebelin und Gerd Bucerius	Wohnsitz Hamburg	Osaka, Shanghai, St. Petersburg
Landesbank Baden-Württemberg	Mitarbeiter-Kinder	Details unter www.afs.org
Nestlé Deutschland AG	Mitarbeiter-Kinder	Details unter www.afs.org
Porsche, Japanisches Honorar-generalkonsulat Baden-Württemberg	Wohnsitz Baden-Württemberg	Japan
Wacker Chemie GmbH, Adolf Würth GmbH	Mitarbeiter-Kinder	Details unter www.afs.org

Alle von AFS angenommenen Schüler erhalten automatisch Informationen über die aktuellen Stipendienprogramme sowie ein Antragsformular. Alle Stipendiaten müssen während ihres Austauschjahres zwei Berichte schreiben.

DaimlerChrysler AG

Jugend ohne Grenzen ist ein durch Stipendien gefördertes deutsch-amerikanisches Austauschprogramm für alle Mitarbeiterkinder des DaimlerChrysler Konzerns im Alter von 15 bis 17 Jahren in den Sommerferien. Informationen:

Elena Truffner-Sindoni
DaimlerChrysler AG, PAB/BPN
Werk 096, HPC O626
Epplestraße 225
D-70546 Stuttgart
Tel. (07 11) 1 79 49 93
E-Mail: elena.truffner-sindoni@daimlerchrysler.com

Parlamentarisches Patenschaftsprogramm (PPP)

Gemeinsam begründet haben 1983 der Kongreß der Vereinigten Staaten von Amerika und der Deutsche Bundestag dieses Programm zur Förderung des Jugendaustausches. Pro Wahlkreis wird ein Vollstipendium vergeben. Die Abwicklung erfolgt durch AFS, Experiment, GIVE e.V., Partnership und YFU. Die Bewerbungsfrist ist jeweils ca. 10. September des Vorjahres.
Bewerbungsunterlagen gibt es direkt bei den genannten Organisationen oder bei:

Deutscher Bundestag
Referat PB 4
Platz der Republik 1
D-11011 Berlin
Internet: www.bundestag.de/internat/16129/index.html

Sonstige Stipendien

Dialogzentrum Magdeburg
Internet: www.dialogzentrum-md.de

Lions-Club
Internet: www.lionsclub.org/German/ArtVrsn/YExch.html

Rotary-Club
Internet: www.rotary.de/jugenddienst

BAföG (Bundesausbildungsförderungsgesetz)

Unter bestimmten Voraussetzungen kann auch für das Auslandsschuljahr BAföG beantragt werden. Genaue Informationen und Antragsformulare zum Download bei:

Studentenwerk Hamburg - Amt für Ausbildungsförderung
BWF-Auslandsförderung
Grindelallee 9
D-20146 Hamburg
Tel.: (0 40) 4 19 02 - 0
Fax: (0 40) 4 19 02 - 1 26
E-Mail: bafoeg@studentenwerk.hamburg.de
Internet: www.studentenwerk-hamburg.de/finanzen/bafoeg-usa.html

Stadt Hamburg

Die Behörde für Schule, Jugend und Berufsbildung vergibt an Hamburger Schüler Förderhilfen für ein halbes oder ganzes Schuljahr im Ausland (abhängig von familiären Einkommensverhältnis). Antragsformulare und Informationen:

SchulInformationsZentrum
Hamburger Straße 35
D-22083 Hamburg
Tel.: (0 40) 4 28 63 19 30
Internet:www.hamburg.de/fhh/behoerden/behoerde_fuer_bildung_und
_sport/siz/publikationen.htm

VI Achtung, unseriöse Praktiken!

Schüleraustausch in der öffentlichen Meinung

Als ich die Arbeit zu diesem Buch mit der Fragebogenaktion offiziell begann, schlug mir anfangs viel Mißtrauen entgegen. Mißtrauen von Organisationen, die Angst hatten, daß ihr Markt durch eine inkompetente Recherche wieder einmal in Gefahr geraten könnte.
Beispiele für solch eine inkompetente Beschreibung des Marktes hat es in den letzten Jahren genug gegeben. Insbesondere viele Journalisten von Tageszeitungen und Zeitschriften haben sich immer wieder von irgendwelchen Horrorstorys über dramatisch verlaufende Auslandsaufenthalte deutscher Schüler zu groß aufgemachten Skandalartikeln hinreißen lassen. Nur so sind angsteinflößende Überschriften wie „Probleme beim USA-Aufenthalt: Jeder vierte Deutsche in Schwierigkeiten", „Krachend aufeinander (...) – ein lukrativer Markt für unseriöse Vermittler" und „US-Reisen für Schüler enden oft im Fiasko" zu verstehen.
Wenn man diesen Artikeln Glauben schenkt, kommt man schnell auf folgende drei Thesen:

- Schüleraustausch ist ein mit großen Unbekannten verbundenes Wagnis.
- Schüleraustausch ist potentiell gefährlich für die seelische Verfassung der Schüler.
- Schüleraustausch ist viel zu teuer, wenn man die Leistungen der Organisationen am Nutzen des Austauschjahres für den Schüler mißt.

ABI (Aktion Bildungsinformation)

Unterstützt werden diese Thesen u.a. von den Publikationen der in Stuttgart ansässigen Aktion Bildungsinformation e.V. (ABI). ABI hat es sich zur Aufgabe gemacht, als unabhängiger Marktbeobachter bildungswillige Bürger vor unlauteren Praktiken zu schützen. Damit ist

ABI in der Funktion einer Verbraucherschutzorganisation tätig. Diese Tätigkeit führt ABI mit unbeirrbarer Härte aus. So mahnt der Verein regelmäßig die verschiedenen Organisationen am Markt aufgrund mangelhafter vertraglicher Übereinkünfte bzw. unseriöser Praktiken ab und hat z. B. in dem unten geschilderten Fall eine Organisation regelrecht an den Pranger gestellt.

Das Hauptinteresse von ABI gilt den vertraglichen Vereinbarungen zwischen Organisation und Schüler bzw. dessen Eltern. Prinzipiell ist dies zu begrüßen. Die vertraglichen Regelungen, auf deren Grundlage lange Zeit Schüleraustausch betrieben wurde, waren nämlich mehr als mangelhaft. Um so weniger ist es deshalb zu begreifen, daß ABI trotz ihrer gut fundierten Arbeit auf dem juristischen Sektor sich auf dem inhaltlichen Gebiet oftmals etwas ungeschickt verhält. Nehmen wir als Beispiel den ABI Ratgeber „Schuljahres-Aufenthalte in USA" für das Jahr 2002/2003. Da wird im Anhang unter anderem der Beschwerdebrief (aus dem Jahr 1993!) eines Elternpaares über den mißlungenen Auslandsaufenthalt seiner Tochter abgedruckt, der an negativem Inhalt kaum noch zu überbieten ist. ABI kommentiert diesen Brief lediglich mit den Worten: „Wie auf Seite 11 ausgeführt: aus dem amerikanischen Traum kann ein Alptraum werden."

In der ersten Auflage dieser Broschüre wurde sogar der Name der betroffenen Organisation genannt, der selbstverständlich in dem Brief der erzürnten Eltern zu lesen war. Erst aufgrund rechtlichen Vorgehens des Veranstalters wurde der Name dann später eingeschwärzt. Der betroffenen Organisation wurde jedoch keine Möglichkeit zur Stellungnahme gegeben. Der Brief mit seinen heftigen Anschuldigungen steht damit unkommentiert im Raum.

Für mich ist dieses Vorgehen von ABI mit dem Vorgehen der zitierten Zeitungsjournalisten durchaus vergleichbar. Wie in diesem Buch schon an verschiedener Stelle zur Sprache gekommen ist, handelt es sich beim Schüleraustausch um eine Menschen-zu-Menschen-Arbeit. Man muß deshalb bei der Kritik an einer mißlungenen Austauscherfahrung zwei Gebiete vorsichtig unterscheiden. Zum einen gibt es selbstverständlich klare Fehler bei der Vorbereitung und Betreuung der Organisation. Hierbei handelt es sich klar und deutlich um nicht oder ungenügend erbrachte Leistungen, die auch einklagbar sein sollten. Eine Organisation, die im Notfall längere Zeit nicht erreichbar ist, kommt ihrer Fürsorgepflicht nicht nach. Einer Organisation, die einen Schüler nicht auf etwaige Probleme im Gastland vorbereitet hat, kann man schlechte Arbeit vorwerfen. Einer Organisation, die im Falle echter unlösbarer Differenzen zwischen Schüler und Gastfamilie nicht gewillt ist, für den Schüler eine neue Gastfamilie zu finden, muß man Inkompetenz anlasten.

Nicht alles ist einklagbar...

Noch einmal klar und deutlich: Es gibt bestimmte von den Organisationen zu erbringende Leistungen (siehe weiter hinten in diesem Kapitel), die man (juristisch oder moralisch) einklagen kann. Daneben aber gibt es das große Gebiet der zwischenmenschlichen Beziehungen. Und die sind nicht einklagbar.

Wenn es zwischen Schüler und Gastfamilie gutgeht, dann ist das zumindest in erster Linie keine Leistung der Organisationen, sondern, wie der Amerikaner sagt, „a good match“. Und wenn es schiefgeht, dann ist es nicht die Schuld der Organisationen, sondern eben ein „schlechtes Paar“.

Natürlich gibt es Konflikte, die z.B. durch eine Plazierung mit gleichen Interessen von Schülern und Gastfamilie von vornherein entschärft werden können. Auch kann ein Schüler entsprechend geschult werden, damit er heraufziehende Problemsituationen eher erkennt und entsprechend handeln kann. Aber im Endeffekt stellt sich eben erst in der Praxis heraus, ob Menschen zueinander passen oder nicht.

Es ist deshalb nicht nachvollziehbar, daß ABI in dem genannten Beispiel auf diese zwei Komponenten nicht hingewiesen hat. Es ist verständlich, daß die Organisation zu den Problemen zwischen der betroffenen Schülerin und ihrer Gastfamilie nichts sagen kann. Zu den Anschuldigungen aufgrund nicht geleisteter administrativer und tatkräftiger Unterstützung beim Familienwechsel jedoch hätte die Organisation Stellung beziehen dürfen müssen. Fragt man bei der betroffenen Organisation einmal nach, hört sich die Geschichte ganz anders an. Es ist nicht Aufgabe dieses Buches, zu beurteilen, wer im Recht ist und wer im Unrecht. Tatsache jedoch ist, daß es zu jeder Geschichte mindestens zwei Seiten gibt, insbesondere dann, wenn sich emotionale Bindungen mit Verständigungsschwierigkeiten und kulturellen Unterschieden paaren.

ABI (Aktion Bildungsinformation)

ABI Aktion Bildungsinformation e.V.
Alte Poststr. 5
D-70173 Stuttgart
Tel.: (07 11) 22 02 16 30 / Fax: (07 11) 22 02 16 40
E-Mail: info@abi-ev.de
Internet: www.abi-ev.de

Zitat aus den ABI-Aufgaben: "Die ABI als neutrale und unabhängige Auskunftsstelle informiert über Fernunterricht, Direktunterricht, Sprachreisen sowie berufliche und schulische Weiterbildungsmöglichkeiten. Die ABI klärt den Verbraucher über seine Rechte gegenüber den Anbietern auf."

AJA(Arbeitskreis gemeinnütziger Jugendaustauschorganisationen)

AJA Arbeitskreis gemeinnütziger Jugendaustauschorganisationen
Friedensallee 48
D-22765 Hamburg
Tel.: (0 40) 39 92 22 15 / Fax: (0 40) 39 92 22 99
E-Mail: info@aja-org.de
Internet: www.aja-org.de

Zitat aus den AJA-Qualitätskriterien: "Internationaler Austausch durch AJA-Organisationen bedeutet das Angebot des Austausches mit möglichst vielen Ländern dieser Welt. In diesem Rahmen sind für die AJA-Organisationen die Programme für deutsche Schüler im Ausland ebenso wichtig wie die Aufnahme ausländischer Schüler in deutschen Gastfamilien".

➔ **Mitglieder:** AFS, Experiment, Partnership, YFU

INTERMUNDO

INTERMUNDO
Schweizerischer Dachverband nicht gewinnorientierter Jugendaustauschorganisationen
Postgasse 21
CH-3011 Bern
Tel.: (0 31) 3 26 29 20
Fax: (0 31) 3 26 29 23
E-Mail: info@intermundo.ch
Internet: www.intermundo.ch

Zitat aus der Intermundo-Broschüre: "Die Mitglieder von INTERMUNDO bieten ein umfassendes Dienstleistungsangebot (Beratung, Auswahlverfahren, Vorbereitung, Betreuung, Nachbearbeitung) an und verpflichten sich, die Verbandsziele von INTERMUNDO im Interesse von KonsumentInnen, Schulen und Behörden einzuhalten."

DFH (Deutscher Fachverband High School)

Deutscher Fachverband High School e.V.
Raiffeisenstraße 17
D-51503 Rösrath
Tel.: (0 22 05) 91 33 57 / Fax: (0 22 05) 91 33 59
E-Mail: info@highschool.de
Internet: www.highschool.de

Zitat aus der DFH-Broschüre: „Der DFH versteht sich als unabhängiges Beratungs- und Informationsgremium zu Fragen internationaler High School-Programme. (...) Die Einhaltung der durch die DFH-Richtlinien definierten Standards durch die Mitglieder wird kontinuierlich durch einen unabhängigen Fachbeirat überprüft."

➔ **Mitglieder:** DFSR, GIJK, GIVE, GLS, Into, iST, Kompaß, team!

PHS (Pro High School)

PHS Pro High School
Initiative für Auslands-Schulprogramme e.V.
Hölderlinstraße 55
D-70193 Stuttgart
Tel.: (07 11) 63 21 25 / Fax: (07 11) 63 21 25

Zitat aus der PHS-Broschüre: „Die freiwillige, an strenge Richtlinien gebundene Qualitätsverpflichtung wird von einem unabhängigen Fachbeirat ständig überwacht. Damit haben Interessenten und Teilnehmer die Gewähr, daß für die Programme der in der Initiative Pro High School zusammengeschlossenen Organisationen nicht nur strenge Qualitätsrichtlinien gelten, sondern auch die Einhaltung (...) von unabhängiger und fachkundiger Seite zusätzlich überprüft und sichergestellt wird."

➔ **Mitglieder:** fee, GGS, House of English, ISKA

Worauf muß ich achten?

Wir haben uns mit den persönlichen Voraussetzungen befaßt, die zum erfolgreichen Schüleraustausch notwendig sind. Danach folgten Tips zur Wahl einer geeigneten Organisation. Beide Kapitel hatten eins gemeinsam: meßbar oder kategorisierbar waren die meisten Dinge nicht. Ob jemand geeignet ist oder nicht, ist nicht immer mit abschließender Bestimmtheit zu sagen.
Bei allen aufgeführten Schwierigkeiten möchte ich aber zur Beruhigung sagen, daß es sich beim Schüleraustausch nicht um eine moderne Variante von russischem Roulette handelt. Die Untersuchung hat ergeben, daß es durchaus gewisse Praktiken von Organistionen gibt, die als Indikatoren für unseriöse Arbeitsweise stehen können. Meine Schlußfolgerung daraus: Wer meint, in einem bestimmten Bereich dem Kunden die Unwahrheit bzw. nur die halbe Wahrheit erzählen zu müssen, dem sollte man auch auf anderen Gebieten mit Vorsicht begegnen.
Im Folgenden betrachten wir fünf besonders sensible Bereiche, die einer Erläuterung bedürfen.

Neues Gesetz soll für bessere Qualität sorgen

Der Schüleraustausch war juristisch gesehen jahrelang eine Grauzone. Etwa die Hälfte der Anbieter nutzen bereits das Bewerbungsformular zum späteren Vertragsabschluß. Die allgemeinen Geschäftsbedingungen waren häufig irgendwo in der Werbebroschüre abgedruckt. Vereinzelt blieben den Schülern nur ein bis zwei Tage Zeit, ihre Koffer zu packen, wenn die Gastfamilienadresse feststand - eine Situation, die gerade für die Eltern unerträglich war. Das Bundesjustizministerium nutzte den Gesetzestext im Reiserecht (§ 6511 BGB), um Austauschschüler vor windigen Organisationen zu schützen. Ihre Vertreter haben in Zusammenarbeit mit Austauschorganisationen und Fachverbänden eine neue Fassung erarbeitet, die seit 01.09.2001 gilt. Die wichtigsten Änderungen:

- Eindeutige Vertragsregelung: Nach erfolgreicher Bewerbung wird ein Vertrag ausgehändigt, der erst nach Unterschrift der Eltern rechtskräftig ist.
- Die Anschrift von Familie und Betreuer im Gastland muß zwei Wochen vor Reisebeginn vorliegen und ein geregelter Schulbesuch gewährleistet sein. Diese Regelung sagt allerdings nichts über den Reisetermin aus. Es ist weiterhin möglich, dass Schüler nach Schuljahresbeginn im Gastland eintreffen oder bei einer Übergangsfamilie untergebracht werden.
- Vorbereitungsarbeit: Sie muß so gestaltet sein, dass die Schüler über die Eigenheiten des Gastlandes informiert sind und wissen, wie sie damit zurechtkommen können.
- Zusammenleben von Schülern und Gastfamilie: Die Gastfamilie muß in der Lage sein, den integrationswilligen Schüler angemessen zu betreuen.

Nicht alles ist regelbar...

Letztendlich lässt sich der Erfolg des Austauschschuljahres nicht durch Gesetze regeln und durch Gütesiegel messen. Es kommt darauf an, was der Einzelne daraus macht und wie die Erfahrungen verarbeitet werden. Der vollständige Gesetzestext ist im Internet unter www.schueleraustausch.de zu finden.

Vertragsabschluß

Folgende Dinge sollten beim Vertragsabschluß berücksichtigt werden:

- Wer ist mein Vertragspartner? Ist die Organisation, mit der ich verhandle, eventuell nur ein Vermittler für eine andere Organisation, die wiederum den Schüler an eine amerikanische Partnerorganisation weitervermittelt? Ist ein (gemeinnütziger) Verein nur vorgeschoben, während die Abwicklung des Programms einer GmbH „anvertraut" wird? Wer von beiden haftet bei welchen Mängeln?
- Wo ist mein Vertragspartner ansässig? Ist der Gerichtsstandort im Falle von Streitigkeiten für mich leicht erreichbar?
- Schließe ich einen Vertrag nach deutschem Recht mit einem deutschen Vertragspartner ab?
- Werden die Vertragsklauseln (Fälligkeit der Beträge, Rücktrittsregelungen, Haftungsausschlüsse, etc.) genau formuliert?
- Preisklarheit: Ist der erwartbare Gesamtpreis (inklusive möglicher Zusatzkosten) für mich ersichtlich?
- Wird dem Teilnehmer nach Vertragsabschluß ein Sicherungsschein nach § 651k BGB überreicht?

Rechtlicher Status der Organisation

Keine Angst, jetzt kommt keine trockene juristische Vorlesung, aber ein paar Worte über den sehr bunt geschnürten Strauß an möglichen Rechtsformen sollte man dennoch verlieren. Insbesondere, weil die verwirrende Vielzahl von Möglichkeiten immer wieder dazu führt, daß Anlaufstellen falsche Empfehlungen über eine Organisation bezüglich ihres rechtlichen Status geben.

Zuallererst muß man die Rechtsform einer Organisation strikt von ihrem steuerlichen Status trennen. Die Aussage von der Mitarbeiterin eines Amerikahauses: „Ich empfehle nur eingetragene Vereine, weil die gemeinnützig sind" ist so grundlegend falsch, daß Aufklärung bitter nötig ist.

<table>
<tr><th>Rechtsform</th><th>Kürzel</th><th>Erläuterungen</th></tr>
<tr><td>Offene Handelsgesellschaft</td><td>OHG</td><td rowspan="5">Erwerbsgesellschaften, die den Bedürfnissen des Wirtschaftslebens und damit notwendig oder doch in der Regel Erwerbszwecken dienen.
Ausnahme bildet die GmbH, die wirtschaftliche oder auch ideelle Zwecke verfolgen kann (vgl. nächste Seite "steuerlicher Status"), wobei die gGmbH ausschließlich ideelle Zwecke verfolgt.</td></tr>
<tr><td>Stille Gesellschaft</td><td></td></tr>
<tr><td>Kommanditgesellschaft</td><td>KG</td></tr>
<tr><td>Aktiengesellschaft</td><td>AG</td></tr>
<tr><td>(gemeinnützige)
Gesellschaft
mit beschränkter Haftung</td><td>gGmbH
GmbH</td></tr>
<tr><td>Genossenschaft</td><td></td><td>dient der Förderung der wirtschaftlichen Interessen der Mitglieder.</td></tr>
<tr><td>Stiftung</td><td></td><td>auf Ewigkeit angelegt;
Zurverfügungstellung von Vermögen zu einem guten Zweck.
Achtung: Eine Stiftung ist nicht identisch mit der amerikanischen foundation!
Organisationen können zwar mit der Geschäftsform "foundation" ihres US-amerikanischen Partners werben; vergleichende Rückschlüsse über die Organisationsform und Gewinnabsichten dieser foundation mit der deutschen Stiftung sind daraus allerdings nicht abzuleiten.</td></tr>
<tr><td>BGB-Gesellschaft</td><td></td><td>kann wirtschaftliche und ideelle Zwecke verfolgen.</td></tr>
<tr><td>eingetragener Verein</td><td>e.V.</td><td>kann (wie eine GmbH) wirtschaftliche und ideelle Zwecke verfolgen.
Achtung: Ein Verein ist nicht automatisch gemeinnützig.
Denken Sie an Fußballvereine, bei denen es mit Sicherheit nicht nur um den guten Zweck geht, sondern i.d.R. um Millionenbeträge.</td></tr>
<tr><td>Einzelfirma</td><td></td><td>kann wirtschaftliche und ideelle Zwecke verfolgen.
Ein von einer einzelnen Person gegründetes Unternehmen mit oder ohne Handelsregistereintrag.</td></tr>
</table>

Abbildung: Überblick über die wichtigsten Rechtsformen

Rein rechtlich muß zwischen Gesellschaften, die in der Regel Erwerbszwecken (= Profit) dienen und solchen, die auch ideellen Zwecken zur Verfügung stehen, unterschieden werden.
Die Untersuchung hat ergeben, daß die GmbH und der eingetragene Verein die häufigsten Gesellschaftsformen unter den Austauschorganisationen sind (GmbH ca. 50%, eingetragener Verein ca. 32%). Hoch erscheint der Anteil der nicht selbständigen Organisationen. Immerhin sechs Organisationen nämlich haben keinen eigenen rechtlichen Status in Deutschland: AIYSEP, ARC, ASSIST, BEST, FLAG, Reflections. Diese Organisationen sind von ihrer amerikanischen Muttergesellschaft vollkommen abhängig. Im Prinzip handelt es sich hierbei um deutsche Repräsentanzen amerikanischer Organisationen.

Wie weiter vorne bei „Rechtsgrundlage“ schon erläutert wurde, muß man bei dieser Organisationsform darauf gefaßt sein, daß es im Falle von Rechtsstreitigkeiten unter Umständen große Schwierigkeiten geben kann. Wenn der Vertrag nämlich direkt mit einer amerikanischen Organisation zustande kommt, ist der Gerichtsstandort in aller Regel auch in den USA. Bei Rechtsstreitigkeiten mit der Organisation müssen Sie dann (auf Englisch mit einem amerikanischen Rechtsanwalt) vor einem amerikanischen Gericht klagen.

Der steuerliche Status einer Organisation geht nicht unbedingt mit ihrer Geschäftsform einher. So kann eine GmbH durchaus gemeinnützig sein und ein Verein auch kommerzielle Ziele verfolgen.
Es gibt zwei Möglichkeiten: entweder, eine Organisation ist als gemeinnützig anerkannt oder sie ist es nicht. Eine gemeinnützige Organisation muß einen gültigen Körperschaftssteuerfreistellungsbescheid (KSFB) vorweisen können. Bei der Untersuchung stellte sich heraus, daß gut zwei Drittel der Organisationen nicht gemeinnützig sind. Rund 30% konnten ihren gemeinnützigen Status durch Vorlage eines KSFB nachweisen.

In diesem Zusammenhang müssen ein paar Worte zum Thema „Gemeinnützigkeit“ verloren werden. Die Gemeinnützigkeit scheint für viele Menschen ein Gütesiegel für die ehrlichen Absichten einer Organisation zu sein. Getreu dem Motto „Wer mit Schüleraustausch Geld macht, handelt unmoralisch“, wird der Schüleraustauschmarkt in gemeinnützig und kommerziell aufgeteilt. Schulen legen häufig nur das Material von Gemeinnützigen aus, und verschiedene Publikationen

auf dem Markt erheben die Gemeinnützigkeit zu einem alleinigen Beurteilungskriterium.
Wichtiger ist vor allem ein ausführliches persönliches Bewerbungsgespräch, eine intensive Vor- und Nachbereitung für Eltern und Schüler (die obligatorisch und möglichst im Grundpreis enthalten sein sollte) und professionelle Hilfe im Notfall (siehe dazu auch den Tabellenteil weiter hinten im Buch und das Kapitel "Kriterien für besonders gute Arbeit").

Plazierungsgarantie

Meine Recherchen haben ergeben, daß ABI vor einigen Jahren versucht hat, Organisationen zu bewegen, eine Plazierungsgarantie zu geben. Mittlerweile verlangt ABI dies nicht mehr, weil man wohl eingesehen hat, daß eine Plazierung bei einer freiwilligen Gastfamilie eben nicht garantierbar ist (siehe „Rechtsgrundlage"). Auch nach langen Recherchen und unzähligen Gesprächen mit Organisationen dies- und jenseits des Atlantiks konnte mir keiner ein Geheimrezept für eine garantierte Plazierung geben. Selbst bei ABI sagte man mir resigniert, daß eben drüben alles „vom Goodwill der Amerikaner" abhänge. Die Frage ist, ob das wirklich so negativ zu bewerten ist, wie es sich anhört. Szenarien, in denen Gastfamilien für die Aufnahme eines Gastschülers bezahlt und vertraglich gebunden werden, haben nur in meinen Alpträumen Platz. Von dem eigentlich ideellen Grundgedanken des Schüleraustausches bliebe bei einer solchen Vorgehensweise sicherlich nicht mehr viel übrig.

Führerschein

Manchmal ist es wirklich zum Verzweifeln. Dann scheint es, als ob die Erlangung des (zugegebenermaßen billigen) amerikanischen Führerscheins der einzig und alleinige Grund sei, warum manche Schüler in die USA wollen. Um dieses Dokument wird ein Riesenaufstand gemacht, er wird zum Entscheidungskriterium für oder gegen eine Organisation erhoben. Dabei zeigt die Erfahrung, daß der US-amerikanische Führerschein mit dem deutschen eigentlich nur in einem Punkt vergleichbar ist: Sie berechtigen beide zum Steuern eines

Autos. Die Anforderungen jedoch, die zum Erhalt dieses Dokumentes gestellt werden, sind in beiden Ländern so grundverschieden, daß ein Vergleich nicht zulässig ist.
Um so unverständlicher scheint es, daß immer noch einige Organisationen in ihren Informationsmaterialien zumindest die Möglichkeit hervorheben, den Führerschein in den USA zu erlangen. Rein formell besteht diese Möglichkeit zwar in einigen Fällen tatsächlich, aber ruhig schlafen könnte ich nicht, wissend, daß ein ehemaliger Austauschschüler mit frischem US-Führerschein in der Tasche auf deutschen Straßen umherbraust.
Hier die Tatsachen:

- Zur Erlangung des US-amerikanischen Führerscheins führen zwei Wege: privater Fahrunterricht in einer Fahrschule oder Fahrunterricht an der High School. Letzteres ist der kostengünstigere Weg. Bis auf eine Gebühr für die Fahrprüfung muß kein Geld gezahlt werden.
- Der Fahrunterricht in der High School (drivers education) setzt sich aus dem Theorieteil (Unterricht in der Klasse) und dem Praxisteil (Fahrunterricht beim Fahrlehrer) zusammen. Wenn die Schule zustimmt und genügend Plätze frei sind, dürfen auch Austauschschüler an diesem Kurs teilnehmen.
- Vorsicht: die amerikanischen Verkehrsregeln unterscheiden sich erheblich von den deutschen Verkehrsregeln. So sind z. B. die Vorfahrtsregeln vollkommen anders definiert. Das erfolgreiche Bestehen der amerikanischen Fahrprüfung sagt nichts über die Fähigkeit aus, im deutschen Verkehr mithalten zu können!
- Nochmal Vorsicht: die praktische Fahrprüfung ist in den USA sehr viel leichter zu bestehen als in Deutschland. Eine einzige Fahrstunde ist oftmals ausreichend. Die Straßen sind leerer, die Autos langsamer, die Parkplätze größer und die Fahrspuren breiter. Zudem wird oft auf Automatikwagen unterrichtet.
- Mir ist keine Versicherung bekannt, die einem Schüler Versicherungsschutz gewährt, wenn er nach bestandener Fahrprüfung in den USA auf öffentlichen Straßen fährt. Die meisten Organisationen weisen daher mit Recht darauf hin, daß der Führerschein nach der Prüfung eingezogen wird und erst nach Beendigung des Programms wieder an den Schüler ausgehändigt wird.

- Das Umschreiben des amerikanischen Führerscheins ist nicht so problemlos möglich. Da annähernd jede Kommune in Deutschland hierfür eigene Regelungen hat, ist es sehr schwer, allgemeingültige Vorgehensweisen zu beschreiben. Fest steht, daß der amerikanische Führerschein nach Ablauf des auf ihm eingestempelten Datums seine Gültigkeit verliert (in der Regel gilt er zwei Jahre). Zu diesem Zeitpunkt erwarten die Kommunen oft einen Nachweis, daß der betreffende Schüler über eine gewisse Zeit an Fahrpraxis in Deutschland verfügt. Dann werden normalerweise die Pflichtfahrstunden (Autobahn, Landstraße und Nachtfahrt), sowie die theoretische und praktische Fahrprüfung sowie Sehtest und Erste-Hilfe-Kurs noch zusätzlich verlangt.

Mehr dazu im Internet:
www.fahrprofi.de/main/schein/umschreibg/umschreibg4.html
www.fuehrerschein.net/umschreibung2.html
www.magazinusa.com/lv2/living/i_driverlicense2.asp

High School-Diploma

Pro Beurteilungszeitraum (Quartal, Trimester oder Semester) bekommt der amerikanische Schüler ein Zeugnis ausgestellt, in dem die Leistungen der belegten Fächer benotet werden. Soweit ist das amerikanische Schulsystem dem deutschen ähnlich. Zum Abschluß der zwölften und letzten Klasse an einer High School (der senior class) wird jeder Schüler auf einer besonderen Abschlußfeier (graduation ceremony) geehrt. In diesem Rahmen bekommt er ein High School-Diploma überreicht, das ihm den erfolgreichen Abschluß der High School bestätigt.
Für die weitere Laufbahn des Schülers ist aber nicht das Diploma, sondern sind die im Laufe seiner High School-Zeit erworbenen „credits“ von Bedeutung. Bei diesen Credits handelt es sich um eine Art Punktzahl, die für jedes belegte Fach vergeben wird. Zur Erlangung eines Diplomas, welches zum Studium an der Universität berechtigt, sind in jedem Fach eine bestimmte Anzahl von Credits erforderlich.
Dem deutschen Austauschschüler wird oft das High School-Diploma nicht überreicht, selbst wenn er in der Senior Class war und auch an den Abschlußfeierlichkeiten teilnehmen darf. Grund hierfür ist, daß ein

Austauschschüler in einem Schuljahr natürlich nicht die gleiche erforderliche Anzahl von Credits sammeln kann, wie ein amerikanischer Schüler in vier High School-Jahren. Die in Deutschland erbrachten schulischen Leistungen sind nur schwer mit den Anforderungen des amerikanischen Schulsystems vergleichbar, so daß ein Übertrag der Leistungen von einem auf das andere System nur selten möglich ist.
Anstatt des Diplomas bekommen Austauschschüler auf der Graduation Ceremony daher oft ein „certificate of attendance" (Anwesenheitsbescheinigung) ausgehändigt. Diese sieht dann genauso schmuck aus wie das Diploma, ist aber rechtlich nichts wert. Austauschorganisationen, die in ihren Broschüren die Möglichkeit zur Erlangung des High School-Diploms hervorheben, wecken bei den Schülern falsche Hoffnungen.
Aber ob man das Diploma nun bekommt oder nicht, spielt eigentlich keine so große Rolle. In Deutschland entbindet das amerikanische High School-Diploma den Schüler nicht von seiner Schulpflicht. Der materielle Wert des Diplomas ist höchstens mit dem mittleren Bildungsabschluß (Realschulabschluß, mittlere Reife) gleichzusetzen. Es berechtigt noch nicht einmal zum Eintritt in die gymnasiale Oberstufe.
Auf entsprechende Nachfrage zeigte man sich dann in den Kultusministerien auch verwundert über die Wichtigkeit, die diesem Dokument so oft beigemessen wird. Der zuständige Referent im niedersächsischen Ministerium sagte dazu: „Es ist eben werbewirksam, mit so einem Dokument zu locken."
Wer nun aber tatsächlich den Wunsch hegt, in den USA zu studieren, der muß (neben einer Reihe von Eignungstests, wie die SATs und TOEFL) sowieso seine gesammelten Credits vorweisen können. Ein Diploma hilft ihm auf dem Weg zur amerikanischen Uni genauso viel oder wenig wie ein Certificate of Attendance oder ein amerikanisches bzw. ein deutsches Zeugnis.

Im Preis enthalten ...

Man hat ja nun schon viel gehört, worauf man bei der Wahl einer Austauschorganisation achten soll. Angebote sinnvoll zu vergleichen ist nicht gerade einfach. Ich empfehle daher in diesem Zusammenhang nochmals den ausführlichen Tabellenteil am Ende dieses Buches.

Hierfür wurden nämlich die Angebote der verschiedenen Organisationen „auf einen Nenner gebracht". Das trägt zur Vergleichbarkeit bei.
Ein Beispiel: Viele Organisationen listen einen Grundpreis, der durch viele kleinere Nebenkosten ergänzt wird. Das Resultat ist, daß man nie ganz genau weiß, ob und was denn nun in dem angegebenen Preis alles enthalten ist.

Erwartbarer Endpreis

Aus diesem Grund wird im Tabellenteil dieses Buches ein erwartbarer Gesamtpreis errechnet. Damit werden Preise und Leistungen der Organisationen vergleichbarer.

Wenn Sie die Broschüre einer beliebigen Austauschorganisation neben den Referenzteil dieses Buches legen, werden Sie feststellen, daß von den Organisationen aufgezählte Leistungen vielleicht hier gar nicht auftauchen. Oft sind die Auflistungen in den Broschüren ellenlang, ohne daß man sich genau etwas darunter vorstellen kann. Was ist unter einem Teilnahmezertifikat zu verstehen? Wieso muß man für die amerikanische High School eingeschrieben werden? Welche Art von Betreuung kann man von der amerikanischen Partnerorganisation erwarten? Was ist eigentlich eine Visumsberechtigung?
Diese und viele andere wohlklingende Dinge werden unter der Überschrift „Unsere Leistungen" dem Kunden in vielen Broschüren versprochen. Im nachfolgenden soll aufgeschlüsselt werden, was eigentlich genau Leistungen einer Schüleraustausch-Organisation sind, was Leistungen sein können, welche Leistungen erbracht werden müssen, und welche sogenannte „Leistungen" eher unter die Rubrik „Spaltenfüller" fallen.

„Unterbringung und Verpflegung bei einer netter Gastfamilie"

Es ist mir unverständlich, warum dies immer wieder als Leistung der Organisation aufgezählt wird. Daß für den Schüler eine Gastfamilie gesucht wird, ist nicht eine großartige Leistung der Organisation, sondern Sinn und Zweck des Vertrages zwischen Organisation und ihren Kunden. Wenn ich ein Auto kaufe, steht im Kaufvertrag ja auch nicht: „Unsere Leistung ist, daß Sie ein fahrtüchtiges Auto bekommen."
Noch schlimmer ist der Zusatz „und Verpflegung". Damit hat die Organisation nun wirklich gar nichts zu tun. Denn, wie mittlerweile klar sein dürfte, die Familien bekommen für die Aufnahme des Gastschülers keinen Pfennig Geld zu sehen. Sie nehmen den Schüler aus rein ideellen Gründen auf. Demnach ist also auch die Verpflegung eine unentgeltliche Investition der aufnahmewilligen Gastfamilie und nicht eine von der Organisation erbrachte Leistung.
Abschließend ist zu bemerken, daß sich die Formulierung „nette Gastfamilie" zwar angenehm liest, aber völlig irreführend ist. Keine Organisation kann nämlich eine Garantie für den Grad der Nettigkeit einer vermittelten Gastfamilie übernehmen. Ob man jemanden nett findet oder nicht, ist eine hochgradig subjektive Bewertung. Nur weil der Area rep eine Familie als freundlich bezeichnet, muß das für den Schüler aus Übersee nicht unbedingt auch der Fall sein. Nett oder nicht, das entscheidet sich erst in dem langen Prozeß des Zusammenfindens von Gastfamilie und Schüler. Daher ist eine „nette Gastfamilie" höchstens eine wohlklingende Versprechung, aber mit Sicherheit keine Leistung der Organisation.

„Flugbuchung auf Wunsch"

Hier empfiehlt es sich, genau hinzusehen. In diesem Satz steht nichts davon, daß tatsächlich auch der Flug im Preis enthalten ist. Auf Wunsch nimmt die Organisation nur durch ein Reisebüro die Buchung für den Schüler vor. Bezahlt werden muß extra. Noch schlimmer ist es, wenn der Zusatz „auf Wunsch" fehlt. Dann nämlich ist die Flugbuchung durch die Organisation obligatorisch, bezahlt werden muß der jeweils erzielte Preis. Dieser kann sehr hoch sein, abhängig vom Buchungszeitpunkt. Wird der Schüler erst spät plaziert, muß die

TIP

Buchung oft im letzten Moment vorgenommen werden. Organisationen, bei denen der Flug im Gesamtpreis enthalten ist, haben für den Kunden einen großen Vorteil: Sie haben in der Regel ein gewisses Kontingent an Tickets zum billigeren Jugendtarif vorgebucht. Diese Tickets rufen sie dann entsprechend der Plazierungen ab. Unabhängig ob Sie zu den früh- oder spätplazierten Schülern gehören, ist Ihnen bei diesen Organisationen ein Platz in einem Flieger sicher.

Noch ein weiterer Aspekt spielt beim Thema Flug eine Rolle. So schwanken die Flugpreise nicht nur abhängig vom Buchungszeitpunkt sondern selbstverständlich auch vom Flugziel. Die Hauptreiseziele an der amerikanischen West- und Ostküste kosten inklusive Zubringerflüge in Deutschland und den USA zwischen EUR 800 und EUR 1.000. In die Höhe schnellen die Preise aber in dem Moment, wo es sich bei dem Zielort nicht um einen sonderlich stark frequentierten Flughafen handelt und die Flugroute mehrmaliges Umsteigen erfordert. Plötzlich kostet ein Ticket von München nach McDermitt, Nevada gut EUR 1.200,-. Ist der Flugpreis in den Kosten bereits enthalten, braucht den Kunden dieser Preisunterschied nicht zu interessieren. Ist der Flugpreis aber nicht in den Gesamtkosten enthalten, muß man bei einer solchen Plazierung „weitab vom Schuß" dann für den Flug noch ordentlich draufzahlen.

Man könnte jetzt denken, daß die Organisationen, bei denen der Flugpreis im Gesamtpreis enthalten ist, dieses Preisrisiko voll auf ihre Programmpreise umlegen. Die Auswertung der Fragebogen hat aber ergeben, daß dies nicht der Fall ist. Vielmehr ist es so, daß bei Organisationen, die auf den ersten Blick günstig erscheinen, der erwartbare Gesamtpreis deutlich höher ist als der Gesamtpreis solcher Organisationen, bei denen der Flug schon von vornherein im Preis enthalten ist.

Wichtig sind die Leistungen...

Für alle diese Punkte gilt folgerichtig eine Empfehlung: Schauen Sie nicht zuerst auf den Preis, sondern zuerst auf die wirklichen Leistungen einer Organisation. Vergleichen Sie im Tabellenteil die erwartbaren Gesamtpreise - diese enthalten in jedem Fall obligatorische Dinge wie Flug und Versicherungen.

„Informationsveranstaltungen"

Hierbei handelt es sich nicht um Vorbereitungsveranstaltungen im eigentlichen Sinne, sondern schlicht und ergreifend um Werbeveranstaltungen der jeweiligen Organisation. Diese bezahlen Sie zwar durch den Programmpreis indirekt mit, aber als Leistungen sollten sie Ihnen wirklich nicht verkauft werden. Mit „Informationsveranstaltungen" sind nämlich die Infoabende gemeint, die die meisten Organisationen zur Kundenwerbung in vielen deutschen Städten durchführen.

„Schülertreffen, Vorbereitung für Schüler und Eltern, Seminare"

Hierbei nun handelt es sich um echte Vorbereitungsangebote der Organisationen. Unter Schülertreffen muß man sich oft ein eher zwangloses Zusammentreffen von ehemaligen und zukünftigen Schülern vorstellen. Hier können dann Erfahrungen ausgetauscht und Fragen gestellt werden. Oft wird so ein Schülertreffen den Ehemaligen auch unter der Rubrik „Nachbereitung" verkauft, was natürlich Augenwischerei ist. In Wirklichkeit werden in so einem Fall die Ehemaligen als (zugegeben sehr sinnvolle) Informationsquelle für die Zukünftigen benutzt. Damit das klar wird: Ich halte sehr viel von der Vorbereitung Zukünftiger durch Ehemalige – nur solch eine Vorbereitung als „Ehemaligentreffen" oder gar „Nachbereitungsseminar" zu verkaufen, ist schlicht unseriös.
Vorbereitungstreffen für Schüler und Eltern sind oft für die Eltern nach der Aufnahme des Schülers ins Programm die einzige Gelegenheit, noch einmal geballt wichtige Fragen stellen zu können. Deshalb werden diese Veranstaltungen meistens auch von hauptamtlichen Mitarbeitern der Organisationen durchgeführt.

Das Herzstück der Vorbereitung für den Schüler ist ein mehrtägiges Seminar. Hier stehen normalerweise sowohl ehemalige Schüler als auch hauptamtliche Mitarbeiter der Organisation zur Verfügung, so daß man sich intensiv mehrere Tage mit dem bevorstehenden Abenteuer beschäftigen kann.
Mehr zum Thema Vorbereitung finden Sie im Abschnitt „Die Arbeit der Organisation – chronologisch in sechs Schritten".

„Betreuung vor Ort durch unsere Partnerorganisation“

Auch hier finde ich es überflüssig, daß dieser Punkt als Leistung aufgezählt wird. Die Betreuung des Schülers durch eine Repräsentanz der Partnerorganisation ist nämlich nicht nur selbstverständlich, sondern auch gesetzlich vorgeschrieben. Die von der USIA festgelegten Regeln zum High School-Schüleraustausch verpflichten eine Austauschorganisation dazu, sowohl mit dem Schüler als auch mit der Gastfamilie und der Schule während des Jahres regelmäßig in Kontakt zu stehen.

„Besuch und Betreuung an einer amerikanischen High School, Lehrbücher“

Noch so ein Punkt, der völlig selbstverständlich ist. Ist eine Gastfamilie gefunden, darf die amerikanische Partnerorganisation nur in dem jeweiligen Distrikt, in dem die Gastfamilie wohnt, einen High School-Platz suchen. Amerikanische Schüler müssen zu der für ihre Wohngegend zuständigen High School gehen. Da gibt es auch für ausländische Gastschüler keine Ausnahme (andere Regeln gelten für Privatschulen). Viele High Schools haben mittlerweile ein Kontingent an Austauschschülern, die sie pro Jahr aufnehmen. Hierfür gibt es insbesondere finanzielle Gründe: Für Gastschüler gibt es kein Geld. Auch die Schulen nehmen Austauschschüler nur aus ideellen Gründen auf.
Ebenfalls falsch ist es, wenn die Organisation behauptet, daß die erforderlichen Schulbücher eine von ihr erbrachte Leistung sind. In Amerika herrscht vorwiegend Lernmittelfreiheit. Schüler bekommen die erforderlichen Bücher von der Schule für die Dauer des Schuljahres geliehen und müssen sie am Ende des Schuljahres wieder abgeben. Eine Leistung der Organisation ist dies mit Sicherheit nicht.

„Teilnahmezertifikat, -bestätigung oder -zeugnis“

Hierbei handelt es sich nicht um das vielfach diskutierte und heiß begehrte High School-Diploma! Was es damit genau auf sich hat, konnte weiter vorne in diesem Kapitel nachgelesen werden. Eine wie auch immer geartete Teilnahmebestätigung ist ein vielleicht hübsch

anzusehender, jedoch juristisch wertloser Zettel. Für den Nachweis einer lückenlosen Schullaufbahn sind nämlich allein von staatlichen Schulen ausgestellte Zeugnisse gültig.
Zeugnisse, die sog. „report cards“, bekommt man als Gastschüler sowieso. Sie listen ähnlich den deutschen Zeugnissen die schulischen Leistungen eines Schülers pro Bewertungszeitraum (Quartal, Trimester oder Semester) auf. Eine Report Card ist jedoch nicht mit einem Diploma zu verwechseln. Bei dem Diploma nämlich handelt es sich um eine Art Abschlußurkunde, die amerikanischen Schülern im Rahmen eines feierlichen Aktes am Ende ihrer Schullaufbahn überreicht wird. Juristisch ist diese Urkunde für einen deutschen Schüler sowohl in Deutschland als auch in den USA wertlos (siehe weiter vorne in diesem Kapitel).

„Auswahlverfahren mit Schüler-Eltern-Gespräch“

Seit wann ist das Verkaufsgespräch eine besondere Leistung des Verkäufers? Im Ernst, natürlich handelt es sich bei dem Bewerbungsgespräch für ein Austauschjahr oft um mehr als um ein reines Verkaufsgespräch. Organisationen, die nicht jeden Schüler nehmen, der sich meldet, müssen oft hart selektieren. Im persönlichen Gespräch oder auch durch die ausführlichen Bewerbungsunterlagen wird manchmal klar, daß ein Schüler für das Auslandsabenteuer einfach (noch) nicht reif ist. Im Gegensatz also zu einem Verkaufsgespräch werden hier nicht nur die Vorzüge der angebotenen Ware (= dem Austauschjahr), sondern auch ihre Nachteile diskutiert. Zumindest sollten sie fairerweise diskutiert werden, damit der Austauschwunsch des Schülers auf den Prüfstand gestellt werden kann.
Ein Auswahlgespräch bezeichne ich dann als echte Leistung, wenn es mindestens 2-3 Stunden dauert, von erfahrenen, möglichst hauptamtlichen Mitarbeitern durchgeführt wird und auf die individuellen Fragen, Bedürfnisse und Bedenken eingeht.

„Vorbereitungsmaterial und -handbücher“

Dies ist wieder eine echte Leistung der Organisationen. Ein gutes Schülerhandbuch kann Gold wert sein. Der Schüler kann es mitnehmen und sich bestimmte Regeln auch während des Jahres noch einmal vor Augen führen. Wurde das Handbuch von pädagogisch geschulten Mitarbeitern entwickelt, erfüllt es im Idealfall auch noch einen anderen Zweck: es fungiert als „Seelsorger“ in depressiven Phasen. Gute Handbücher diskutieren demnach nicht nur den Kulturschock, sondern entwickeln Szenarien und geben Tips, wie man damit umgeht.

„24-Stunden-Notfall-Telefon“

Wenn die amerikanische Partnerorganisation eine „rund um die Uhr“ besetzte Hotline anbietet, ist dies ein sinnvoller Service. Insbesondere viele kleinere Organisationen können sich gerade solch einen administrativ aufwendigen Service nicht leisten. Eine Organisation, die deshalb in ein „rund um die Uhr“ besetztes Büro investiert, handelt im Sinne der US- behördlichen Richtlinien geradezu mustergültig, allerdings handelt es sich hierbei nicht um eine vorgeschriebene Leistung.

„Beschaffung der erforderlichen Visa-Unterlagen“

USA-Reisende, die weniger als drei Monate im Land bleiben, brauchen kein Visum zu beantragen. Sie füllen einfach während des Fluges eine Einreiseerklärung aus und bekommen dann von der Einwanderungsbehörde eine Aufenthaltsgenehmigung in den Paß gestempelt.
Anderes gilt für Personen, die länger als drei Monate in den USA bleiben bzw. dort zur Schule gehen wollen. Hier gilt nach wie vor eine Visumspflicht. Folgende Schritte sind notwendig, um dieser Visumspflicht nachzukommen:

- Die amerikanische Partnerorganisation muß ein IAP-66 (US-behördliches Formular) ausfüllen mit dem Namen der Gastfamilie und der Schule, die der jeweilige Schüler besuchen wird. Hat die amerikanische Organisation die Berechtigung zur Ausfüllung dieser Formulare nicht, wird stattdessen ein sog. I-20 benutzt, welches von der amerikanischen Schule ausgefüllt wird.
- Das Visum kostet EUR 78 und kann ausschließlich per Post beantragt werden. Die Bearbeitungszeit beträgt ca. 3 Wochen, während der Ferienzeit kann es länger dauern.

Anträge müssen gestellt werden an:
Generalkonsulat Berlin, Clayallee 170, D-14195 Berlin (bei Wohnsitz in Berlin, Brandenburg, Bremen, Hamburg, Mecklenburg-Vorpommern, Niedersachsen, Sachsen, Sachsen-Anhalt, Schleswig-Holstein, Thüringen);

oder an das
Generalkonsulat Frankfurt, Siesmayerstraße 21, D-60323 Frankfurt (bei Wohnsitz in Baden Württemberg, Bayern, Hessen, Nordrhein-Westfalen, Rheinland-Pfalz, Saarland).

Weitere Informationen unter den gebührenpflichtigen Telefonnummern der US-Botschaft:
(01 90) - 85 00 55 oder (01 90) - 85 00 58 00 (Tonbandansage)
oder unter www.usembassy.de/travel/index.htm
(hier kann das Formular auch heruntergeladen werden)

Die Organisation steuert das I-20 bzw. das IAP-66 bei. Hierbei handelt es sich wieder um eine Selbstverständlichkeit, derer Erwähnung es kaum bedarf; denn ohne I-20 oder IAP-66 kann der Austausch legal gar nicht erst stattfinden.

„Persönlicher Kontaktschüler vor der Abreise"

Auch hier handelt es sich nicht um eine Leistung der Organisation im eigentlichen Sinne. „Persönliche Kontaktschüler" sind nämlich ehrenamtlich tätige ehemalige Austauschschüler. Dank Computer und Kundendatenbanken findet man leicht einen Schüler, der in der Nähe eines zukünftigen Programmteilnehmers wohnt. Der Kontakt zwischen diesen beiden Schülern wird dann oft hergestellt. Über die Effektivität dieser Art von Vorbereitung oder die besondere Schulung der „persönlichen Kontaktschüler" ist mir allerdings nichts bekannt.

„Flug"

Hier muß man genau aufpassen. Der Flug in die USA besteht nämlich aus drei Komponenten: Zubringerflug in Deutschland, Transatlantik-flug und Verbindungsflug in den USA (und die ganze Strecke auch zurück). Der Tabellenteil in diesem Buch erleichtert das Studieren der Angebote: Übersichtlich wird genau aufgelistet, welche dieser drei Komponenten bei welcher Organisation im Preis enthalten sind.

„Versicherung"

Das Department of State schreibt vor, daß ein Austauschschüler für die Dauer seines Aufenthaltes krankenversichert sein muß.

WWW

Mehr dazu im Internet: www.usinfo.state.gov

Die Behauptung, daß die Versicherung des Schülers in den USA über eine 24-Stunden-Notruf-Telefonnummer verfügen muß, ist falsch. Für amerikanische Ärzte oder Krankenhäuser genügt eine schriftliche Bestätigung der Versicherung (auf Englisch!) zum Nachweis eines bestehenden Versicherungsschutzes. Bei kleineren Rechnungen tritt der Patient meistens sowieso in Vorleistung und rechnet hinterher mit seiner Versicherung ab.

TIP

Bitte verstehen Sie mich nicht falsch: Selbstverständlich ist es weitaus angenehmer, einen Versicherungspartner in den USA sozusagen vor Ort zu haben. Viele nervenaufreibende Nachfragen oder Kommunikationsprobleme können so von vornherein ausgeschlossen werden. Transatlantischer Versicherungsverkehr ist immer sehr kompliziert. Deutsche Versicherer akzeptieren möglicherweise bestimmte Rechnungen nur unter Vorbehalt oder verweigern Versicherungsschutz für in ihren Augen unnötige Behandlungen.

Wer beschließt, sich für den USA-Aufenthalt selbständig mit Versicherungsschutz zu versorgen (soweit dies die Organisation zuläßt), sollte unbedingt sicherstellen, daß alle Eventualitäten in der Versicherung enthalten sind (dies ist bei deutschen Privatversicherungen normalerweise der Fall). Ist dies nicht so, oder bleiben Unsicherheiten bestehen, ist der Abschluß der von der Organisation angebotenen Versicherung in jedem Fall empfehlenswert. Hier können Sie sich darauf verlassen, daß der US-behördlich vorgeschriebene Versicherungsschutz auch erfüllt wird.

Übrigens ist es normal, daß bei den von den Organisationen angebotenen Versicherungspaketen pro Schadensfall Bearbeitungsgebühren erhoben werden. Viele Organisationen geben dies leider in ihren Broschüren nicht an.

VII Tabellenteil

Regeln zum Tabellenteil

Die einzelnen Doppelseiten des nachfolgenden Tabellenteils repräsentieren eine Organisation und bestehen jeweils aus zwei Elementen:
den Tabellen (Außenspalten) und den individuellen Texten (Innenspalten).
Die Tabellen wurden auf der Grundlage der Antworten und Nachweise der jeweiligen Organisationen zu einem Fragebogen erstellt.
Die individuellen Texte „Philosophie der Arbeit“ sowie „Ratschläge an die Bewerber” wurden von der Organisation selbst geliefert oder deren Broschüren entnommen.
Die Organisationen haben die Druckfahnen zur Korrektur zugesandt bekommen.
Die Erstellung der Tabellen erfolgte nach bestimmten Regeln, die nachfolgend näher erläutert werden:

- Die aufgelisteten Punkte in den Feldern „Informationsmaterial“, „Bewerbungsverfahren“, „Leistungen der Organisationen im Grundpreis“, „Drittleistungen im Grundpreis“, „Angebote und Leistungen der USA Partnerorganisation“, „Spätplazierungen“ und „1/2 Schuljahr im Angebot“ sind immer gleich. Erst durch ein **Häkchen** (✓) vor einem Punkt wird angegeben, daß dieser auf die jeweilige Organisation zutrifft.
- Ein **leeres Feld** gibt an, daß der Punkt bei der Organisation an dieser Stelle nicht vorhanden ist.
- **Text in Anführungszeichen** („...“) ist immer ein Originalzitat aus dem Fragebogen, bzw. den Informationsmaterialien der jeweiligen Organisation.
- Um eine Vergleichbarkeit der Preise zu ermöglichen, wurden die US$ Preisangaben einer Organisationen in EUR umgerechnet. 1 US$ entspricht hierbei EUR 1,05.

Allgemeine Angaben zur Organisation

Neben dem vollständigen Namen der Organsation ist hier auch die Anschrift angegeben. Hiermit ist immer der Hauptsitz einer Organisation in Deutschland gemeint. Bei juristisch in Deutschland nicht selbständigen Organisationen steht hier die Anschrift der Hauptvertretung in Deutschland.
Die Kommunikationsdaten beinhalten neben Telefon- und Fax-Nummer auch die Adressen für E-Mail und Internet.

Anzahl Nebenstellen

Hier zählen nur Nebenstellen in Deutschland. Eventuell bestehende Nebenstellen im Ausland (auch deutschsprachiges Ausland) sowie Stellen, die lediglich Bewerbungsgespräche führen, bleiben unberücksichtigt. Ein nach Postleitzahl-Bereichen sortiertes Nebenstellen-Verzeichnis befindet sich im Anhang (Verzeichnis Postleitzahlen).

Rechtsform

Für eine Beschreibung der unterschiedlichen Rechtsformen siehe Abschnitt „Rechtlicher Status der Organisation".
Hat die Organisation in Deutschland keinen eigenen rechtlichen Status, so steht hier „nicht selbständig".

Gemeinnützigkeit in Deutschland

- Hier erscheint nur dann ein „ja", wenn die betreffende Organisation eine Kopie eines gültigen Körperschaftssteuerfreistellungsbescheides (im Verlauf „KSFB") vorgelegt hat. Die Organisationen, die bei der Vorauflage des Buches einen gültigen KSFB vorweisen konnten, für die Bearbeitung der Neuauflage aber nicht, wurden in den Tabellen mit der Bezeichnung „aktueller KSFB liegt nicht vor" gekennzeichnet.
- Bei Vorlage eines gültigen vorläufigen KSFB steht hier „vorläufig".
- Bei Organisationen, die bei der Vorauflage des Buches keinen, einen bereits damals veralteten oder einen jetzt ungültig gewordenen vorläufigen KSFB vorlegten und für die Neuauflage des Buches trotz mehrmaliger Aufforderung keinen gültigen KSFB zur Verfügung stellten, wurde in beschreibender Form der derzeit nachgewiesenen Stand der Dinge dargelegt.
- Der gemeinnützige Status einer (auch gleichnamigen) ausländischen Partnerorganisation ist nach deutschem Recht nicht verpflichtend und bleibt deshalb hier unberücksichtigt.

Gründungsjahr

- Bezieht sich immer auf das Gründungsjahr einer Organisation in Deutschland, unabhängig von ihrer Rechtsform. Eventuell länger bestehende Existenz einer (auch gleichnamigen) ausländischen Partnerorganisation bleibt unberücksichtigt.

- Wenn eine Organisation die Rechtsform zu einem bestimmten Zeitpunkt gewechselt hat, wird in Klammern angemerkt, seit wann die jetzt gültige Rechtsform besteht.

USA High School-Programm seit...

Bezieht sich immer auf die Durchführung dieser Programme durch eine deutsche Organisation (vgl. „Gründungsjahr"). Eventuell längere Durchführung dieser Programme durch eine (auch gleichnamige) Partnerorganisation bleibt unberücksichtigt.

USA Partner

Hier ist die amerikanische Parnerorganisation genannt. Es können auch mehrere Partner sein.

Informationsmaterial

Hierbei handelt es sich um Materialien, die ein interessierter Schüler auf Anfrage zugesandt bekommt (auch „Werbematerial").

- **beschreibt persönliche Voraussetzungen:** Trifft zu, wenn Themen wie „Reife des Schülers", „Motivation", „Neugier", „Offenheit" und ähnliche Bereiche angesprochen und thematisiert werden.
- **beschreibt zu erwartende Probleme:** Trifft zu, wenn Themen wie „Kulturschock", „Probleme mit der Gastfamilie", „Heimweh" und ähnliche Bereiche angesprochen und thematisiert werden.
- **wirbt mit US-Führerschein:** Trifft zu, wenn die Möglichkeit genannt wird, den Führerschein in den USA zu erlangen, und dies nicht mit deutlich einschränkenden Aussagen begleitet wird (Fahrverbot nach Erhalt des Führerscheins, Umschreibeproblematik in Deutschland, Zustimmungspflicht von Gastfamilie/Gastschule, etc.). Dies ist auch dann gegeben, wenn in einem beispielsweise abgedruckten Stundenplan („so könnte Dein Stundenplan aussehen..." oder „diese Fächer kann man an der High School belegen...") das Fach „Drivers Ed." auftaucht.
- **wirbt mit High School-Diploma:** Trifft zu, wenn die Möglichkeit genannt wird, das High School-Diplom zu erlangen, bzw. an den

Abschlußfeierlichkeiten (Graduation) der 12. Klasse (Senior Class) teilzunehmen und dies nicht mit einschränkenden Aussagen begleitet wird (Entscheidungsgewalt liegt bei der Schule, etc.).

Bewerbungsfrist

Viele Organisationen bieten noch Bewerbungsmöglichkeiten nach Ablauf der Bewerbungsfrist. Dies ist dann meist von „noch zur Verfügung stehenden Plätzen“ abhängig. Oftmals kostet eine verspätete Bewerbung zusätzliche Gebühr. In den Tabellen werden nur die offiziellen Bewerbungsfristen genannt. Fristverlängerungen und ihre Bedingungen bleiben unberücksichtigt.

Stipendien

Hier wird angegeben, ob die Organisation Stipendien vergibt. Die Details dazu finden Sie im Kapitel “Stipendien”.

Bewerbungsverfahren

Nach Einsendung eines Bewerbungsformulares sind hier die Verfahren der Organisation vermerkt. Es können auch mehrere Verfahren gleichzeitig (nicht optional) angewandt werden.

Grundpreis

Hier ist der Grundpreis für das Schuljahr 2003/2004 genannt. Bei Redaktionsschluß noch nicht endgültige Preise, sowie Preise, die in US$ zu zahlen sind, wurden mit „ca.“ gekennzeichnet.

Leistungen der Organisationen im Grundpreis

- Ein **Treffen** ist eine wie auch immer geartete Zusammenkunft, deren Dauer einen Tag nicht überschreitet. Es ist unabhängig von anderen Veranstaltungen, wie z.B. Bewerbungsgesprächen.

- Ein **Seminar** dauert minimal 2 Tage, beinhaltet minimal eine Übernachtung und findet in sinnvollem Abstand (ca. 4 - 6 Wochen) vor Abflug statt. Mit der Differenzierung zwischen „Treffen“ und „Seminar“ ist keine inhaltliche Bewertung verbunden.
- **Elternabende** finden statt, während die Schüler in den USA sind. Auch sie sind unabhängig von anderen Veranstaltungen, wie z.B. Infotage der Organisation.
- **Flugbegleitung** bedeutet in der Regel die Begleitung auf einem Gruppenflug ab etwa 15 Teilnehmern ab dem internationalen deutschen Flughafen in die USA.

Drittleistungen im Grundpreis

- **Versicherungen:**
  Der überwiegende Teil der Organisationen bietet bereits im Grundpreis oder optional ein Versicherungs-Paket an. Dieses Paket enthält in der Regel die vorgeschriebene Kranken- und die sinnvolle Unfall- und Haftpflichversicherung. Sind in dem Paket weitere Versicherungen enthalten, so werden diese in dem Feld „Besonderheiten“ aufgelistet.
- **BRD Inland-Flug**
  ist der Flug/die Flüge vom Startflughafen (nächstgelegener Flughafen vom Wohnort des Teilnehmers) hin zum internationalen deutschen Flughafen, von dem aus der Transatlantikflug startet.
- **USA Inland-Flug**
  ist der Flug/die Flüge, die den Ankunftsflughafen des Transatlantikfluges mit dem Zielflughafen des Teilnehmers (nächstgelegener Flughafen zum Wohnort der Gastfamilie) verbindet.

Angebote und Leistungen der USA-Partnerorganisation

Diese Angebote und Leistungen können je nach Bedarf und Individualität des Schülers oder Betreuers variieren.

Erwartbare zusätzliche Kosten

Hier werden alle Kosten angegeben, die durch die Felder „Leistungen der Organisationen im Grundpreis“ und „Drittleistungen im Grundpreis“ nicht abgedeckt sind.

- ***Versicherungen***
  Es wird nicht davon ausgegangen, daß der Austauschschüler bereits über den erforderlichen bzw. sinnvollen Versicherungsschutz, bestehend aus Kranken-, Unfall-, und Haftpflicht-Versicherung verfügt. Bei dem überwiegenden Teil der Organisationen ist ein aus diesen Versicherungen bestehendes Versicherungs-Paket bereits im Grundpreis enthalten oder wird optional angeboten. Soweit Versicherungen nicht im Grundpreis enthalten sind („Drittleistungen im Grundpreis“), gilt folgendes:
  Als zusätzliche Kosten sind hier optional angebotene Versicherungen bzw. Versicherungs-Pakete der Organisation angegeben.
  Hat die Organisation keinen Preis für ein Versicherungspaket angegeben, werden hier pauschal EUR 500 (für 10 Monate) für Kranken-, Unfall- und Haftpflicht-Versicherung angegeben.
  Einzelne, nicht im Versicherungs-Paket enthaltene Versicherungen werden ebenfalls pauschal angegeben, sofern die Organisation keine Preise hierfür nennt: EUR 350 für die Kranken-, EUR 100 für die Unfall- und EUR 50 für die Haftpflicht-Versicherung.
- ***Flugkosten***
  Bei Organisationen, die den Flug nicht im Grundpreis enthalten haben, wurden pauschal EUR 900 für alle Flugkosten angesetzt (Ausnahme: wenn ein anderer Flugpreis in den Informationsmaterialien angegeben war). Für einen fehlenden Inland-Flug Deutschland wurden pauschal EUR 100 angesetzt. Dies gilt auch dann, wenn die jeweilige Organisation nur die Reise von bestimmten deutschen Flughäfen im Grundpreis enthalten hat. In solch einem Fall kann man nicht grundsätzlich davon ausgehen, daß ein Teilnehmer auch in der Nähe einer dieser Flughäfen wohnt.
- ***Vor- und Nachbereitung***
  Als zusätzliche Kosten sind hier optional angebotene Vor- und Nachbereitungs-Seminare angegeben, sofern diese nicht bereits im Grundpreis enthalten sind.
- ***Gebietszuschlag***
  siehe unter „Besonderheiten“

erwartbarer Endpreis

Dieser Preis ergibt sich aus der Summe von Grundpreis und den erwartbaren zusätzlichen Kosten.

Zu den hier genannten und in den Tabellen dargestellten Kosten kommen ca. US$ 250 Taschengeld pro Monat hinzu, sowie EUR 78 für die Beantragung des Visums.

Besonderheiten

Hier werden Besonderheiten der Organisation beschrieben, z.B. zusätzliche Leistungen und Angebote, die aufgrund ihrer relativen Alleinstellung nicht tabellarisch erfasst werden konnten und die Mitgliedschaft in Verbänden.

Gebietszuschlag

Von einigen Organisationen wird ein Plazierungszuschlag für ein besonders „attraktives" Gebiet (Kalifornien, Florida, ...) verlangt. Da der überwiegende Teil der Schüler sich bei einer Wahlmöglichkeit für eines dieser Gebiete entscheidet, kann dies zu einer zum Teil nicht unerheblichen Erhöhung des „erwartbaren Endpreises" führen. Die von einer Organisation verlangten Zuschläge werden hier deshalb mit dem Hinweis: **„Achtung! Der erwartbare Endpreis kann sich aufgrund eines Gebietszuschlages um EUR xxx erhöhen"** angegeben.

Diese Wunschziele sind wesentlich durch die Medien und damit unseren Vorstellungen von Amerika geprägt, was aber nicht unbedingt der Realität entspricht. Einige amerikanische Organisationen lehnen sogar Teilnehmer ab, mit der Begründung, daß es den Bewerbern gar nicht um ein Kennenlernen der Kultur geht, sondern um oberflächliches touristisches Interesse.

Spätplazierung

Hier wird dargestellt, ob Schüler zu vorgebuchten Terminen abfliegen, und in Ausnahmefällen beim Area Rep oder bei Welcome families untergebracht werden, oder ob sie ihre Reise erst nach erfolgter Plazierung antreten. Diese Unterscheidung ist keine inhaltliche Bewertung, sondern dient lediglich zur Information.

1/2 Schuljahr im Angebot

Trifft zu, wenn die Organisation auch 1/2 Schuljahr anbietet. Es gibt allerdings viele Stimmen, die den eigentlichen Sinn des Kulturaustausches und der Völkerverständigung bei einem solch kurzen Aufenthalt in Frage stellen.

Philosophie der Arbeit (Innenspalten)

Hier beschreibt die Organisation die Grundzüge ihrer Arbeit.

Ratschläge an Bewerber (Innenspalten)

Die hier genannten persönlichen Vorraussetzungen sollte der Schüler mitbringen, wenn er sich erfolgreich bei der Organisation bewerben will.

Vor- und Nachbereitungsarbeit (Innenspalten)

Hier werden solche Punkte aufgeführt, die in den Tabellen nur ungenügend dargestellt werden konnten. Darunter fallen etwaige Besonderheiten in der Vor- und Nachbereitungsarbeit (z.B. „wird von Vertretern des Gastlandes ausgeführt", etc.). Vor- und Nachbereitungen, die in der Versendung von schriftlichen Unterlagen oder Handbüchern bestehen, sowie T-Shirts, Videos, etc. werden hier nicht erwähnt.
Die Aussage: **„Der Umfang entspricht den in den Tabellen genannten Leistungen und Angeboten"** stellt keine wertende Aussage dar.

Weltweite Austauschprogramme und sonstige Programme (Innenspalten)

Die unter „weltweite Austauschprogramme" aufgelisteten Länder werden von der Organisation für ein ganzes oder ein halbes Schuljahr angeboten (siehe auch Verzeichnis Austauschländer). Unter „sonstige Programme" wurden Sprachkurse und Reiseprogramme nicht berücksichtigt.
Bei beiden Punkten sind nur Angebote für Teilnehmer aus Deutschland aufgelistet.

Benutzungs-Tip für die nachfolgenden Tabellen

Durch einfaches Verschieben der Seiten können die Leistungen der einzelnen Organisationen auf einen Blick miteinander verglichen werden.

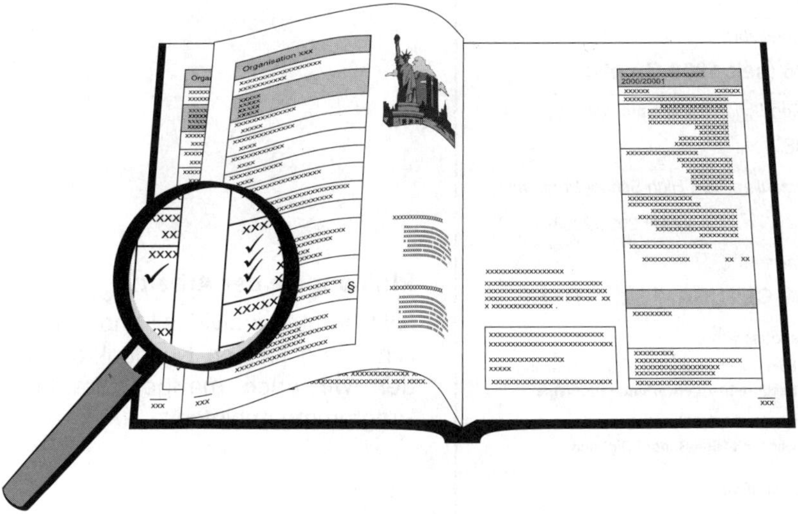

Advised Studies
Sprachreisen GmbH Germany

Wiesnerstraße 5
D-44141 Dortmund

Tel.:	**(02 31) 42 42 88**
Fax:	**(02 31) 41 14 51**
E-Mail:	**Advised-Studies@t-online.de**
Internet:	**www.advised-studies.de**

Anzahl Nebenstellen:

keine

Rechtsform:

GmbH

Gemeinnützigkeit in Deutschland:

nein

Gründungsjahr:

1996 (seit 1998 GmbH)

USA High School-Programm seit:

1998

Schülerzahl im USA High School-Programm:

33 (Schuljahr 2002/2003)

USA Partner:

ASA, CETUSA, FSL, INTRAX

Informationsmaterial:

beschreibt persönliche Voraussetzungen
beschreibt zu erwartende Probleme
wirbt mit US Führerschein
wirbt mit High School-Diploma

Bewerbungsfrist:

31.03.2003

Stipendien (siehe auch Kapitel Stipendien)

nein

Bewerbungsverfahren:

✓ **Einzelinterview (Schüler und Eltern)**
✓ **Einzelinterview (Schüler)**
Gruppeninterview (Schüler und Eltern)
Gruppeninterview (Schüler)
ersatzweise telefonisches Interview

Advised Studies

Philosophie der Arbeit:

„Wir beraten individuell und persönlich einen kleinen Kundenkreis, für den wir auch maßgeschneiderte Programme anbieten."

Ratschläge an Bewerber:

„Die ganze Familie muß Vertrauen in uns und unsere Arbeit haben, letztlich ist es eine persönliche, gefühlsmäßige Entscheidung, die die ganze Familie betrifft. Der Schüler sollte Reife, Anpassungsfähigkeit, Motivation, Toleranz, Offenheit und akademischen Willen haben."

Vor- und Nachbereitungsarbeit:

Der Umfang entspricht den in der Tabelle genannten Leistungen und Angeboten.

Weltweite Austauschprogramme:*
Australien, England, Irland, Italien, Japan, Kanada, Neuseeland, Spanien, Südafrika

Sonstige Programme:*

- Au Pair:
  England, Frankreich
- College:
  Australien, England, Irland, USA
- Homestay:
  USA
- Privatschulen:
  Australien, England, Frankreich, Italien, Japan, Kanada, Neuseeland, Spanien, Südafrika, USA
- Work Experience:
  Australien, England, Frankreich, Irland, Italien, Japan, Kanada, Neuseeland, Spanien, Südafrika, USA

* nähere Informationen beim Veranstalter

USA High School-Jahr 2003/2004 Preise und Leistungen:		
Grundpreis:	ca. EUR 4.720	
Leistungen der Organisation im Grundpreis:		
Schüler Vorbereitungs-Treffen		
Schüler-Eltern Vorbereitungs-Treffen		✓
BRD Schüler Vorbereitungs-Seminar		
USA Schüler Vorbereitungs-Seminar		
Flugbegleitung		
Elternabende		
Nachbereitungs-Treffen		✓
Nachbereitungs-Seminar		
Drittleistungen im Grundpreis:		
Haftpflicht-Versicherung		✓
Kranken-Versicherung		✓
Unfall-Versicherung		✓
BRD Inland-Flug		
Transatlantik-Flug		
USA Inland-Flug		
Angebote und Leistungen der USA-Partnerorganisation:		
Vorbereitungs-Treffen der Gastfamilien		✓
regelmäßiger tel. Kontakt mit dem Area Rep		✓
regelmäßige Treffen mit dem Area Rep		✓
regelmäßige Besuche des Area Rep		✓
Reiseangebote		✓
erwartbare zusätzliche Kosten:		
alle Flüge	**EUR 700**	
Vorber.-Seminar (freiwillig)	**EUR 80**	
erwartbarer Endpreis	**EUR 5.500**	
(Bitte „Regeln zum Tabellenteil" beachten)		
Besonderheiten: **Das Programm wird auch über die „Auslandsgesellschaft Nordrhein-Westfalen" angeboten.**		
Spätplazierung:		
Flug zu vorgebuchten Terminen (Unterbringung bei Area-Rep oder in Welcome families)		
Flug erst nach erfolgter Plazierung		✓
1/2 Schuljahr USA im Angebot		✓

+++++++ kein Häkchen = Leistung/Punkt nicht vorhanden ++++++

AFS
Interkulturelle Begegnungen e.V.

Postfach 50 01 42
D-22701 Hamburg

Tel.:	(0 40) 39 92 22 - 0
Fax:	(0 40) 39 92 22 - 99
E-Mail:	info@afs.de
Internet:	www.afs.de

Bundesweite regionale Vertretung durch ehrenamtl. Mitarbeiter in 72 AFS-Komitees.

Rechtsform:

e.V.

Gemeinnützigkeit in Deutschland:

ja

Gründungsjahr:

1992 (vorher im int. Verein AFS)

USA High School-Programm seit:

1948

Schülerzahl im USA High School-Programm:

422 (Schuljahr 2002/2003)

USA Partner:

AFS

Informationsmaterial:

✓ **beschreibt persönliche Voraussetzungen**
✓ **beschreibt zu erwartende Probleme**
wirbt mit US Führerschein
wirbt mit High School-Diploma

Bewerbungsfrist:

15.10.2002

Stipendien (siehe auch Kapitel Stipendien)

ja

Bewerbungsverfahren:

✓ **Einzelinterview (Schüler und Eltern)**
Einzelinterview (Schüler)
Gruppeninterview (Schüler und Eltern)
✓ **Gruppeninterview (Schüler)**
ersatzweise telefonisches Interview

AFS Interkulturelle Begegnungen e.V.

Philosophie der Arbeit:

„AFS versucht, junge Menschen auf der ganzen Welt zu ermutigen, bereits während der Schulzeit eine andere Kultur, andere Menschen, Sprachen und Denkweisen kennenzulernen und so auch die eigene kulturelle Identität bewußter zu erfahren. Gegründet wurde der „American Field Service" 1914 als freiwilliger Ambulanzdienst. Heute ist AFS eine gemeinnützige, politisch und religiös unabhängige Organisation, die langfristigen weltweiten Jugendaustausch ermöglicht, um damit zur Völkerverständigung beizutragen. Ein weltweites Netz ehrenamtlicher Mitarbeiter garantiert die persönliche Betreuung der Teilnehmer vor, während und nach dem Austauschjahr. AFS fördert etwa ein Drittel der Teilnehmer mit Teilstipendien (abhängig von der Bedürftigkeit)."

+++++++ Häkchen (✓) = Leistung/Punkt vorhanden ++++++

Ratschläge an Bewerber:

„Offenheit, Toleranz, Interesse an fremden Ländern und Kulturen sind wichtiger als gute Schulnoten. Wir empfehlen, sich über das Land zu informieren und sich Grundkenntnisse der Sprache anzueignen."

Vor- und Nachbereitungsarbeit:

Grundvorbereitung der Teilnehmer regional an zwei Wochenenden und länderspezifische Vorbereitung an einem Wochenende. In Gastland finden Seminare zur Einführung und Auswertung statt. Für die Vor- und Nachbereitung fallen geringe Zusatzkosten an.

Weltweite Austauschprogramme:*
AFS arbeitet weltweit. Schüler aus Deutschland können unter rund 40 verschiedenen Ländern wählen.

Sonstige Programme:*

- Berufliche Weiterbildung: Business Study Tour, Freiwilligendienst im Ausland, Praktika für junge Arbeitnehmer

* nähere Informationen beim Veranstalter

USA High School-Jahr 2003/2004 Preise und Leistungen:

Grundpreis:	EUR 6.750	
Leistungen der Organisation im Grundpreis:		
Schüler Vorbereitungs-Treffen		✓
Schüler-Eltern Vorbereitungs-Treffen		✓
BRD Schüler Vorbereitungs-Seminar		
USA Schüler Vorbereitungs-Seminar		✓
Flugbegleitung		✓
Elternabende		✓
Nachbereitungs-Treffen		✓
Nachbereitungs-Seminar		✓
Drittleistungen im Grundpreis:		
Haftpflicht-Versicherung		
Kranken-Versicherung		✓
Unfall-Versicherung		✓
BRD Inland-Flug		
Transatlantik-Flug		✓
USA Inland-Flug		✓
Angebote und Leistungen der USA-Partnerorganisation:		
Vorbereitungs-Treffen der Gastfamilien		
regelmäßiger tel. Kontakt mit dem Area Rep		✓
regelmäßige Treffen mit dem Area Rep		✓
regelmäßige Besuche des Area Rep		
Reiseangebote		

erwartbare zusätzliche Kosten:

Bewerbungsgebühr	EUR	30
Haftpflicht-Vers. (pauschal)	EUR	50
Vorber.-Seminar	EUR	50
BRD Inland-Flug (pauschal)	EUR	100

***erwartbarer Endpreis* EUR 6.980**

(Bitte „Regeln zum Tabellenteil" beachten)

Besonderheiten:

Siehe Vor- und Nachbereitungsarbeit.
Siehe auch Kapitel „Stipendien".
Mitglied im "Arbeitskreis gemeinnütziger Jugendaustauschorganisationen".

Spätplazierung:

Flug zu vorgebuchten Terminen (Unterbringung bei Area-Rep oder in Welcome families) ✓
Flug erst nach erfolgter Plazierung

1/2 Schuljahr USA im Angebot

+++++++ kein Häkchen = Leistung/Punkt nicht vorhanden ++++++

AIYSEP – American International Youth Student Exchange Program

Manfred-von-Richthofen-Straße 6
D-12101 Berlin

Tel.: (0 30) 78 89 97 12
Fax: (0 30) 78 89 97 13
E-Mail: AiysepGermany@aol.com
Internet: www.aiysep.de

Anzahl Nebenstellen:

keine

Rechtsform:

nicht selbstständig

Gemeinnützigkeit in Deutschland:

nein

Gründungsjahr:

1979

USA High School-Programm seit:

1979

Schülerzahl im USA High School-Programm:

30 (Schuljahr 2002/2003)

USA Partner:

AIYSEP

Informationsmaterial:

beschreibt persönliche Voraussetzungen
beschreibt zu erwartende Probleme

wirbt mit US Führerschein
wirbt mit High School-Diploma

Bewerbungsfrist:

31.05.2003

Stipendien (siehe auch Kapitel Stipendien)

nein

Bewerbungsverfahren:

- ✓ **Einzelinterview (Schüler und Eltern)**
- ✓ **Einzelinterview (Schüler)**
- ✓ **Gruppeninterview (Schüler und Eltern)**
- ✓ **Gruppeninterview (Schüler)**
- ✓ **ersatzweise telefonisches Interview**

Philosophie der Arbeit:

„Wir wollen jungen Menschen die Möglichkeit geben, ihren Horizont zu erweitern, neue Selbsterfahrung und besseres Weltverständnis zu gewinnen, indem sie eine andere Kultur kennenlernen."

Ratschläge an Bewerber:

„Ganz offen sein, keine Vorurteile haben."

Vor- und Nachbereitungsarbeit:

Vor der Abreise in die USA finden mehrere Gespräche mit dem Schüler und mit seinen Eltern statt. In einer "Pre-Departure Briefing and Orientation Session" werden die Schüler gruppenweise vor der Ausreise nochmals vorbereitet. Dieses Gruppentreffen ist zwar keine Pflicht, wird aber von AIYSEP empfohlen. Die Schüler können allein oder mit ihren Eltern kommen. Schüler, die an diesen Seminar nicht teilnehmen, erhalten die Informationsmappe, die während des Treffens verteilt wurde.

Weltweite Austauschprogramme:*

Kanada, Neuseeland. Insgesamt 28 Teilnehmerstaaten (Absender-, Zielländer) in Nord-, Lateinamerika, Europa, Japan, Ozeanien.

Sonstige Programme:*

- Sommerprogramme: Australien, Kanada, Neuseeland, USA

* nähere Informationen beim Veranstalter

USA High School-Jahr 2003/2004 Preise und Leistungen:	
Grundpreis:	ca. EUR 3.468
Leistungen der Organisation im Grundpreis:	
Schüler Vorbereitungs-Treffen	
Schüler-Eltern Vorbereitungs-Treffen	✓
BRD Schüler Vorbereitungs-Seminar	
USA Schüler Vorbereitungs-Seminar	
Flugbegleitung	
Elternabende	
Nachbereitungs-Treffen	
Nachbereitungs-Seminar	
Drittleistungen im Grundpreis:	
Haftpflicht-Versicherung	
Kranken-Versicherung	✓
Unfall-Versicherung	✓
BRD Inland-Flug	
Transatlantik-Flug	
USA Inland-Flug	
Angebote und Leistungen der USA-Partnerorganisation:	
Vorbereitungs-Treffen der Gastfamilien	
regelmäßiger tel. Kontakt mit dem Area Rep	✓
regelmäßige Treffen mit dem Area Rep	
regelmäßige Besuche des Area Rep	✓
Reiseangebote	✓
erwartbare zusätzliche Kosten:	
Haftpflicht-Vers. (pauschal)	**EUR 50**
alle Flüge (pauschal)	**EUR 900**
Bewerbungsgebühr (US$ 150)	**ca. EUR 158**
erwartbarer Endpreis	**EUR 4.576**
(Bitte „Regeln zum Tabellenteil" beachten)	
Besonderheiten:	
Der Preis ist in US$ zu zahlen.	
Grundpreis: US$ 3.295	
Siehe Vor- und Nachbereitungsarbeit.	
Spätplazierung:	
Flug zu vorgebuchten Terminen (Unterbringung bei Area-Rep oder in Welcome families)	
Flug erst nach erfolgter Plazierung	✓
1/2 Schuljahr USA im Angebot	✓

AMS TOURS GmbH
Sprach- und Studienreisen

Nachtigallenweg 28
D-74906 Bad Rappenau

Tel.: (0 72 64) 9 17 40
Fax: (0 72 64) 78 61
E-Mail: AMS-Tours@t-online.de
Internet: www.ams-tours.de

Anzahl Nebenstellen:
keine

Rechtsform:
GmbH

Gemeinnützigkeit in Deutschland:
nein

Gründungsjahr:
1984

USA High School-Programm seit:
1992

Schülerzahl im USA High School-Programm:
32 (Schuljahr 2002/2003)

USA Partner:
CASE, ISE

Informationsmaterial:
beschreibt persönliche Voraussetzungen
beschreibt zu erwartende Probleme
wirbt mit US Führerschein
wirbt mit High School-Diploma

Bewerbungsfrist:
31.05.2003

Stipendien (siehe auch Kapitel Stipendien)
ja

Bewerbungsverfahren:*
Einzelinterview (Schüler und Eltern)
Einzelinterview (Schüler)
Gruppeninterview (Schüler und Eltern)
Gruppeninterview (Schüler)
✓ ersatzweise telefonisches Interview

AMS TOURS

*** Achtung:**
Die Bewerbung erfolgt schriftlich und telefonisch.

Philosophie der Arbeit:
„Sprach- und Klassenfahrtenveranstalter, der auf dem Sektor der Sprachreisen einer kleinen begrenzten Anzahl von Schülern einen preisgünstigen High School-Aufenthalt vermitteln möchte."

Ratschläge an Bewerber:
„Die Schüler sollten gute schulische Leistungen, Motivation, Anpassungsbereitschaft und Selbständigkeit mitbringen. Die Eltern sollten Ihr Kind selbständig, tolerant und flexibel sowie mit einem großen Maß an Hilfsbereitschaft erzogen haben."

USA High School-Jahr 2003/2004 Preise und Leistungen:	
Grundpreis:	EUR 4.883
Leistungen der Organisation im Grundpreis:	
Schüler Vorbereitungs-Treffen	
Schüler-Eltern Vorbereitungs-Treffen	✓
BRD Schüler Vorbereitungs-Seminar	
USA Schüler Vorbereitungs-Seminar	
Flugbegleitung	✓
Elternabende	
Nachbereitungs-Treffen	✓
Nachbereitungs-Seminar	
Drittleistungen im Grundpreis:	
Haftpflicht-Versicherung	
Kranken-Versicherung	
Unfall-Versicherung	
BRD Inland-Flug	✓
Transatlantik-Flug	✓
USA Inland-Flug	✓
Angebote und Leistungen der USA-Partnerorganisation:	
Vorbereitungs-Treffen der Gastfamilien	
regelmäßiger tel. Kontakt mit dem Area Rep	✓
regelmäßige Treffen mit dem Area Rep	✓
regelmäßige Besuche des Area Rep	✓
Reiseangebote	✓
erwartbare zusätzliche Kosten:	
Versicherungs-Paket	**EUR 486**
erwartbarer Endpreis	**EUR 5.369***
(Bitte „Regeln zum Tabellenteil" beachten)	
Besonderheiten: **Siehe Vor- und Nachbereitungsarbeit.** *** Achtung! Der erwartbare Endpreis kann sich aufgrund eines Gebietszuschlages um EUR 307 erhöhen.**	
Spätplazierung:	
Flug zu vorgebuchten Terminen (Unterbringung bei Area-Rep oder in Welcome families)	
Flug erst nach erfolgter Plazierung	✓
1/2 Schuljahr USA im Angebot	✓

Vor- und Nachbereitungsarbeit:

Das freiwillige, 3-tägige Vorbereitungs-Seminar mit umfangreichem Sight-Seeing-Programm findet in NewYork statt.

Weltweite Austauschprogramme:

keine

Sonstige Programme:*

- Privatschulen:
  USA

* nähere Informationen beim Veranstalter

+++++++ kein Häkchen = Leistung/Punkt nicht vorhanden ++++++

ARC
Adventures in Real Communication

Flotowstraße 7
D-38106 Braunschweig

Tel.: (05 31) 34 23 61
Fax: (05 31) 34 06 53
E-Mail: rfolk@t-online.de
Internet: www.archomestay.com

Anzahl Nebenstellen:
keine

Rechtsform:
nicht selbstständig

Gemeinnützigkeit in Deutschland:
nein

Gründungsjahr:
1969

USA High School-Programm seit:
1985

Schülerzahl im USA High School-Programm:
6 (Schuljahr 2002/2003)

USA Partner:
ARC

Informationsmaterial:
beschreibt persönliche Voraussetzungen
beschreibt zu erwartende Probleme
wirbt mit US Führerschein
wirbt mit High School-Diploma

Bewerbungsfrist:
15.03.2003

Stipendien (siehe auch Kapitel Stipendien)
nein

Bewerbungsverfahren:
- ✓ **Einzelinterview (Schüler und Eltern)**
- ✓ **Einzelinterview (Schüler)**
- **Gruppeninterview (Schüler und Eltern)**
- **Gruppeninterview (Schüler)**
- ✓ **ersatzweise telefonisches Interview**

Adventures in Real Communication YEAR PROGRAM

Philosophie der Arbeit:

„Internationale Verständigung braucht persönliche internationale Erfahrungen. Die Beteiligten bekommen ein neues Verständnis von kulturellen Unterschieden hinter den Klischees und Schlagzeilen. Unsere Ziele sind daher die folgenden:
Jedem Austauschschüler eine Erfahrung zu ermöglichen, die ihn zu einem Teil seiner amerikanischen "Community" macht, und zwar so, daß sein Wissen und Verständnis von Amerika und Amerikanern wächst.
Für jeden Schüler eine Familie zu finden, die ihm ein angenehmes Zuhause gibt und ihm hilft, durch seine Erfahrungen zu wachsen, während sie selbst über das Land und die Kultur des Schülers lernt und auch Verständnis für und Einsichten in die Kultur des Schülers gewinnt.“

Ratschläge an Bewerber:

„ARC verweist in diesem Zusammenhang auf einen Brief mit dem Titel „Tips für Dein Schuljahr in den USA", den jeder ARC-Schüler vor Abreise zugesandt bekommt. Hier wird der „Geben und Nehmen"-Aspekt des Austauschjahres angesprochen und die diplomatische Aufgabe eines Austauschschülers betont. Außerdem wird dem Schüler seine Botschafterfunktion (andere wollen auch) in Erinnerung gerufen."

Vor- und Nachbereitungsarbeit:

Der Umfang entspricht den in der Tabelle genannten Leistungen und Angeboten.

Weltweite Austauschprogramme:
keine

Sonstige Programme:
keine

USA High School-Jahr 2003/2004 Preise und Leistungen:	
Grundpreis:	ca.EUR 4.737
Leistungen der Organisation im Grundpreis:	
Schüler Vorbereitungs-Treffen	
Schüler-Eltern Vorbereitungs-Treffen	✓
BRD Schüler Vorbereitungs-Seminar	
USA Schüler Vorbereitungs-Seminar	✓
Flugbegleitung	✓
Elternabende	
Nachbereitungs-Treffen	
Nachbereitungs-Seminar	
Drittleistungen im Grundpreis:	
Haftpflicht-Versicherung	
Kranken-Versicherung	✓
Unfall-Versicherung	✓
BRD Inland-Flug	✓
Transatlantik-Flug	✓
USA Inland-Flug	✓
Angebote und Leistungen der USA-Partnerorganisation:	
Vorbereitungs-Treffen der Gastfamilien	✓
regelmäßiger tel. Kontakt mit dem Area Rep	✓
regelmäßige Treffen mit dem Area Rep	✓
regelmäßige Besuche des Area Rep	
Reiseangebote	✓
erwartbare zusätzliche Kosten:	
Haftpflicht-Vers. (pauschal)	**EUR 50**
erwartbarer Endpreis *(Bitte „Regeln zum Tabellenteil" beachten)*	**EUR 4.787**
Besonderheiten: **Ein Teil des Preises ist in US$ zu zahlen. Grundpreis: ca. US$ 4.500**	
Spätplazierung:	
Flug zu vorgebuchten Terminen (Unterbringung bei Area-Rep oder in Welcome families)	
Flug erst nach erfolgter Plazierung	✓
1/2 Schuljahr USA im Angebot	✓

+++++++ kein Häkchen = Leistung/Punkt nicht vorhanden ++++++

Aspect
Internationale Sprachschule GmbH

Kaiser-Friedrich-Ring 49
D-65185 Wiesbaden

Tel.: (06 11) 89 08 560
Fax: (06 11) 89 08 585
E-Mail: info.deutschland@aspectworld.com
Internet: www.aspect-deutschland.de

Anzahl Nebenstellen:
keine

Rechtsform:
GmbH

Gemeinnützigkeit in Deutschland:
nein

Gründungsjahr:
1988 (seit 1996 GmbH)

USA High School-Programm seit:
1988

Schülerzahl im USA High School-Programm:
108 (Schuljahr 2002/2003)

USA Partner:
ASPECT Foundation

Informationsmaterial:
beschreibt persönliche Voraussetzungen
beschreibt zu erwartende Probleme
wirbt mit US Führerschein
wirbt mit High School-Diploma

Bewerbungsfrist:
31.03.2003

Stipendien (siehe auch Kapitel Stipendien)
nein

Bewerbungsverfahren:
✓ Einzelinterview (Schüler und Eltern)
Einzelinterview (Schüler)
Gruppeninterview (Schüler und Eltern)
Gruppeninterview (Schüler)
✓ ersatzweise telefonisches Interview

Aspect

Philosophie der Arbeit:

„Bei der Vermittlung von Auslandsaufenthalten (High School, College, Sprachreisen) legen wir größten Wert auf eine individuelle Beratung und Betreuung der Schüler. Ein enger Kontakt zu den Schülern ist uns sehr wichtig.“

Ratschläge an Bewerber:

„Wir empfehlen unseren Schülern, mit einer geringen Erwartungshaltung an das Austauschjahr heranzugehen und sich im Klaren darüber zu sein, daß es sich nicht um einen Urlaubsaufenthalt handelt. Der Erfolg eines Austauschjahres hängt von den Menschen ab, die es gestalten und nicht von der Region, in der der Schüler plaziert wird.“

Vor- und Nachbereitungsarbeit:

Der Umfang entspricht den in der Tabelle genannten Leistungen und Angeboten.

Weltweite Austauschprogramme:*

Australien, England, Frankreich, Kanada, Neuseeland, Uruguay

Sonstige Programme:*

- Berufliche Weiterbildung: Auslandspraktika, Sprachtraining
- College: Kanada, USA
- Internat. Akademisches Jahr: Australien, England, Irland, Kanada, USA

* nähere Informationen beim Veranstalter

USA High School-Jahr 2003/2004 Preise und Leistungen:		
Grundpreis:	EUR 5.345	
Leistungen der Organisation im Grundpreis:		
Schüler Vorbereitungs-Treffen		
Schüler-Eltern Vorbereitungs-Treffen		✓
BRD Schüler Vorbereitungs-Seminar		
USA Schüler Vorbereitungs-Seminar		
Flugbegleitung		
Elternabende		
Nachbereitungs-Treffen		
Nachbereitungs-Seminar		
Drittleistungen im Grundpreis:		
Haftpflicht-Versicherung		
Kranken-Versicherung		
Unfall-Versicherung		
BRD Inland-Flug		✓
Transatlantik-Flug		✓
USA Inland-Flug		✓
Angebote und Leistungen der USA-Partnerorganisation:		
Vorbereitungs-Treffen der Gastfamilien		✓
regelmäßiger tel. Kontakt mit dem Area Rep		✓
regelmäßige Treffen mit dem Area Rep		✓
regelmäßige Besuche des Area Rep		✓
Reiseangebote		✓
erwartbare zusätzliche Kosten:		
Versicherungs-Paket	**EUR 525**	
Vorber.-Seminar (freiwillig)	**EUR 595**	
erwartbarer Endpreis	**EUR 6.465 ***	
(Bitte „Regeln zum Tabellenteil" beachten)		
Besonderheiten: *** Achtung! Der erwartbare Endpreis kann sich aufgrund eines Gebietszuschlages um US$ 345-695 erhöhen. Das Programm wird auch von der „Euro-Internatsberatung" angeboten.**		
Spätplazierung:		
Flug zu vorgebuchten Terminen (Unterbringung bei Area-Rep oder in Welcome families)		
Flug erst nach erfolgter Plazierung		✓
1/2 Schuljahr USA im Angebot		✓

+++++++ kein Häkchen = Leistung/Punkt nicht vorhanden ++++++

Assist Inc. – American Secondary School for International Students

Siegfriedstraße 21
D-40549 Düsseldorf

Tel.: (02 11) 9 55 96 38
Fax: (02 11) 9 55 97 89
E-Mail: assist@assist-online.net
Internet: www.assist-online.net

Anzahl Nebenstellen:
keine

Rechtsform:
nicht selbstständig

Gemeinnützigkeit in Deutschland:
nein

Gründungsjahr:
1969

USA High School-Programm seit:
1969

Schülerzahl im USA High School-Programm:
90 (Schuljahr 2002/2003)

USA Partner:
ASSIST

Informationsmaterial:
- ✓ **beschreibt persönliche Voraussetzungen**
- ✓ **beschreibt zu erwartende Probleme**
- **wirbt mit US Führerschein**
- **wirbt mit High School-Diploma**

Bewerbungsfrist:
30.11.2002

Stipendien (siehe auch Kapitel Stipendien)
ja

Bewerbungsverfahren:
- **Einzelinterview (Schüler und Eltern)**
- **Einzelinterview (Schüler)**
- **Gruppeninterview (Schüler und Eltern)**
- ✓ **Gruppeninterview (Schüler)**
- **ersatzweise telefonisches Interview**

ASSIST

Philosophie der Arbeit:

„Assist Deutschland ist eine nicht selbständige Niederlassung von ASSIST USA, die ihrerseits wiederum in den USA durch das Department of Treasury als gemeinnützig anerkannt ist. ASSIST mit Hauptsitz in den USA arbeitet international und in der Vermittlung von Voll- und Teilstipendien an privaten amerikanischen High Schools (vornehmlich Internate, aber auch Tagesschulen). In den Tabellen genannter Preis bezieht sich auf ein Vollstipendium. Die Vergabe erfolgt im Auswahlverfahren. Im Einklang mit dem Not-for-Profit Status von ASSIST USA steht der ASSIST-Förderverein in Deutschland, ein spendenempfangs-berechtigter gemeinnütziger Verein nach deuschem Recht, auf Antrag nach Einzelprüfung mit individueller Förderung zur Verfügung."

+++++++ Häkchen (✓) = Leistung/Punkt vorhanden ++++++

ASSIST vermittelt auf Stipendienbasis an private High Schools in den USA, wobei es sich in der Regel um Internate handelt, die Unterbringung also meist nicht bei Gastfamilien erfolgt.

Ratschläge an Bewerber:

„Wichtig sind: Unvoreingenommener Wissensdrang und Aufgeschlossenheit gegenüber anderen Menschen und Lebensweisen. Bereitschaft zu intensiver Arbeit an der Schule auf kooperativer Basis."

Vor- und Nachbereitungsarbeit:

Der Umfang entspricht den in der Tabelle genannten Leistungen und Angeboten.

Weltweite Austauschprogramme:

keine

Sonstige Programme:

keine

USA High School-Jahr 2003/2004 Preise und Leistungen:		
Grundpreis:	ca. EUR 5.211	
Leistungen der Organisation im Grundpreis:		
Schüler Vorbereitungs-Treffen		✓
Schüler-Eltern Vorbereitungs-Treffen		✓
BRD Schüler Vorbereitungs-Seminar		
USA Schüler Vorbereitungs-Seminar		✓
Flugbegleitung		✓
Elternabende		
Nachbereitungs-Treffen		
Nachbereitungs-Seminar		✓
Drittleistungen im Grundpreis:		
Haftpflicht-Versicherung		
Kranken-Versicherung		
Unfall-Versicherung		
BRD Inland-Flug		
Transatlantik-Flug		
USA Inland-Flug		
Angebote und Leistungen der USA-Partnerorganisation:		
Vorbereitungs-Treffen der Gastfamilien		
regelmäßiger tel. Kontakt mit dem Area Rep		✓
regelmäßige Treffen mit dem Area Rep		
regelmäßige Besuche des Area Rep		✓
Reiseangebote		
erwartbare zusätzliche Kosten:		
Bewerbungsgebühr	EUR	51
Versicherungs-Paket	EUR	270
Haftpflicht-Vers. (pauschal)	EUR	50
alle Flüge	EUR	700
erwartbarer Endpreis	**EUR 6.282**	
(Bitte „Regeln zum Tabellenteil" beachten)		
Besonderheiten:		
Der Preis ist in US$ zu zahlen. Grundpreis: US$ 4.950 (bei Vollstipendien-Vergabe, sonst US$ 15.350). Die Bewerbungsgebühr beträgt bei Bewerbung bis zum 31.10.2002 EUR 22,50.		
Spätplazierung:		
Flug zu vorgebuchten Terminen (Unterbringung bei Area-Rep oder in Welcome families)		
Flug erst nach erfolgter Plazierung		✓
1/2 Schuljahr USA im Angebot		

AYUSA International e.V.
Ringstraße 69 D-12205 Berlin
Tel.: (0 30) 84 39 39 - 0 Fax: (0 30) 84 39 39 - 39 E-Mail: info@ayusa.de Internet: www.ayusa.de
Anzahl Nebenstellen: **25** (siehe Verzeichnis Postleitzahlen)
Rechtsform: **e.V.**
Gemeinnützigkeit in Deutschland: **ja**
Gründungsjahr: **1991**
USA High School-Programm seit: **1991**
Schülerzahl im USA High School-Programm: **240** (Schuljahr 2002/2003)
USA Partner: **AYUSA**
Informationsmaterial: ✓ **beschreibt persönliche Voraussetzungen** **beschreibt zu erwartende Probleme** **wirbt mit US Führerschein** **wirbt mit High School-Diploma**
Bewerbungsfrist: **31.03.2003**
Stipendien (siehe auch Kapitel Stipendien) **ja**
Bewerbungsverfahren: ✓ **Einzelinterview (Schüler und Eltern)** ✓ **Einzelinterview (Schüler)** **Gruppeninterview (Schüler und Eltern)** **Gruppeninterview (Schüler)** **ersatzweise telefonisches Interview**

AYUSA
Global Youth Exchange

Philosophie der Arbeit:

„Durch eine sorgfältige Auswahl geeigneter Schüler und Gastfamilien sowie eine solide Vorbereitung und verantwortungsvolle Betreuung der Gastfamilien, Teilnehmer und Eltern während des Aufenthaltes versuchen wir eine optimale Basis für einen erfolgreichen Auslandsaufenthalt zu schaffen. Bei auftretenden Problemen bemühen wir uns um eine schnellstmögliche und für alle Beteiligten zufriedenstellende Lösung. Im Vordergrund steht jeder einzelne Teilnehmer als Individuum."

+++++++ Häkchen (✓) = Leistung/Punkt vorhanden ++++++

Ratschläge an Bewerber:

„Amerika ist uns vertraut und fremd zugleich. Teilnehmer und Eltern sollten offen an das Abenteuer Amerika herangehen. Realistische Erwartungen, eigene Anpassungsfähigkeit und Flexibilität sind die besten Voraussetzungen für ein erfolgreiches Jahr. Nicht (ver)urteilen, sondern kennenlernen ist die Devise."

Vor- und Nachbereitungsarbeit:

Der Umfang entspricht den in der Tabelle genannten Leistungen und Angeboten.

Weltweite Austauschprogramme:*

Australien, Brasilien, England, Frankreich, Irland, Japan, Neuseeland, Südafrika

Sonstige Programme:*

- Au Pair: USA
- Berufliche Weiterbildung
- College: USA
- Homestay
- Privatschulen: Australien, England

* nähere Informationen beim Veranstalter

USA High School-Jahr 2003/2004 Preise und Leistungen:		
Grundpreis:	ca. EUR 5.110	
Leistungen der Organisation im Grundpreis:		
Schüler Vorbereitungs-Treffen		✓
Schüler-Eltern Vorbereitungs-Treffen		✓
BRD Schüler Vorbereitungs-Seminar		
USA Schüler Vorbereitungs-Seminar		
Flugbegleitung		
Elternabende		
Nachbereitungs-Treffen		
Nachbereitungs-Seminar		✓
Drittleistungen im Grundpreis:		
Haftpflicht-Versicherung		✓
Kranken-Versicherung		✓
Unfall-Versicherung		✓
BRD Inland-Flug		
Transatlantik-Flug		
USA Inland-Flug		
Angebote und Leistungen der USA-Partnerorganisation:		
Vorbereitungs-Treffen der Gastfamilien		
regelmäßiger tel. Kontakt mit dem Area Rep		✓
regelmäßige Treffen mit dem Area Rep		
regelmäßige Besuche des Area Rep		✓
Reiseangebote		✓
erwartbare zusätzliche Kosten:		
BRD Vorber.-Seminar	**ca. EUR 85**	
USA Vorber.-Seminar (beide freiwillig)	**ca. EUR 300**	
alle Flüge (pauschal)	**EUR 900**	
erwartbarer Endpreis	**EUR 6.395**	
(Bitte „Regeln zum Tabellenteil" beachten)		
Besonderheiten: **Das Programm wird auch von „Euro-Internatsberatung" angeboten. Offizielle Partnerorganisation von „KIWANIS International". Im Grundpreis ist eine Rechtsschutz-Versicherung enthalten.**		
Spätplazierung:		
Flug zu vorgebuchten Terminen (Unterbringung bei Area-Rep oder in Welcome families)		✓
Flug erst nach erfolgter Plazierung		
1/2 Schuljahr USA im Angebot		✓

+++++++ kein Häkchen = Leistung/Punkt nicht vorhanden ++++++

Camps Gesellschaft für Ferien- und Ausbildungsprogramme mbH

Daimlerstraße 17
D-25337 Elmshorn

Tel.: (0 41 21) 47 29 90
Fax: (0 41 21) 47 29 97
E-Mail: info@camps.de
Internet: www.camps.de

Anzahl Nebenstellen:

keine

Rechtsform:

GmbH

Gemeinnützigkeit in Deutschland:

nein

Gründungsjahr:

1984

USA High School-Programm seit:

1990

Schülerzahl im USA High School-Programm:

128 (Schuljahr 2002/2003)

USA Partner:

CIEE, ISE

Informationsmaterial:

- ✓ **beschreibt persönliche Voraussetzungen**
- **beschreibt zu erwartende Probleme**
- **wirbt mit US Führerschein**
- **wirbt mit High School-Diploma**

Bewerbungsfrist:

01.05.2003

Stipendien (siehe auch Kapitel Stipendien)

nein

Bewerbungsverfahren:

- ✓ **Einzelinterview (Schüler und Eltern)**
- ✓ **Einzelinterview (Schüler)**
- **Gruppeninterview (Schüler und Eltern)**
- **Gruppeninterview (Schüler)**
- ✓ **ersatzweise telefonisches Interview**

CAMPS International

Philosophie der Arbeit:

„CAMPS ist ein Spezialveranstalter für Kinder- und Jugendferien sowie Schulprogramme. Unser oberstes Ziel ist die individuelle Betreuung jedes Einzelnen von der ersten Beratung bis zur Rückkehr."

Ratschläge an Bewerber:

„Genau informieren, die eigene Einstellung prüfen, flexibel gegenüber fremden Sitten und Kulturen sein. Keine hohen Erwartungen haben, sondern das Beste aus der Situation machen. Regelmäßiger Schulbesuch und aktive Mitarbeit im Unterricht sind Voraussetzung für eine erfolgreiche Programm-Teilnahme."

+++++++ Häkchen (✓) = Leistung/Punkt vorhanden ++++++

Vor- und Nachbereitungsarbeit:

Der Umfang entspricht den in der Tabelle genannten Leistungen und Angeboten.

Weltweite Austauschprogramme:

keine

Sonstige Programme:*

- Privatschulen:
  USA

* nähere Informationen beim Veranstalter

USA High School-Jahr 2003/2004 Preise und Leistungen:	
Grundpreis:	EUR 5.280
Leistungen der Organisation im Grundpreis:	
Schüler Vorbereitungs-Treffen	
Schüler-Eltern Vorbereitungs-Treffen	✓
BRD Schüler Vorbereitungs-Seminar	
USA Schüler Vorbereitungs-Seminar	✓
Flugbegleitung	✓
Elternabende	
Nachbereitungs-Treffen	✓
Nachbereitungs-Seminar	
Drittleistungen im Grundpreis:	
Haftpflicht-Versicherung	
Kranken-Versicherung	
Unfall-Versicherung	
BRD Inland-Flug	
Transatlantik-Flug	
USA Inland-Flug	
Angebote und Leistungen der USA-Partnerorganisation:	
Vorbereitungs-Treffen der Gastfamilien	
regelmäßiger tel. Kontakt mit dem Area Rep	✓
regelmäßige Treffen mit dem Area Rep	✓
regelmäßige Besuche des Area Rep	✓
Reiseangebote	✓
erwartbare zusätzliche Kosten:	
Versicherungs-Paket	**EUR 490**
alle Flüge (pauschal)	**EUR 900**
erwartbarer Endpreis	**EUR 6.670 ***
(Bitte „Regeln zum Tabellenteil" beachten)	
Besonderheiten: *** Achtung! Der erwartbare Endpreis kann sich aufgrund eines Gebietszuschlages um EUR 400 -650 erhöhen.**	
Spätplazierung:	
Flug zu vorgebuchten Terminen (Unterbringung bei Area-Rep oder in Welcome families)	✓
Flug erst nach erfolgter Plazierung	
1/2 Schuljahr USA im Angebot	✓

Carl Duisberg Centren Intertraining & Consult GmbH

Hansaring 49-51
D-50670 Köln

Tel.:	(02 21) 1 62 62 96
Fax:	(02 21) 1 62 62 56
E-Mail:	highschool@cdc.de
Internet:	www.cdc.de

Anzahl Nebenstellen:

7 (siehe Verzeichnis Postleitzahlen)

Rechtsform:

GmbH

Gemeinnützigkeit in Deutschland:

nein

Gründungsjahr:

1962

USA High School-Programm seit:

1998

Schülerzahl im USA High School-Programm:

130 (Schuljahr 2002/2003)

USA Partner:

CET, ISE

Informationsmaterial:

- ✓ **beschreibt persönliche Voraussetzungen**
- ✓ **beschreibt zu erwartende Probleme**
- **wirbt mit US Führerschein**
- **wirbt mit High School-Diploma**

Bewerbungsfrist:

01.04.2003

Stipendien (siehe auch Kapitel Stipendien)

ja

Bewerbungsverfahren:

- ✓ **Einzelinterview (Schüler und Eltern)**
- **Einzelinterview (Schüler)**
- **Gruppeninterview (Schüler und Eltern)**
- **Gruppeninterview (Schüler)**
- **ersatzweise telefonisches Interview**

Die Schüleraustausch-Programme der iESP GmbH wurden von CDC übernommen.

Philosophie der Arbeit:

„Das Carl Duisberg High School-Year basiert auf der jahrzehntelangen Erfahrung der Carl Duisberg Gruppe im internationalen Austausch und wird von den Carl Duisberg Centren (CDC) durchgeführt. Seit über 40 Jahren ist die CDC erfolgreich in internationaler Weiterbildung und Personalent-wicklung. Dazu gehören auch die Vorbereitung auf den Auslandsaufenthalt durch Fremdsprachenkurse und interkulturelles Training."

Ratschläge an Bewerber:

„Sich im Vorfeld über Chancen und Möglichkeiten eines High School-Programmes informieren. Alle Möglichkeiten der Vorbereitung nutzen. Vor Ort offen auf andere Menschen zugehen und jederzeit das Gespräch mit der Gastfamilie, den Betreuern und Lehrern suchen."

USA High School-Jahr 2003/2004 Preise und Leistungen:		
Grundpreis:	EUR 5.990	
Leistungen der Organisation im Grundpreis:		
Schüler Vorbereitungs-Treffen		
Schüler-Eltern Vorbereitungs-Treffen		✓
BRD Schüler Vorbereitungs-Seminar		
USA Schüler Vorbereitungs-Seminar		
Flugbegleitung		✓
Elternabende		✓
Nachbereitungs-Treffen		✓
Nachbereitungs-Seminar		
Drittleistungen im Grundpreis:		
Haftpflicht-Versicherung		
Kranken-Versicherung		
Unfall-Versicherung		
BRD Inland-Flug		✓
Transatlantik-Flug		✓
USA Inland-Flug		✓
Angebote und Leistungen der USA-Partnerorganisation:		
Vorbereitungs-Treffen der Gastfamilien		✓
regelmäßiger tel. Kontakt mit dem Area Rep		✓
regelmäßige Treffen mit dem Area Rep		
regelmäßige Besuche des Area Rep		✓
Reiseangebote		✓
erwartbare zusätzliche Kosten:		
Versicherungs-Paket	**EUR 450**	
erwartbarer Endpreis	**EUR 6.440**	
(Bitte „Regeln zum Tabellenteil“ beachten)		
Besonderheiten:		
Zertifizierung nach DIN EN ISO 9001.		
Spätplazierung:		
Flug zu vorgebuchten Terminen (Unterbringung bei Area-Rep oder in Welcome families)		
Flug erst nach erfolgter Plazierung		✓
1/2 Schuljahr USA im Angebot		✓

Vor- und Nachbereitungsarbeit:

Der Umfang entspricht den in der Tabelle genannten Leistungen und Angeboten.

Weltweite Austauschprogramme:*

Australien, Kanada, Neuseeland

Sonstige Programme:*

- College:
  Australien, Neuseeland
- Privatschulen:
  Kanada, USA

* nähere Informationen beim Veranstalter

+++++++ kein Häkchen = Leistung/Punkt nicht vorhanden ++++++

CIEE: Council on International Educational Exchange e.V.

Oranienburger Straße 13-14
D-10178 Berlin

Tel.: (0 30) 28 48 59 - 76
Fax: (0 30) 28 09 61 80
E-Mail: HighSchool@CouncilExchanges.de
Internet: www.CouncilExchanges.de

Anzahl Nebenstellen:
1 (siehe Verzeichnis Postleitzahlen)

Rechtsform:
e.V.

Gemeinnützigkeit in Deutschland:
ja

Gründungsjahr:
1985

USA High School-Programm seit:
1995

Schülerzahl im USA High School-Programm:
120 (Schuljahr 2002/2003)

USA Partner:
COUNCIL Exchanges

Informationsmaterial:
- ✓ **beschreibt persönliche Voraussetzungen**
- ✓ **beschreibt zu erwartende Probleme**
- **wirbt mit US Führerschein**
- **wirbt mit High School-Diploma**

Bewerbungsfrist:
30.04.2003

Stipendien (siehe auch Kapitel Stipendien)
ja

Bewerbungsverfahren:
- ✓ **Einzelinterview (Schüler und Eltern)**
- ✓ **Einzelinterview (Schüler)**
- **Gruppeninterview (Schüler und Eltern)**
- **Gruppeninterview (Schüler)**
- **ersatzweise telefonisches Interview**

ciee
a world of opportunity

Nebenstelle: Hierbei handelt es sich um die ehemalige Organisation EAD (Europäischer Austauschdienst e.V.), die nach fast 50 Jahren ihre Arbeit als selbstständige Organisation aufgegeben hat und Teil von Council geworden ist.

Philosophie der Arbeit:

„Council als Mitgliedsorganisation von Hochschulen und Organisationen des internationalen Bildungsaustausches höchster Qualität arbeitet unter dem Mandat, nur Spitzenqualität, sorgfältigste Arbeit und "greatest care" anzubieten.“

Ratschläge an Bewerber:

„Amerika ist anders, aber nicht besser – Deutschland ist erst recht anders (besonders, wo Du herkommst), aber so viel besser nun auch wieder nicht. Fühle Dich verantwortlich für Dich selbst und Deine Umgebung, und tue nichts, weder in den USA noch auf Bali, von dem Du nicht wünscht, daß man es Dir auch tut.“

+++++++ Häkchen (✓) = Leistung/Punkt vorhanden ++++++

Vor- und Nachbereitungsarbeit:

Der Umfang entspricht den in der Tabelle genannten Leistungen und Angeboten.

Weltweite Austauschprogramme:*
Australien, England, Kanada, Neuseeland

Sonstige Programme:*

- Auslandspraktika: USA
- College: Summersession, Zertifikatsprogramm
- Ferienjobs: Australien, Kanada, USA
- Homestay: Kanada
- Privatschulen: Australien, Kanada
- Short Term Schnupperprogramm: Neuseeland

* nähere Informationen beim Veranstalter

USA High School-Jahr 2003/2004 Preise und Leistungen:

Grundpreis:	EUR 5.500
Leistungen der Organisation im Grundpreis:	
Schüler Vorbereitungs-Treffen	
Schüler-Eltern Vorbereitungs-Treffen	✓
BRD Schüler Vorbereitungs-Seminar	✓
USA Schüler Vorbereitungs-Seminar	✓
Flugbegleitung	
Elternabende	✓
Nachbereitungs-Treffen	✓
Nachbereitungs-Seminar	
Drittleistungen im Grundpreis:	
Haftpflicht-Versicherung	✓
Kranken-Versicherung	✓
Unfall-Versicherung	✓
BRD Inland-Flug	
Transatlantik-Flug	
USA Inland-Flug	
Angebote und Leistungen der USA-Partnerorganisation:	
Vorbereitungs-Treffen der Gastfamilien	✓
regelmäßiger tel. Kontakt mit dem Area Rep	✓
regelmäßige Treffen mit dem Area Rep	
regelmäßige Besuche des Area Rep	
Reiseangebote	✓
erwartbare zusätzliche Kosten:	
alle Flüge (pauschal)	**EUR 900**
erwartbarer Endpreis	**EUR 6.400**
(Bitte „Regeln zum Tabellenteil" beachten)	
Besonderheiten:	
Im Grundpreis ist eine Reisegepäck-Versicherung enthalten.	
Spätplazierung:	
Flug zu vorgebuchten Terminen (Unterbringung bei Area-Rep oder in Welcome families)	✓
Flug erst nach erfolgter Plazierung	
1/2 Schuljahr USA im Angebot	✓

+++++++ kein Häkchen = Leistung/Punkt nicht vorhanden ++++++

DFSR – Dr. Frank Sprachen & Reisen GmbH

Kleiner Markt 11
D-64646 Heppenheim

Tel.: (0 62 52) 9 33 20
Fax: (0 62 52) 93 32 60
E-Mail: info@dfsr.de
Internet: www.dfsr.de

Anzahl Nebenstellen:

3 (siehe Verzeichnis Postleitzahlen)

Rechtsform:

GmbH

Gemeinnützigkeit in Deutschland:

nein

Gründungsjahr:

1978

USA High School-Programm seit:

1978

Schülerzahl im USA High School-Programm:

200 (Schuljahr 2002/2003)

USA Partner:

CETUSA

Informationsmaterial:

beschreibt persönliche Voraussetzungen
beschreibt zu erwartende Probleme
wirbt mit US Führerschein
wirbt mit High School-Diploma

Bewerbungsfrist:

15.04.2003

Stipendien (siehe auch Kapitel Stipendien)

nein

Bewerbungsverfahren:

✓ **Einzelinterview (Schüler und Eltern)**
Einzelinterview (Schüler)
Gruppeninterview (Schüler und Eltern)
Gruppeninterview (Schüler)
ersatzweise telefonisches Interview

DFSR
Dr. Frank Sprachen & Reisen

Philosophie der Arbeit:

„In die Ferne sehen, in die Ferne gehen! Das ist eine große Herausforderung, die schon an die ganz Jungen unserer Gesellschaft gestellt wird. Aus diesem Grund haben wir es uns zur Aufgabe gemacht, diesen Menschen eine solche Herausforderung zu bieten. Die zukünftige Austauschschüler haben die Möglichkeit, aus acht verschiedenen Ländern ihr geeignetes Gastland auszuwählen, um dort eine unvergeßliche Zeit zu erleben. Während der gesamten Zeit, vor, während und nach dem Austausch, sind wir immer für unsere Schüler und deren Eltern da. In den USA steht ein deutsch sprechender Vertrauensmann von DFSR zur Verfügung."

Ratschläge an Bewerber:

„Wichtig sind: Motivation, allgemeiner Eindruck, angemessene Schulnoten, Landessprachen-Kenntnisse, Offenheit, Flexibilität, Fähigkeit, auf Menschen zuzugehen, Anpassungsbereitschaft, Freundlichkeit."

Vor- und Nachbereitungsarbeit:

Der Umfang entspricht den in der Tabelle genannten Leistungen und Angeboten.

Weltweite Austauschprogramme:*

Australien, Frankreich, Japan, Kanada, Neuseeland

Sonstige Programme:*

- Au Pair: England, Irland, USA
- Berufl. Weiterbildung: Praktikum mit Gastfamilienaufenthalt
- College: Neuseeland, USA
- Internate: USA
- Privatschulen: Australien, Kanada, Neuseeland, USA
- Semi-Private High School: Neuseeland

* nähere Informationen beim Veranstalter

USA High School-Jahr 2003/2004 Preise und Leistungen:	
Grundpreis:	EUR 5.980
Leistungen der Organisation im Grundpreis:	
Schüler Vorbereitungs-Treffen	
Schüler-Eltern Vorbereitungs-Treffen	✓
BRD Schüler Vorbereitungs-Seminar	✓
USA Schüler Vorbereitungs-Seminar	
Flugbegleitung	✓
Elternabende	
Nachbereitungs-Treffen	✓
Nachbereitungs-Seminar	
Drittleistungen im Grundpreis:	
Haftpflicht-Versicherung	
Kranken-Versicherung	
Unfall-Versicherung	
BRD Inland-Flug	✓
Transatlantik-Flug	✓
USA Inland-Flug	✓
Angebote und Leistungen der USA-Partnerorganisation:	
Vorbereitungs-Treffen der Gastfamilien	
regelmäßiger tel. Kontakt mit dem Area Rep	✓
regelmäßige Treffen mit dem Area Rep	
regelmäßige Besuche des Area Rep	✓
Reiseangebote	✓
erwartbare zusätzliche Kosten:	
Versicherungs-Paket	EUR 600
erwartbarer Endpreis (Bitte „Regeln zum Tabellenteil" beachten)	**EUR 6.580 ***
Besonderheiten: *** Achtung! Der erwartbare Endpreis kann sich aufgrund eines Gebietszuschlages um EUR 690 erhöhen. Mitglied in „Deutscher Fachverband High School".**	
Spätplazierung:	
Flug zu vorgebuchten Terminen (Unterbringung bei Area-Rep oder in Welcome families)	
Flug erst nach erfolgter Plazierung	✓
1/2 Schuljahr USA im Angebot	✓

+++++++ kein Häkchen = Leistung/Punkt nicht vorhanden ++++++

ec.se – educational consulting & student exchange GmbH

Adenauerallee 12-14
D-53113 Bonn

Tel.: (02 28) 9 76 26 10
Fax: (02 28) 9 76 26 12
E-Mail: info@highschoolberater.de
Internet: www.highschoolberater.de

Anzahl Nebenstellen:
keine (siehe Verzeichnis Postleitzahlen)

Rechtsform:
GmbH

Gemeinnützigkeit in Deutschland:
nein

Gründungsjahr:
2002

USA High School-Programm seit:
2002

Schülerzahl im USA High School-Programm:
Programm neu ab 2002

USA Partner:
IntoEdVentures, ISE

Informationsmaterial:
- ✓ **beschreibt persönliche Voraussetzungen**
- **beschreibt zu erwartende Probleme**
- **wirbt mit US Führerschein**
- **wirbt mit High School-Diploma**

Bewerbungsfrist:
15.04.2003

Stipendien (siehe auch Kapitel Stipendien)
nein

Bewerbungsverfahren:
- ✓ **Einzelinterview (Schüler und Eltern)**
- **Einzelinterview (Schüler)**
- **Gruppeninterview (Schüler und Eltern)**
- **Gruppeninterview (Schüler)**
- **ersatzweise telefonisches Interview**

educational consulting
student exchange

Philosophie der Arbeit:

„Es gibt viele Fragen, die sich vor einem längeren Schulaufenthalt im Ausland jedem anders stellen. Fragen, die am besten persönlich und im Detail beantwortet werden. Hier setzt die educational consulting & student exchange GmbH, Bonn, an. Sie bietet eine individuelle und umfassende Beratung im Bereich der internationalen Bildung und des Schüleraustausches (s. Beratertage unter www.highschoolberater.de). Unsere Kompetenz für die gezielte Beratung von Schülern und Eltern, beruht auf vielen langjährigen Kontakten und der vertrauensvollen Zusammenarbeit mit renommierten Partnerorganisationen und ausgewählten Schulen in aller Welt. Unser Anspruch: für ec.se Schüler ist ein High School Aufenthalt mehr als eine willkommene Abwechslung zum bisherigen Schulalltag. Richtig genutzt, ist es eine einmalige Chance für das ganze Leben."

Ratschläge an Bewerber:

„Bestimmte Fragen sich selbst gegenüber ehrlich zu beantworten: Bin ich bereit, für eine Weile auf das gewohnte Umfeld zu verzichten? Mache ich das Ganze "just for fun" oder welche persönlichen Ziele verbinde ich damit? Was erwarte ich von anderen, was kann ich selbst einbringen (Schule, Gastfamilie)? Ganz klar, es haben viele Menschen Anteil an einem solchen Auslandsaufenthalt. Wo es nötig ist, gibt es professionelle Hilfestellung. Letztlich entscheidet immer auch die Einstellung und das Verhalten des Schülers über den individuellen Erfolg.“

Vor- und Nachbereitungsarbeit:

Neben den in den Tabellen genannten Angeboten keine Besonderheiten.

Weltweite Austauschprogramme:*

Kanada

Sonstige Programme:*

- Privatschulberatung: Australien, Kanada, Neuseeland, USA

* nähere Informationen beim Veranstalter

USA High School-Jahr 2003/2004 Preise und Leistungen:

Grundpreis:	EUR 5.890
Leistungen der Organisation im Grundpreis:	
Schüler Vorbereitungs-Treffen	
Schüler-Eltern Vorbereitungs-Treffen	✓
BRD Schüler Vorbereitungs-Seminar	
USA Schüler Vorbereitungs-Seminar	
Flugbegleitung	✓
Elternabende	✓
Nachbereitungs-Treffen	✓
Nachbereitungs-Seminar	
Drittleistungen im Grundpreis:	
Haftpflicht-Versicherung	
Kranken-Versicherung	
Unfall-Versicherung	
BRD Inland-Flug	✓
Transatlantik-Flug	✓
USA Inland-Flug	✓
Angebote und Leistungen der USA-Partnerorganisation:	
Vorbereitungs-Treffen der Gastfamilien	
regelmäßiger tel. Kontakt mit dem Area Rep	✓
regelmäßige Treffen mit dem Area Rep	✓
regelmäßige Besuche des Area Rep	✓
Reiseangebote	
erwartbare zusätzliche Kosten:	
Versicherungs-Paket	**EUR 460**
erwartbarer Endpreis	**EUR 6.350**
(Bitte „Regeln zum Tabellenteil“ beachten)	
Besonderheiten:	
Spätplazierung:	
Flug zu vorgebuchten Terminen (Unterbringung bei Area-Rep oder in Welcome families)	
Flug erst nach erfolgter Plazierung	✓
1/2 Schuljahr USA im Angebot	✓

+++++++ kein Häkchen = Leistung/Punkt nicht vorhanden ++++++

EEI – Educational Exchange International e.V.

Sedanstraße 31-33
D-50668 Köln

Tel.: (02 21) 7 39 19 58
Fax: (02 21) 7 39 19 19
E-Mail: info@eei.de
Internet: www.eei.de

Anzahl Nebenstellen:
keine

Rechtsform:
e.V.

Gemeinnützigkeit in Deutschland:
ja

Gründungsjahr:
1992

USA High School-Programm seit:
1992

Schülerzahl im USA High School-Programm:
100 (Schuljahr 2002/2003)

USA Partner:
ARC-YP, CIEE, Quest

Informationsmaterial:
✓ **beschreibt persönliche Voraussetzungen**
beschreibt zu erwartende Probleme
wirbt mit US Führerschein
wirbt mit High School-Diploma

Bewerbungsfrist:
15.02.2003

Stipendien (siehe auch Kapitel Stipendien)
ja

Bewerbungsverfahren:
✓ **Einzelinterview (Schüler und Eltern)**
Einzelinterview (Schüler)
Gruppeninterview (Schüler und Eltern)
Gruppeninterview (Schüler)
ersatzweise telefonisches Interview

Philosophie der Arbeit:

„In einer Zeit, in der Entfernungen zwischen den Kontinenten auf wenige Flugstunden geschrumpft sind, wird internationale Kommunikation immer wichtiger. Doch die Verständigung zwischen Ländern und Kontinenten wird oft nicht nur durch fehlende Sprachkenntnisse, sondern auch durch Vorurteile und Unkenntnis über Gepflogenheiten der anderen Kultur behindert. Gerade für junge Menschen sind längere Auslandsaufenthalte eine wichtige Erfahrung. Sie können sowohl ihre Sprachkenntnisse verbessern wie auch neue Denkweisen und Wertesysteme kennenlernen. Unser Ziel ist, den Wunsch nach intensiven Kontakt mit einem anderen Land wahr werden zu lassen."

Ratschläge an Bewerber:

„Voraussetzungen: Selbständig, offen, freundlich, flexibel, tolerant, aktiv, motiviert, kommunikativ, weltoffen, gutes Englisch, soll „lächeln“ können. Viele Gespräche mit ehemaligen Teilnehmern führen.“

Vor- und Nachbereitungsarbeit:

Das USA Schüler Vorbereitungs-Seminar findet für Teilnehmer statt, die über ARC und CIEE platziert sind. Quest Schüler haben eintägiger Vorbereitung in USA vor Ort.

Weltweite Austauschprogramme:*

Australien, Irland, Neuseeland

Sonstige Programme:*

- Privatschulen: Australien, Irland, Neuseeland, USA
- High School & Gastfamilie (Ostern): USA

* nähere Informationen beim Veranstalter

USA High School-Jahr 2003/2004 Preise und Leistungen:

Grundpreis:	EUR 5.100	
Leistungen der Organisation im Grundpreis:		
Schüler Vorbereitungs-Treffen		
Schüler-Eltern Vorbereitungs-Treffen		✓
BRD Schüler Vorbereitungs-Seminar		
USA Schüler Vorbereitungs-Seminar		✓
Flugbegleitung		✓
Elternabende		
Nachbereitungs-Treffen		✓
Nachbereitungs-Seminar		
Drittleistungen im Grundpreis:		
Haftpflicht-Versicherung		
Kranken-Versicherung		✓
Unfall-Versicherung		✓
BRD Inland-Flug		
Transatlantik-Flug		
USA Inland-Flug		
Angebote und Leistungen der USA-Partnerorganisation:		
Vorbereitungs-Treffen der Gastfamilien		✓
regelmäßiger tel. Kontakt mit dem Area Rep		✓
regelmäßige Treffen mit dem Area Rep		✓
regelmäßige Besuche des Area Rep		✓
Reiseangebote		✓
erwartbare zusätzliche Kosten:		
Haftpflicht-Vers.	**EUR 288**	
alle Flüge (pauschal)	**EUR 900**	
erwartbarer Endpreis	**EUR 6.288 ***	
(Bitte „Regeln zum Tabellenteil“ beachten)		
Besonderheiten: **Achtung! Der erwartbare Endpreis kann sich aufgrund eines Gebietszuschlages um EUR 300-500 erhöhen. Siehe Vor- und Nachbereitungsarbeit.**		
Spätplazierung:		
Flug zu vorgebuchten Terminen (Unterbringung bei Area-Rep oder in Welcome families)		✓
Flug erst nach erfolgter Plazierung		
1/2 Schuljahr USA im Angebot		✓

+++++++ kein Häkchen = Leistung/Punkt nicht vorhanden ++++++

EF Education (Deutschland) GmbH EF High School Year
Markgrafenstraße 58 **D-10117 Berlin**
Tel.: (0 30) 20 34 73 00 **Fax:** (0 30) 20 34 73 01 **E-Mail:** highschoolyear.de@ef.com **Internet:** www.ef.com
Anzahl Nebenstellen: **2** (siehe Verzeichnis Postleitzahlen)
Rechtsform: **GmbH**
Gemeinnützigkeit in Deutschland: **nein**
Gründungsjahr: **1971**
USA High School-Programm seit: **1971**
Schülerzahl im USA High School-Programm: **600** (Schuljahr 2002/2003)
USA Partner: **EF Foundation**
Informationsmaterial: **beschreibt persönliche Voraussetzungen** **beschreibt zu erwartende Probleme** **wirbt mit US Führerschein** **wirbt mit High School-Diploma**
Bewerbungsfrist: **01.03.2003**
Stipendien (siehe auch Kapitel Stipendien) **ja**
Bewerbungsverfahren: ✓ **Einzelinterview (Schüler und Eltern)** ✓ **Einzelinterview (Schüler)** ✓ **Gruppeninterview (Schüler und Eltern)** ✓ **Gruppeninterview (Schüler)** **ersatzweise telefonisches Interview**

EF Foundation High School Year

Veranstalter des Programms:
EF Educational
Foundation for Foreign Study Ltd, Luzern, Schweiz. EF Educational Foundation for Foreign Study Ltd wird in Dtl. von der EF Education (Deutschland) GmbH vertreten.

Philosophie der Arbeit:

„EF bietet seit über 30 Jahren Austauschprogramme an. Die Idee war von Anfang an, Jugendlichen unterschiedlicher Nationen in einem Gastland ihrer Wahl Einblick in das dortige Schulsystem, den Alltag der Gastfamilie und der Kultur zu geben sowie gleichzeitig die Fremdsprachenkenntnisse zu optimieren. Unsere Stärke liegt in der professionellen und persönlichen Betreuung unserer Teilnehmer von der Bewerbung bis zur Rückkehr durch unsere eigene Organisation. Wir setzen langfristig auf hohe Standards in der Auswahl der Gastschüler, der Vorbereitung sowie der Schulung der Betreuer und Gastfamilien."

Ratschläge an Bewerber:

„Unser Leitspruch lautet: It is not wrong, it is not right, it is just different. Wir empfehlen, loszulassen von der Vorstellung über den vermeintlich richtigen Lebensstil bzw. von den Dingen, die angeblich fortbestehen müssen (Hobbies, Stadtleben, Lateinunterricht etc.). Der Schüler soll neugierig werden auf neue Werte und Gegebenheiten."

Vor- und Nachbereitungsarbeit:

EF bietet für EUR 985 einen freiwilligen zweiwöchigen Vorbereitungskurs in den USA an.

Weltweite Austauschprogramme:*

Australien, Kanada, England, Frankreich, Kanada, Neuseeland, Spanien, Südafrika

Sonstige Programme:*

- Au Pair: USA
- College: USA
- Multi-Sprachenjahr: 13 Länder
- Studienjahr im Ausland: (Sprachstudium mit Praktikum) 11 Länder

* nähere Informationen beim Veranstalter

USA High School-Jahr 2003/2004 Preise und Leistungen:	
Grundpreis:	EUR 5.645
Leistungen der Organisation im Grundpreis:	
Schüler Vorbereitungs-Treffen	
Schüler-Eltern Vorbereitungs-Treffen	✓
BRD Schüler Vorbereitungs-Seminar	
USA Schüler Vorbereitungs-Seminar	
Flugbegleitung	
Elternabende	
Nachbereitungs-Treffen	
Nachbereitungs-Seminar	
Drittleistungen im Grundpreis:	
Haftpflicht-Versicherung	
Kranken-Versicherung	
Unfall-Versicherung	
BRD Inland-Flug	✓
Transatlantik-Flug	✓
USA Inland-Flug	✓
Angebote und Leistungen der USA-Partnerorganisation:	
Vorbereitungs-Treffen der Gastfamilien	
regelmäßiger tel. Kontakt mit dem Area Rep	✓
regelmäßige Treffen mit dem Area Rep	✓
regelmäßige Besuche des Area Rep	✓
Reiseangebote	✓
erwartbare zusätzliche Kosten:	
Versicherungs-Paket	**EUR 700**
erwartbarer Endpreis	**EUR 6.345 ***
(Bitte „Regeln zum Tabellenteil" beachten)	
Besonderheiten:	
*** Achtung! Der erwartbare Endpreis kann sich aufgrund eines Gebietszuschlages um EUR 490 erhöhen. Siehe Vor- und Nachbereitungsarbeit.**	
Spätplazierung:	
Flug zu vorgebuchten Terminen (Unterbringung bei Area-Rep oder in Welcome families)	✓
Flug erst nach erfolgter Plazierung	✓
1/2 Schuljahr USA im Angebot	✓

+++++++ kein Häkchen = Leistung/Punkt nicht vorhanden ++++++

EUROVACANCES
Youth Exchange GmbH

Rothenbaumchausee 5
D-20148 Hamburg

Tel.: (0 40) 44 70 70 - 0
Fax: (0 40) 44 66 96
E-Mail: eurovacances@eurovacances.de
Internet: www.eurovacances.de

Anzahl Nebenstellen:
23 (siehe Verzeichnis Postleitzahlen)

Rechtsform:
GmbH

Gemeinnützigkeit in Deutschland:
ja

Gründungsjahr:
1979 (seit 1984 GmbH)

USA High School-Programm seit:
1981

Schülerzahl im USA High School-Programm:
370 (Schuljahr 2002/2003)

USA Partner:
ASPECT, NACEL

Informationsmaterial:
- ✓ **beschreibt persönliche Voraussetzungen**
- **beschreibt zu erwartende Probleme**
- **wirbt mit US Führerschein**
- **wirbt mit High School-Diploma**

Bewerbungsfrist:
31.03.2003

Stipendien (siehe auch Kapitel Stipendien)
ja

Bewerbungsverfahren:
- ✓ **Einzelinterview (Schüler und Eltern)**
- **Einzelinterview (Schüler)**
- **Gruppeninterview (Schüler und Eltern)**
- **Gruppeninterview (Schüler)**
- **ersatzweise telefonisches Interview**

Philosophie der Arbeit:

„Jeder Schüler, der in unser Programm aufgenommen wird, hat einen EUROVACANCES-Mitarbeiter in seiner Nähe, der ihn vom Bewerbungsgespräch bis zum regionalen Nachbereitungstreffen begleitet. Ebenso legen wir Wert darauf, mindestens einen, möglichst jedoch beide Elternteile eng in unsere Arbeit mit einzubeziehen. Ein Großteil unserer Arbeit besteht also in der Auswahl der Schüler sowie der intensiven Vor- und Nachbereitung der Jugendlichen und ihrer Eltern. Die Art und Weise der Durchführung unserer Programme entspricht unserem Selbstverständnis, daß wir mit unserer Arbeit versuchen, bestehende Vorurteile oder falsche Vorstellungen über Menschen anderer Kulturen abzubauen. Jahr für Jahr geben wir zahlreichen deutschen und ausländischen Schülern diese Möglichkeit.“

Ratschläge an Bewerber:

„Sei im Hinblick auf Deine Motivation ehrlich mit Dir! Versuche, viele Vorabinformationen durch ehemalige Teilnehmer zu erhalten. Vergiß nie, daß auch eventuell negative Erfahrungen weiterhelfen können.“

Vor- und Nachbereitungsarbeit:

Zusätzlich zu den Vor- und Nachbereitungsveranstaltungen, die alle im Preis inbegriffen sind, bietet EUROVACANCES einen speziell für dieses Programm konzipierten "Vorbereitungskurs in Englisch" an, von Muttersprachlern unterrichtet.

Weltweite Austauschprogramme:*

Argentinien, Australien, Belgien, Brasilien, Chile, Costa Rica, England, Kanada, Neuseeland, Spanien, Südafrika, Uruguay

Sonstige Programme:*

- Berufliche Weiterbildung: Krankenpflege-Fachkräfte Vermittlung USA, Praktika, Sprachtraining
- Sandwich High School Programme: Europa, Kanada-Mix, Nord-/Südamerika, Ozeanien
- Umweltschutzprojekte

* nähere Informationen beim Veranstalter

USA High School-Jahr 2003/2004 Preise und Leistungen:	
Grundpreis:	EUR 6.500
Leistungen der Organisation im Grundpreis:	
Schüler Vorbereitungs-Treffen	✓
Schüler-Eltern Vorbereitungs-Treffen	✓
BRD Schüler Vorbereitungs-Seminar	✓
USA Schüler Vorbereitungs-Seminar	✓
Flugbegleitung	✓
Elternabende	✓
Nachbereitungs-Treffen	✓
Nachbereitungs-Seminar	✓
Drittleistungen im Grundpreis:	
Haftpflicht-Versicherung	✓
Kranken-Versicherung	✓
Unfall-Versicherung	✓
BRD Inland-Flug	✓
Transatlantik-Flug	✓
USA Inland-Flug	✓
Angebote und Leistungen der USA-Partnerorganisation:	
Vorbereitungs-Treffen der Gastfamilien	
regelmäßiger tel. Kontakt mit dem Area Rep	✓
regelmäßige Treffen mit dem Area Rep	
regelmäßige Besuche des Area Rep	
Reiseangebote	
erwartbare zusätzliche Kosten:	
erwartbarer Endpreis	**EUR 6.500**
(Bitte „Regeln zum Tabellenteil“ beachten)	
Besonderheiten:	
Siehe Vor- und Nachereitungsarbeit. **Mitglied in CSIET.** **24-Stunden Notrufnummer in Deutschland.**	
Spätplazierung:	
Flug zu vorgebuchten Terminen (Unterbringung bei Area-Rep oder in Welcome families)	✓
Flug erst nach erfolgter Plazierung	
1/2 Schuljahr USA im Angebot	✓

+++++++ kein Häkchen = Leistung/Punkt nicht vorhanden ++++++

Vereinigung für praktisches Zusammenleben der Völker

experiment e.V.

Experiment e.V.

Friesdorfer Straße 194 a
D-53175 Bonn

Tel.:	**(02 28) 9 57 22-15**
Fax:	**(02 28) 35 82 82**
E-Mail:	**info@experiment-ev.de**
Internet:	**www.experiment-ev.de**

Anzahl Nebenstellen:

keine

Rechtsform:

e.V.

Gemeinnützigkeit in Deutschland:

ja

Gründungsjahr:

1932 (seit 1957 e.V.)

USA High School-Programm seit:

1975

Schülerzahl im USA High School-Programm:

244 (Schuljahr 2002/2003)

USA Partner:

ERDT/SHARE, ISE

Informationsmaterial:

- ✓ **beschreibt persönliche Voraussetzungen**
- ✓ **beschreibt zu erwartende Probleme**
- **wirbt mit US Führerschein**
- **wirbt mit High School-Diploma**

Bewerbungsfrist:

04.10.2002

Stipendien (siehe auch Kapitel Stipendien)

ja

Bewerbungsverfahren:

- **Einzelinterview (Schüler und Eltern)**
- ✓ **Einzelinterview (Schüler)**
- **Gruppeninterview (Schüler und Eltern)**
- ✓ **Gruppeninterview (Schüler)**
- **ersatzweise telefonisches Interview**

Philosophie der Arbeit:

„Vor mehr als siebzig Jahren haben wir den Familienaufenthalt als Mittel zur Verbesserung des Verständnisses zwischen den unterschiedlichen Kulturen der Welt entwickelt. Auch heute noch drehen sich sämtliche Programme um diesen Familienaufenthalt."

Ratschläge an Bewerber:

„Neben den persönlich-charakterlichen Voraussetzungen muß Offenheit vorhanden sein, das Unerwartete als Chance zu sehen und sich daran weiterzuentwickeln. Wer sein Zuhause nicht vorübergehend loslassen kann (z.B. ständige Telefonate) hat keine guten Chancen auf ein erfolgreiches Programm. Vergleiche zwischen bisheriger Kultur und neuer Kultur nach Besser/Schlechter-Kategorien sind schädlich."

+++++++ Häkchen (✓) = Leistung/Punkt vorhanden ++++++

Vor- und Nachbereitungsarbeit:

Neben den in der Tabelle genannten Leistungen und Angeboten finden drei regionale Eltern Vorbereitungs-Treffen statt.

Weltweite Austauschprogramme:*

Australien, Irland

Sonstige Programme:*

- Au Pair:
  USA
- Homestay:
  ca. 27 Länder
- Freiwilligen-Dienste:
  Costa Rica, Europa, Guatemala, Nepal, Indien, Südafrika, Thailand, Togo
- Privatschulen:
  Australien, Neuseeland
- Super Study Demi Au Pair:
  Australien, Neuseeland

* nähere Informationen beim Veranstalter

USA High School-Jahr 2003/2004 Preise und Leistungen:	
Grundpreis:	EUR 6.425
Leistungen der Organisation im Grundpreis:	
Schüler Vorbereitungs-Treffen	
Schüler-Eltern Vorbereitungs-Treffen	
BRD Schüler Vorbereitungs-Seminar	✓
USA Schüler Vorbereitungs-Seminar	
Flugbegleitung	
Elternabende	
Nachbereitungs-Treffen	
Nachbereitungs-Seminar	✓
Drittleistungen im Grundpreis:	
Haftpflicht-Versicherung	✓
Kranken-Versicherung	✓
Unfall-Versicherung	✓
BRD Inland-Flug	✓
Transatlantik-Flug	✓
USA Inland-Flug	✓
Angebote und Leistungen der USA-Partnerorganisation:	
Vorbereitungs-Treffen der Gastfamilien	✓
regelmäßiger tel. Kontakt mit dem Area Rep	✓
regelmäßige Treffen mit dem Area Rep	✓
regelmäßige Besuche des Area Rep	✓
Reiseangebote	
erwartbare zusätzliche Kosten:	
erwartbarer Endpreis	**EUR 6.425**
(Bitte „Regeln zum Tabellenteil" beachten)	
Besonderheiten: **Siehe Vor- und Nachbereitungsarbeit. Im Grundpreis ist eine Reisegepäck-Versicherung enthalten. Mitglied im "Arbeitskreis gemeinnütziger Jugendaustauschorganisationen".**	
Spätplazierung:	
Flug zu vorgebuchten Terminen (Unterbringung bei Area-Rep oder in Welcome families)	
Flug erst nach erfolgter Plazierung	✓
1/2 Schuljahr USA im Angebot	✓

+++++++ kein Häkchen = Leistung/Punkt nicht vorhanden ++++++

fee-Sprachreisen GmbH

Leibnizstraße 3
D-70193 Stuttgart

Tel.:	(07 11) 63 80 48
Fax:	(07 11) 63 6 53 78
E-Mail:	info@fee-sprachreisen.de
Internet:	www.fee-sprachreisen.de

Anzahl Nebenstellen:

3 (siehe Verzeichnis Postleitzahlen)

Rechtsform:

GmbH

Gemeinnützigkeit in Deutschland:

nein

Gründungsjahr:

1973

USA High School-Programm seit:

1973

Schülerzahl im USA High School-Programm:

445 (Schuljahr 2002/2003)

USA Partner:

ACE, CCI, CET, EMF, ERDT, FTW

Informationsmaterial:

✓ **beschreibt persönliche Voraussetzungen**
✓ **beschreibt zu erwartende Probleme**
wirbt mit US Führerschein
wirbt mit High School-Diploma

Bewerbungsfrist:

31.03.2003

Stipendien (siehe auch Kapitel Stipendien)

nein

Bewerbungsverfahren:

✓ **Einzelinterview (Schüler und Eltern)**
Einzelinterview (Schüler)
Gruppeninterview (Schüler und Eltern)
Gruppeninterview (Schüler)
ersatzweise telefonisches Interview

fee Sprachreisen

Philosophie der Arbeit:

„Seit mehr als 25 Jahren führen wir Sprach- und Schulprogramme im Ausland durch. Wir legen Wert auf ein hohes Qualitätsniveau in allen Programmbereichen und auf die vorbildliche Betreuung der Teilnehmerinnen und Teilnehmer."

Ratschläge an Bewerber:

„Realistische Einstellung zum Land und zum American Way of life. Vorsicht vor Verwechslung des Programms mit einem Urlaubsaufenthalt. Der akademische und kulturelle Teil steht im Vordergrund. Schaffen Eltern und Kinder die Trennung über einen so langen Zeitraum hinweg? Wenn Sie Bedenken bezüglich der Anpassung und Entfernung haben, wählen Sie lieber ein englischsprachiges Land in Europa wie Großbritannien oder Irland."

+++++++ Häkchen (✓) = Leistung/Punkt vorhanden ++++++

Vor- und Nachbereitungsarbeit:

Der Umfang entspricht den in der Tabelle genannten Leistungen und Angeboten.

Weltweite Austauschprogramme:*

Asutralien, England, Frankreich, Kanada, Neuseeland

Sonstige Programme:*

- Berufliche Weiterbildung:
  Auslandspraktika, Sprachtraining
- College:
  England, Irland, USA
- Homestay:
  USA
- Internat:
  England
- Privatschulen:
  Australien, England, Frankreich, Kanada, Neuseeland, USA

* nähere Informationen beim Veranstalter

USA High School-Jahr 2003/2004 Preise und Leistungen:	
Grundpreis:	EUR 5.850
Leistungen der Organisation im Grundpreis:	
Schüler Vorbereitungs-Treffen	
Schüler-Eltern Vorbereitungs-Treffen	✓
BRD Schüler Vorbereitungs-Seminar	
USA Schüler Vorbereitungs-Seminar	
Flugbegleitung	✓
Elternabende	
Nachbereitungs-Treffen	✓
Nachbereitungs-Seminar	
Drittleistungen im Grundpreis:	
Haftpflicht-Versicherung	
Kranken-Versicherung	
Unfall-Versicherung	
BRD Inland-Flug	✓
Transatlantik-Flug	✓
USA Inland-Flug	✓
Angebote und Leistungen der USA-Partnerorganisation:	
Vorbereitungs-Treffen der Gastfamilien	
regelmäßiger tel. Kontakt mit dem Area Rep	✓
regelmäßige Treffen mit dem Area Rep	✓
regelmäßige Besuche des Area Rep	✓
Reiseangebote	✓
erwartbare zusätzliche Kosten:	
Versicherungs-Paket	**EUR 565**
erwartbarer Endpreis	**EUR 6.415 ***
(Bitte „Regeln zum Tabellenteil" beachten)	
Besonderheiten:	
*** Achtung! Der erwartbare Endpreis kann sich aufgrund eines Gebietszuschlages um EUR 1.300 erhöhen. Mitglied in "Pro High School".**	
Spätplazierung:	
Flug zu vorgebuchten Terminen (Unterbringung bei Area-Rep oder in Welcome families)	
Flug erst nach erfolgter Plazierung	✓
1/2 Schuljahr USA im Angebot	✓

Foreign Link around the Globe

Wiesengrund 4
D-53819 Neunkirchen

Tel.:	**(0 22 47) 26 59**
Fax:	**(0 22 47) 8 98 15**
E-Mail:	**info@flag-germany.de**
Internet:	**www.flag-germany.de**

Anzahl Nebenstellen:

keine

Rechtsform:

nicht selbständig

Gemeinnützigkeit in Deutschland:

nein

Gründungsjahr:

1989

USA High School-Programm seit:

1989

Schülerzahl im USA High School-Programm:

35 (Schuljahr 2002/2003)

USA Partner:

FLAG

Informationsmaterial:

beschreibt persönliche Voraussetzungen
beschreibt zu erwartende Probleme
wirbt mit US Führerschein
wirbt mit High School-Diploma

Bewerbungsfrist:

30.03.2003

Stipendien (siehe auch Kapitel Stipendien)

nein

Bewerbungsverfahren:

Einzelinterview (Schüler und Eltern)
Einzelinterview (Schüler)
✓ **Gruppeninterview (Schüler und Eltern)**
✓ **Gruppeninterview (Schüler)**
ersatzweise telefonisches Interview

Philosophie der Arbeit:

„Wir existieren seit 10 Jahren und wurden von einer Gruppe von Lehrern und Schuldirektoren gegründet. Wir sind als „klein und fein" bekannt. Wir garantieren engmaschige Betreuung eines jeden Schülers. Die meisten Jugendlichen werden in den Staaten um die großen Seen plaziert."

+++++++ Häkchen (✓) = Leistung/Punkt vorhanden ++++++

USA High School-Jahr 2003/2004 Preise und Leistungen:	
Grundpreis:	ca. EUR 4.316
Leistungen der Organisation im Grundpreis:	
Schüler Vorbereitungs-Treffen	✓
Schüler-Eltern Vorbereitungs-Treffen	✓
BRD Schüler Vorbereitungs-Seminar	
USA Schüler Vorbereitungs-Seminar	✓
Flugbegleitung	
Elternabende	
Nachbereitungs-Treffen	
Nachbereitungs-Seminar	
Drittleistungen im Grundpreis:	
Haftpflicht-Versicherung	
Kranken-Versicherung	✓
Unfall-Versicherung	✓
BRD Inland-Flug	
Transatlantik-Flug	
USA Inland-Flug	
Angebote und Leistungen der USA-Partnerorganisation:	
Vorbereitungs-Treffen der Gastfamilien	
regelmäßiger tel. Kontakt mit dem Area Rep	✓
regelmäßige Treffen mit dem Area Rep	
regelmäßige Besuche des Area Rep	✓
Reiseangebote	

erwartbare zusätzliche Kosten:

Bewerbungsgebühr	**EUR**	**85**
Haftpflicht-Vers. (pauschal)	**EUR**	**50**
alle Flüge	**ca. EUR**	**800**

erwartbarer Endpreis	**EUR 5.251**
(Bitte „Regeln zum Tabellenteil" beachten)	

Besonderheiten:

Der Preis ist in US$ zu zahlen (US$ 4.100).
Siehe Vor- und Nachbereitungsarbeit.
Platzierung meistens in den Staaten um die großen Seen.

Spätplazierung:	
Flug zu vorgebuchten Terminen (Unterbringung bei Area-Rep oder in Welcome families)	✓
Flug erst nach erfolgter Plazierung	
1/2 Schuljahr USA im Angebot	✓

Ratschläge an Bewerber:

„Mindestens durchschnittliche schulische Leistungen, wenn möglich, nicht mehr als zweimal die Note ausreichend. Bereitschaft, sich anzupassen."

Vor- und Nachbereitungsarbeit:

Das dreitägige, im Preis enthaltene USA Schüler Vorbereitungsseminar findet in Chicago statt. Kosten für Verpflegung und Sightseeing sind individuell separat zu zahlen.

Weltweite Austauschprogramme:

keine

Sonstige Programme:

keine

GGS - Gemeinnützige Gesellschaft für intern. Sprachstudien und Kulturaustausch e.V.
Hölderlinstraße 55 D-70193 Stuttgart
Tel.: (07 11) 63 21 25 Fax: (07 11) 63 21 25 E-Mail: Internet:
Anzahl Nebenstellen: **keine**
Rechtsform: **e.V.**
Gemeinnützigkeit in Deutschland: **ja**
Gründungsjahr: **1989**
USA High School-Programm seit: **1989**
Schülerzahl im USA High School-Programm: **50** (Schuljahr 2002/2003)
USA Partner: **CET**
Informationsmaterial: ✓ beschreibt persönliche Voraussetzungen beschreibt zu erwartende Probleme wirbt mit US Führerschein wirbt mit High School-Diploma
Bewerbungsfrist: **31.03.2003**
Stipendien (siehe auch Kapitel Stipendien) **ja**
Bewerbungsverfahren: ✓ Einzelinterview (Schüler und Eltern) Einzelinterview (Schüler) Gruppeninterview (Schüler und Eltern) Gruppeninterview (Schüler) ✓ ersatzweise telefonisches Interview

Philosophie der Arbeit:

„Wir sehen unsere wichtigste Aufgabe darin, jungen Menschen solche Erfahrungen zu ermöglichen, die für ihre persönliche Entwicklung und ihren weiteren Lebensweg von wesentlicher Bedeutung sein können."

Ratschläge an Bewerber:

„Realistische Einstellung zum Land und zum American Way of life. Vorsicht vor Verwechslung des Programms mit einem Urlaubsaufenthalt. Der akademische und kulturelle Teil steht im Vordergrund. Es wird auf Heimwehprobleme aufmerksam gemacht. Wenn Sie Bedenken bezüglich der Anpassung und Entfernung haben, wählen Sie lieber ein englischsprachiges Land in Europa wie Großbritannien."

+++++++ Häkchen (✓) = Leistung/Punkt vorhanden ++++++

USA High School-Jahr 2003/2004 Preise und Leistungen:	
Grundpreis:	EUR 5.755
Leistungen der Organisation im Grundpreis:	
Schüler Vorbereitungs-Treffen	
Schüler-Eltern Vorbereitungs-Treffen	✓
BRD Schüler Vorbereitungs-Seminar	
USA Schüler Vorbereitungs-Seminar	
Flugbegleitung	
Elternabende	
Nachbereitungs-Treffen	
Nachbereitungs-Seminar	
Drittleistungen im Grundpreis:	
Haftpflicht-Versicherung	
Kranken-Versicherung	
Unfall-Versicherung	
BRD Inland-Flug	✓
Transatlantik-Flug	✓
USA Inland-Flug	✓
Angebote und Leistungen der USA-Partnerorganisation:	
Vorbereitungs-Treffen der Gastfamilien	✓
regelmäßiger tel. Kontakt mit dem Area Rep	✓
regelmäßige Treffen mit dem Area Rep	
regelmäßige Besuche des Area Rep	✓
Reiseangebote	✓
erwartbare zusätzliche Kosten:	
Versicherungs-Paket	**EUR 570**
erwartbarer Endpreis	**EUR 6.325**
(Bitte „Regeln zum Tabellenteil“ beachten)	
Besonderheiten:	
Mitglied in „Pro High School“.	
Spätplazierung:	
Flug zu vorgebuchten Terminen (Unterbringung bei Area-Rep oder in Welcome families)	
Flug erst nach erfolgter Plazierung	✓
1/2 Schuljahr USA im Angebot	✓

Vor- und Nachbereitungsarbeit:

Der Umfang entspricht den in der Tabelle genannten Leistungen und Angeboten.

Weltweite Austauschprogramme:*

England

Sonstige Programme:*

- College:
  England

* nähere Informationen beim Veranstalter

+++++++ kein Häkchen = Leistung/Punkt nicht vorhanden ++++++

GIJK – Gesellschaft für internationale Jugendkontakte mbH

Baunscheidtstraße 11
D-53113 Bonn

Tel.:	**(02 28) 9 57 30-0**
Fax:	**(02 28) 9 57 30-10**
E-Mail:	**gijk@gijk.de**
Internet:	**www.gijk.de**

Anzahl Nebenstellen:

6 (siehe Verzeichnis Postleitzahlen)

Rechtsform:

GmbH

Gemeinnützigkeit in Deutschland:

nein

Gründungsjahr:

1983

USA High School-Programm seit:

1987

Schülerzahl im USA High School-Programm:

400 (Schuljahr 2002/2003)

USA Partner:

AIFS

Informationsmaterial:

- ✓ **beschreibt persönliche Voraussetzungen**
- ✓ **beschreibt zu erwartende Probleme**
- **wirbt mit US Führerschein**
- **wirbt mit High School-Diploma**

Bewerbungsfrist:

30.04.2003

Stipendien (siehe auch Kapitel Stipendien)

ja

Bewerbungsverfahren:

- ✓ **Einzelinterview (Schüler und Eltern)**
- **Einzelinterview (Schüler)**
- **Gruppeninterview (Schüler und Eltern)**
- **Gruppeninterview (Schüler)**
- **ersatzweise telefonisches Interview**

GIJK

A member of the American Institute For Foreign Study Group

AIFS

Philosophie der Arbeit:

„Wir sind die deutsche Tochter der amerikanischen Austauschorganisation 'American Institute for Foreign Study'. In unserem USA Programm arbeiten wir daher mit unseren Kollegen in der Nähe von New York zusammen. In Deutschland organisieren wir seit fast 20 Jahren erfolgreich High School Programme. Wir bereiten unsere Schüler (und Eltern) intensiv auf den Auslandsaufenthalt vor und legen auf die Betreuung von Schülern und Eltern auch nach der Ausreise größten Wert."

Ratschläge an Bewerber:

„Offenheit und Neugier. Bereitschaft, das eigene Amerika-Bild (aus Medien etc.) zu vergessen. Unbedingt Kontakt zu ehemaligen Programmteilnehmern aufnehmen, sich deren Geschichten anhören."

+++++++ Häkchen (✓) = Leistung/Punkt vorhanden ++++++

USA High School-Jahr 2003/2004 Preise und Leistungen:	
Grundpreis:	EUR 6.900
Leistungen der Organisation im Grundpreis:	
Schüler Vorbereitungs-Treffen	
Schüler-Eltern Vorbereitungs-Treffen	✓
BRD Schüler Vorbereitungs-Seminar	
USA Schüler Vorbereitungs-Seminar	✓
Flugbegleitung	✓
Elternabende	
Nachbereitungs-Treffen	✓
Nachbereitungs-Seminar	
Drittleistungen im Grundpreis:	
Haftpflicht-Versicherung	✓
Kranken-Versicherung	✓
Unfall-Versicherung	✓
BRD Inland-Flug	✓
Transatlantik-Flug	✓
USA Inland-Flug	✓
Angebote und Leistungen der USA-Partnerorganisation:	
Vorbereitungs-Treffen der Gastfamilien	✓
regelmäßiger tel. Kontakt mit dem Area Rep	✓
regelmäßige Treffen mit dem Area Rep	✓
regelmäßige Besuche des Area Rep	✓
Reiseangebote	✓
erwartbare zusätzliche Kosten:	
erwartbarer Endpreis	**EUR 6.900 ***
(Bitte „Regeln zum Tabellenteil" beachten)	
Besonderheiten:	
*** Achtung! Der erwartbare Endpreis kann sich aufgrund eines Gebietszuschlages um EUR 350 erhöhen. Mitglied in „Deutscher Fachverband High School". Im Grundpreis ist eine Reisegepäck-Vers. enthalten. Siehe Vor- und Nachbereitungsarbeit.**	
Spätplazierung:	
Flug zu vorgebuchten Terminen (Unterbringung bei Area-Rep oder in Welcome families)	
Flug erst nach erfolgter Plazierung	✓
1/2 Schuljahr USA im Angebot	✓

Vor- und Nachbereitungsarbeit:

Bei Winterausreise ist ein zweitägiges Vorbereitungsseminar für Schüler und ein halbtägiges Elterntreffen in Bonn oder Umgebung im Preis enthalten.

Weltweite Austauschprogramme:*

Australien, Brasilien, Frankreich, Irland, Spanien, Südafrika

Sonstige Programme:*

- Au Pair: USA
- Camp America
- Community College: USA
- Educare America
- Privatschulen: USA
- Resort America
- Work & Travel: Australien

* nähere Informationen beim Veranstalter

+++++++ kein Häkchen = Leistung/Punkt nicht vorhanden ++++++

GIVE – Gesellschaft für internationale Verständigung mbH

In der Neckarhelle 127 a
D-69118 Heidelberg

Tel.: (0 62 21) 38 93 50
Fax: (0 62 21) 3 89 35 20
E-Mail: give@language.de
Internet: www.language.de/give/

Anzahl Nebenstellen:
keine

Rechtsform:
GmbH

Gemeinnützigkeit in Deutschland:
nein

Gründungsjahr:
1987 (seit 1998 GmbH)

USA High School-Programm seit:
1987

Schülerzahl im USA High School-Programm:
422 (Schuljahr 2002/2003)

USA Partner:
AISE, ASSE, CCI

Informationsmaterial:
- ✓ **beschreibt persönliche Voraussetzungen**
- **beschreibt zu erwartende Probleme**
- **wirbt mit US Führerschein**
- **wirbt mit High School-Diploma**

Bewerbungsfrist:
31.03.2003

Stipendien (siehe auch Kapitel Stipendien)
ja

Bewerbungsverfahren:
- ✓ **Einzelinterview (Schüler und Eltern)**
- ✓ **Einzelinterview (Schüler)**
- **Gruppeninterview (Schüler und Eltern)**
- **Gruppeninterview (Schüler)**
- **ersatzweise telefonisches Interview**

Philosophie der Arbeit:

„Unsere „Philosophie" ist die Förderung einer deutsch-amerikanischen Freundschaft und Verständigung. Ein jeder Schüler hat die Möglichkeit, in diesem Rahmen sein eigenes Ich einzubringen, um daraus eine lebenslange positive Beziehung entstehen zu lassen."

Ratschläge an Bewerber:

„Die idealen Eigenschaften sind: Aufgeschlossenheit, Anpassungsfähigkeit, Flexibilität. Dieses Schuljahr fern von zu Hause und vertrauter Umgebung sollte als optimale Chance wahrgenommen werden, welche wesentlich zum Reifungsprozeß eines heranwachsenden Jugendlichen beiträgt."

+++++++ Häkchen (✓) = Leistung/Punkt vorhanden ++++++

Vor- und Nachbereitungsarbeit:

Der Umfang entspricht den in der Tabelle genannten Leistungen und Angeboten.

Weltweite Austauschprogramme:*

Kanada (englischer und französischer Teil), Neuseeland, Südafrika

Sonstige Programme:*

- High School individuell (Aufenthaltsdauer 1-10 Monate): Kanada
- Privatschulen: Kanada, Südafrika, USA

* nähere Informationen beim Veranstalter

USA High School-Jahr 2003/2004 Preise und Leistungen:	
Grundpreis:	EUR 5.980
Leistungen der Organisation im Grundpreis:	
Schüler Vorbereitungs-Treffen	
Schüler-Eltern Vorbereitungs-Treffen	✓
BRD Schüler Vorbereitungs-Seminar	
USA Schüler Vorbereitungs-Seminar	
Flugbegleitung	✓
Elternabende	
Nachbereitungs-Treffen	
Nachbereitungs-Seminar	
Drittleistungen im Grundpreis:	
Haftpflicht-Versicherung	
Kranken-Versicherung	
Unfall-Versicherung	
BRD Inland-Flug	✓
Transatlantik-Flug	✓
USA Inland-Flug	✓
Angebote und Leistungen der USA-Partnerorganisation:	
Vorbereitungs-Treffen der Gastfamilien	✓
regelmäßiger tel. Kontakt mit dem Area Rep	✓
regelmäßige Treffen mit dem Area Rep	
regelmäßige Besuche des Area Rep	
Reiseangebote	✓
erwartbare zusätzliche Kosten:	
Versicherungs-Paket	**EUR 550**
Vorber.-Seminar (freiwillig)	**EUR 90**
Nachber.-Seminar (freiwillig)	**EUR 40**
Nachber.-Treffen (freiwillig)	**EUR 35**
erwartbarer Endpreis	**EUR 6.695**
(Bitte „Regeln zum Tabellenteil" beachten)	
Besonderheiten:	
Mitglied in „Deutscher Fachverband High School".	
Spätplazierung:	
Flug zu vorgebuchten Terminen (Unterbringung bei Area-Rep oder in Welcome families)	
Flug erst nach erfolgter Plazierung	✓
1/2 Schuljahr USA im Angebot	✓

+++++++ kein Häkchen = Leistung/Punkt nicht vorhanden ++++++

GLS Sprachenzentrum
Kolonnenstraße 26 D-10829 Berlin
Tel.: (0 30) 78 00 89 - 26 Fax: (0 30) 7 87 41 91 E-Mail: highschool@gls-berlin.com Internet: www.gls-berlin.com
Anzahl Nebenstellen: **5** (siehe Verzeichnis Postleitzahlen)
Rechtsform: **Einzelunternehmen**
Gemeinnützigkeit in Deutschland: **nein**
Gründungsjahr: **1983**
USA High School-Programm seit: **1986**
Schülerzahl im USA High School-Programm: **160** (Schuljahr 2002/2003)
USA Partner: **AACE, Council, ETC, FACE**
Informationsmaterial: ✓ beschreibt persönliche Voraussetzungen ✓ beschreibt zu erwartende Probleme wirbt mit US Führerschein wirbt mit High School-Diploma
Bewerbungsfrist: **30.04.2003**
Stipendien (siehe auch Kapitel Stipendien) **ja**
Bewerbungsverfahren: Einzelinterview (Schüler und Eltern) ✓ Einzelinterview (Schüler) Gruppeninterview (Schüler und Eltern) Gruppeninterview (Schüler) ersatzweise telefonisches Interview

Philosophie der Arbeit:

„Unser Motto ist: Wir bringen Menschen ins Gespräch. Um dieses Ziel zu verwirklichen, bieten wir verschiedene Programme an – von High School-Aufenthalten, Au Pair-Vermittlungen, Homestay-Programmen, Studium und Praktika im Ausland bis hin zu Sprachreisen für Schüler und Erwachsene."

Ratschläge an Bewerber:

„Eine genaue Vorbereitung ist wichtig, um sich erfolgreich in den USA einbringen zu können und um Vorurteile abzubauen. Wir empfehlen immer Gespräche mit ehemaligen Teilnehmern und das Lesen von Büchern, die von ehemaligen Teilnehmern geschrieben sind."

Vor- und Nachbereitungsarbeit:

Zusätzlich bietet GLS für EUR 150 einen viertägigen Sprachkurs in Deutschland an und veranstaltet "Old meets New" Treffen.

Weltweite Austauschprogramme:*

Australien, Ecuador, England, Finnland, Frankreich, Irland, Italien, Japan, Kanada, Neuseeland, Schweden, Spanien, Südafrika

Sonstige Programme:*

- Au Pair: USA
- College: USA
- Demi Pair: Australien, Neuseeland
- Homestay: Kanada, USA
- Internat: England, Frankreich, Irland, Neuseeland, Spanien, USA
- Praktika: neun Länder
- Privatschulen: Australien, Brasilien, England, Frankreich, Irland, Kanada, Spanien, USA
- Volunteer: Australien, Neuseeland, Peru

* nähere Informationen beim Veranstalter

USA High School-Jahr 2003/2004 Preise und Leistungen:

Grundpreis:	EUR 4.990
Leistungen der Organisation im Grundpreis:	
Schüler Vorbereitungs-Treffen	✓
Schüler-Eltern Vorbereitungs-Treffen	✓
BRD Schüler Vorbereitungs-Seminar	
USA Schüler Vorbereitungs-Seminar	
Flugbegleitung	
Elternabende	
Nachbereitungs-Treffen	✓
Nachbereitungs-Seminar	
Drittleistungen im Grundpreis:	
Haftpflicht-Versicherung	
Kranken-Versicherung	
Unfall-Versicherung	
BRD Inland-Flug	
Transatlantik-Flug	
USA Inland-Flug	
Angebote und Leistungen der USA-Partnerorganisation:	
Vorbereitungs-Treffen der Gastfamilien	✓
regelmäßiger tel. Kontakt mit dem Area Rep	✓
regelmäßige Treffen mit dem Area Rep	
regelmäßige Besuche des Area Rep	
Reiseangebote	✓

erwartbare zusätzliche Kosten:

BRD Vorber.-Seminar	**EUR**	**250**
USA Vorber.-Seminar	**EUR**	**550**
(beide freiwillig)		
Versicherungspaket	**EUR**	**500**
alle Flüge (pauschal)	**EUR**	**900**

***erwartbarer Endpreis* EUR 7.190 ***

(Bitte „Regeln zum Tabellenteil" beachten)

Besonderheiten:

*** Achtung! Der erwartbare Endpreis kann sich aufgrund eines Gebietszuschlages um EUR 500 erhöhen. Mitglied in „Deutscher Fachverband High School". Siehe Vor- und Nachbereitungsarbeit.**

Spätplazierung:

Flug zu vorgebuchten Terminen (Unterbringung bei Area-Rep oder in Welcome families)	✓
Flug erst nach erfolgter Plazierung	✓
1/2 Schuljahr USA im Angebot	✓

+++++++ kein Häkchen = Leistung/Punkt nicht vorhanden ++++++

House of English Sprachreisen GmbH

Hölderlinplatz 2 A
D-70193 Stuttgart

Tel.:	(07 11) 63 10 89
Fax:	(07 11) 63 14 37
E-Mail:	
Internet:	

Anzahl Nebenstellen:
keine

Rechtsform:
GmbH

Gemeinnützigkeit in Deutschland:
nein

Gründungsjahr:
1985

USA High School-Programm seit:
1997

Schülerzahl im USA High School-Programm:
30 (Schuljahr 2002/2003)

USA Partner:
CCI, CET, ERDT, FACE

Informationsmaterial:
beschreibt persönliche Voraussetzungen
beschreibt zu erwartende Probleme
wirbt mit US Führerschein
wirbt mit High School-Diploma

Bewerbungsfrist:
31.03.2003

Stipendien (siehe auch Kapitel Stipendien)
nein

Bewerbungsverfahren:
✓ Einzelinterview (Schüler und Eltern)
Einzelinterview (Schüler)
Gruppeninterview (Schüler und Eltern)
Gruppeninterview (Schüler)
ersatzweise telefonisches Interview

Philosophie der Arbeit:

„House of English ist eines der führenden Sprachinstitute für Englisch in England, offiziell anerkannt vom British Council und Mitglied des Sprachschulen-Verbandes ARELS. Im High School-Programm arbeiten wir ausschließlich mit guten, offiziell anerkannten öffentlichen und privaten High Schools und Colleges zusammen."

Ratschläge an Bewerber:

„Der akademische und kulturelle Anspruch steht im Vordergrund - keine Urlaubsreise. Bereitschaft zur Anpassung an eine neue Umgebung und an die Regeln der Partnerorganisation. Realistische Einstellung zu Amerika. Schaffen Eltern und Schüler die lange Trennung?"

USA High School-Jahr 2003/2004 Preise und Leistungen:	
Grundpreis:	EUR 6.760
Leistungen der Organisation im Grundpreis:	
Schüler Vorbereitungs-Treffen	
Schüler-Eltern Vorbereitungs-Treffen	✓
BRD Schüler Vorbereitungs-Seminar	
USA Schüler Vorbereitungs-Seminar	
Flugbegleitung	
Elternabende	
Nachbereitungs-Treffen	✓
Nachbereitungs-Seminar	
Drittleistungen im Grundpreis:	
Haftpflicht-Versicherung	
Kranken-Versicherung	
Unfall-Versicherung	
BRD Inland-Flug	✓
Transatlantik-Flug	✓
USA Inland-Flug	✓
Angebote und Leistungen der USA-Partnerorganisation:	
Vorbereitungs-Treffen der Gastfamilien	
regelmäßiger tel. Kontakt mit dem Area Rep	✓
regelmäßige Treffen mit dem Area Rep	✓
regelmäßige Besuche des Area Rep	✓
Reiseangebote	✓
erwartbare zusätzliche Kosten:	
Versicherungs-Paket	**EUR 575**
erwartbarer Endpreis	**EUR 7.335**
(Bitte „Regeln zum Tabellenteil" beachten)	
Besonderheiten:	
Mitglied in „Pro High School"	
Spätplazierung:	
Flug zu vorgebuchten Terminen (Unterbringung bei Area-Rep oder in Welcome families)	
Flug erst nach erfolgter Plazierung	✓
1/2 Schuljahr USA im Angebot	✓

Vor- und Nachbereitungsarbeit:

Der Umfang entspricht den in der Tabelle genannten Leistungen und Angeboten.

Weltweite Austauschprogramme:*

Australien, England, Irland, Kanada, Neuseeland

Sonstige Programme:*

- Berufliche Weiterbildung: Sprachtraining, Auslandspraktika, Kollegen- und Fachgespräche
- College: USA
- Privatschulen: Australien, England, Frankreich, Kanada, Neuseeland, USA

* nähere Informationen beim Veranstalter

+++++++ kein Häkchen = Leistung/Punkt nicht vorhanden ++++++

ICX – **International Cultural eXchange - Deutschland,**
Gesellschaft für internationalen Kulturaustausch e.V.

Bahnhofstraße 16-18
D-26122 Oldenburg

Tel.:	**(04 41) 9 23 98 - 0**
Fax:	**(04 41) 9 23 98 - 99**
E-Mail:	**icx@icxchange.de**
Internet:	**www.icxchange.de**

Anzahl Nebenstellen:

keine

Rechtsform:

e.V.

Gemeinnützigkeit in Deutschland:

ja

Gründungsjahr:

1974

USA High School-Programm seit:

1974

Schülerzahl im USA High School-Programm:

180 (Schuljahr 2002/2003)

USA Partner:

AIFS, FTW, OCEAN, PAX, SAI

Informationsmaterial:

beschreibt persönliche Voraussetzungen
beschreibt zu erwartende Probleme
wirbt mit US Führerschein
wirbt mit High School-Diploma

Bewerbungsfrist:

31.03.2003

Stipendien (siehe auch Kapitel Stipendien)

ja

Bewerbungsverfahren:

Einzelinterview (Schüler und Eltern)
✓ **Einzelinterview (Schüler)**
Gruppeninterview (Schüler und Eltern)
Gruppeninterview (Schüler)
ersatzweise telefonisches Interview

ICX

ICXchange - Deutschland

Philosophie der Arbeit:

„Wir sind eine gemeinnützige deutsche Organisation, die seit 1974 unterschiedliche Programme auf dem Gebiet des Schüleraustausches und der internationalen Begegnung durchführt. Das satzungsgemäße Ziel besteht darin, die Völkerverständigung, den interkulturellen Gedanken- und Erfahrungsaustausch sowie die Toleranz auf allen Gebieten der Kultur zu pflegen und dadurch ein friedliches Miteinander aller Menschen zu fördern.“

+++++++ Häkchen (✓) = Leistung/Punkt vorhanden ++++++

Ratschläge an Bewerber:

„Gründliche Informationen über die Angebote der Austauschorganisationen einholen. Umfassende inhaltliche Vorbereitung auf das Programm anhand der Informationsmaterialien der Organisationen sowie der Referenzliteratur über Schüleraustausch. Interesse am Kennenlernen anderer Kulturen. Keine feste Erwartungshaltung, Offenheit und Toleranz für neue Lebens- und Denkweisen entwickeln, Bereitschaft zur Integration."

Vor- und Nachbereitungsarbeit:

Der Umfang entspricht den in der Tabelle genannten Leistungen und Angeboten.

Weltweite Austauschprogramme:*

Australien, Ecuador, England, Frankreich, Irland, Kanada

Sonstige Programme:*

- Homestay: England, Irland, USA

* nähere Informationen beim Veranstalter

USA High School-Jahr 2003/2004 Preise und Leistungen:	
Grundpreis:	EUR 6.300
Leistungen der Organisation im Grundpreis:	
Schüler Vorbereitungs-Treffen	
Schüler-Eltern Vorbereitungs-Treffen	✓
BRD Schüler Vorbereitungs-Seminar	
USA Schüler Vorbereitungs-Seminar	✓
Flugbegleitung	✓
Elternabende	
Nachbereitungs-Treffen	
Nachbereitungs-Seminar	✓
Drittleistungen im Grundpreis:	
Haftpflicht-Versicherung	
Kranken-Versicherung	✓
Unfall-Versicherung	✓
BRD Inland-Flug	✓
Transatlantik-Flug	✓
USA Inland-Flug	✓
Angebote und Leistungen der USA-Partnerorganisation:	
Vorbereitungs-Treffen der Gastfamilien	
regelmäßiger tel. Kontakt mit dem Area Rep	✓
regelmäßige Treffen mit dem Area Rep	✓
regelmäßige Besuche des Area Rep	✓
Reiseangebote	✓
erwartbare zusätzliche Kosten:	
Haftpflicht-Vers.	**EUR 55**
erwartbarer Endpreis	**EUR 6.355**
(Bitte „Regeln zum Tabellenteil" beachten)	
Besonderheiten:	
Spätplazierung:	
Flug zu vorgebuchten Terminen (Unterbringung bei Area-Rep oder in Welcome families)	✓
Flug erst nach erfolgter Plazierung	
1/2 Schuljahr USA im Angebot	✓

+++++++ kein Häkchen = Leistung/Punkt nicht vorhanden ++++++

international Experience e.V.

Amselweg 20
D-53797 Lohmar

Tel.: (0 22 46) 16 86 46
Fax: (0 22 46) 16 86 56
E-Mail: info@ie-ev.de
Internet: www.ie-ev.de

Anzahl Nebenstellen:
keine

Rechtsform:
e.V.

Gemeinnützigkeit in Deutschland:
vorläufig

Gründungsjahr:
2000

USA High School-Programm seit:
2000

Schülerzahl im USA High School-Programm:
100 (Schuljahr 2002/2003)

USA Partner:
iE, GLI, NWSE, ITS

Informationsmaterial:
beschreibt persönliche Voraussetzungen
beschreibt zu erwartende Probleme
wirbt mit US Führerschein
wirbt mit High School-Diploma

Bewerbungsfrist:
31.03.2003

Stipendien (siehe auch Kapitel Stipendien)
ja

Bewerbungsverfahren:
- ✓ **Einzelinterview (Schüler und Eltern)**
- ✓ **Einzelinterview (Schüler)**
- **Gruppeninterview (Schüler und Eltern)**
- **Gruppeninterview (Schüler)**
- **ersatzweise telefonisches Interview**

Philosophie der Arbeit:

„Die Firma besteht ausschließlich aus ehemaligen Austauschschülern, die es sich zum Ziel gesetzt haben, ihre Erfahrungen an andere weiter zu vermitteln, indem sie Schüleraustausch organisieren."

Ratschläge an Bewerber:

„Schulnoten sind auch wichtig, aber mindestens genauso wichtig ist Deine Persönlichkeit, Dein soziales Verhalten, Dein Engagement. Wir suchen 'great kids' mit positiver Einstellung, die auch ihren Gastfamilien etwas zu bieten haben, die freundlich, aufgeschlossen, aktiv in Schule und Freizeit, die neugierig auf das Leben sind und optimistisch auf die vor ihnen liegenden Herausforderungen und Abenteuer blicken."

Vor- und Nachbereitungsarbeit:

Der Umfang entspricht den in der Tabelle genannten Leistungen und Angeboten.

Weltweite Austauschprogramme:*

Australien, Kanada, Neuseeland

Sonstige Programme:*

- Privatschulen:
  Australien, Kanada, Neuseeland, USA

* nähere Informationen beim Veranstalter

USA High School-Jahr 2003/2004 Preise und Leistungen:	
Grundpreis:	EUR 6.495
Leistungen der Organisation im Grundpreis:	
Schüler Vorbereitungs-Treffen	
Schüler-Eltern Vorbereitungs-Treffen	✓
BRD Schüler Vorbereitungs-Seminar	✓
USA Schüler Vorbereitungs-Seminar	
Flugbegleitung	
Elternabende	
Nachbereitungs-Treffen	
Nachbereitungs-Seminar	
Drittleistungen im Grundpreis:	
Haftpflicht-Versicherung	
Kranken-Versicherung	
Unfall-Versicherung	
BRD Inland-Flug	✓
Transatlantik-Flug	✓
USA Inland-Flug	✓
Angebote und Leistungen der USA-Partnerorganisation:	
Vorbereitungs-Treffen der Gastfamilien	✓
regelmäßiger tel. Kontakt mit dem Area Rep	✓
regelmäßige Treffen mit dem Area Rep	✓
regelmäßige Besuche des Area Rep	✓
Reiseangebote	
erwartbare zusätzliche Kosten:	
Versicherungspaket	**EUR 415**
erwartbarer Endpreis	**EUR 6.910**
(Bitte „Regeln zum Tabellenteil" beachten)	
Besonderheiten:	
Spätplazierung:	
Flug zu vorgebuchten Terminen (Unterbringung bei Area-Rep oder in Welcome families)	✓
Flug erst nach erfolgter Plazierung	✓
1/2 Schuljahr USA im Angebot	✓

+++++++ kein Häkchen = Leistung/Punkt nicht vorhanden ++++++

Into Schüleraustausch GmbH

Ostlandstraße 14
D-50858 Köln

Tel.:	**(0 22 34) 9 46 36 - 0**
Fax:	**(0 22 34) 9 46 36 - 23**
E-Mail:	**germany@into.edu**
Internet:	**www.into.edu**

Anzahl Nebenstellen:

keine

Rechtsform:

GmbH

Gemeinnützigkeit in Deutschland:

nein

Gründungsjahr:

1986 (seit 1991 GmbH)

USA High School-Programm seit:

1986

Schülerzahl im USA High School-Programm:

350 (Schuljahr 2002/2003)

USA Partner:

IntoEdVentures, ISE, Reach

Informationsmaterial:

✓ **beschreibt persönliche Voraussetzungen**
beschreibt zu erwartende Probleme
wirbt mit US Führerschein
wirbt mit High School-Diploma

Bewerbungsfrist:

15.05.2003

Stipendien (siehe auch Kapitel Stipendien)

ja

Bewerbungsverfahren:

✓ **Einzelinterview (Schüler und Eltern)**
Einzelinterview (Schüler)
Gruppeninterview (Schüler und Eltern)
Gruppeninterview (Schüler)
ersatzweise telefonisches Interview

Philosophie der Arbeit:

„Als wesentliche Aufgabe des Veranstalters sehen wir eine möglichst umfassende Vorbereitung. Diese Arbeit gehört deshalb zu unseren Schwerpunkten, bevor wir unsere Teilnehmer in die Obhut unserer Partnerorganisation übergeben. Persönliche Ansprache, Erfahrung, Kompetenz und Offenheit zeichnen das Verhältnis zwischen uns und unseren Teilnehmern und deren Eltern aus. Zitat einer Teilnehmerin: Bei into fühle ich mich wie in einer großen Familie."

Ratschläge an Bewerber:

„Für Schüler: Flexibilität, Neugier, Motivation. Botschafter sein, als Gast ein Vorbild sein, Deutschland für eine Weile hinter sich lassen, ständige Vergleiche vermeiden. Für Eltern: Loslassen, unterstützen, aber nicht die Kinder aus der Ferne dirigieren."

Vor- und Nachbereitungsarbeit:

into bietet für EUR 980 einen freiwilligen zweiwöchigen Vorbereitungskurs in den USA (New York) an. Nachbereitung hört nicht mit einem Seminar auf. Viele Teilnehmer bleiben jahrelang aktiv dabei, werden später in Vorbereitungs- und Interviewarbeit eingebunden.

Weltweite Austauschprogramme:*

Argentinien, Australien, Brasilien, England, Kanada, Neuseeland, Südafrika

Sonstige Programme:*

- Privatschulen:
  Australien, Kanada, Neuseeland, USA

* nähere Informationen beim Veranstalter

USA High School-Jahr 2003/2004 Preise und Leistungen:	
Grundpreis:	EUR 5.690
Leistungen der Organisation im Grundpreis:	
Schüler Vorbereitungs-Treffen	
Schüler-Eltern Vorbereitungs-Treffen	
BRD Schüler Vorbereitungs-Seminar	✓
USA Schüler Vorbereitungs-Seminar	
Flugbegleitung	
Elternabende	
Nachbereitungs-Treffen	
Nachbereitungs-Seminar	✓
Drittleistungen im Grundpreis:	
Haftpflicht-Versicherung	✓
Kranken-Versicherung	
Unfall-Versicherung	
BRD Inland-Flug	✓
Transatlantik-Flug	✓
USA Inland-Flug	✓
Angebote und Leistungen der USA-Partnerorganisation:	
Vorbereitungs-Treffen der Gastfamilien	✓
regelmäßiger tel. Kontakt mit dem Area Rep	✓
regelmäßige Treffen mit dem Area Rep	
regelmäßige Besuche des Area Rep	
Reiseangebote	
erwartbare zusätzliche Kosten:	
Versicherungs-Paket	**EUR 410**
erwartbarer Endpreis	**EUR 6.100 ***
(Bitte „Regeln zum Tabellenteil" beachten)	
Besonderheiten:	
*** Achtung! Der erwartbare Endpreis kann sich aufgrund eines Gebietszuschlages um EUR 300-800 erhöhen (entfällt z.T. bei einer Bewerbung bis 30.11.2002). Mitglied in „Deutscher Fachverband High School". Siehe Vor- und Nachbereitungsarbeit.**	
Spätplazierung:	
Flug zu vorgebuchten Terminen (Unterbringung bei Area-Rep oder in Welcome families)	✓
Flug erst nach erfolgter Plazierung	✓
1/2 Schuljahr USA im Angebot	✓

ISKA-Sprachreisen Intensiv-Sprachkurse im Ausland GmbH
Hausener Weg 61 D-60489 Frankfurt
Tel.: (0 69) 9 78 47 20 Fax: (0 69) 78 30 29 E-Mail: ISKA-Sprachreisen@t-online.de Internet: www.iska.de
Anzahl Nebenstellen: **keine**
Rechtsform: **GmbH**
Gemeinnützigkeit in Deutschland: **nein**
Gründungsjahr: **1972**
USA High School-Programm seit: **1987**
Schülerzahl im USA High School-Programm: **150** (Schuljahr 2002/2003)
USA Partner: **ICES**
Informationsmaterial: ✓ beschreibt persönliche Voraussetzungen ✓ beschreibt zu erwartende Probleme wirbt mit US Führerschein wirbt mit High School-Diploma
Bewerbungsfrist: **01.04.2003**
Stipendien (siehe auch Kapitel Stipendien) **ja**
*Bewerbungsverfahren:** Einzelinterview (Schüler und Eltern) Einzelinterview (Schüler) Gruppeninterview (Schüler und Eltern) Gruppeninterview (Schüler) ersatzweise telefonisches Interview

ISKA SPRACHREISEN

Philosophie der Arbeit:

„Die Gründung von ISKA geht auf die Idee einiger Fremdsprachenlehrer zurück, intensiven und effektiven Sprachunterricht in einem Land der Zielsprache zu machen. Wir sind ein kleines, leistungsstarkes Institut mit betont persönlichem Rahmen; bei unserem engagierten und sachkundigen Mitarbeiter-Team wird gründliche Beratung groß geschrieben. Das USA High School-Programm führen wir seit 1987 durch."

Ratschläge an Bewerber:

„Amerika wird häufig mit „Freiheit" assoziiert, das Land der „unbegrenzten Möglichkeiten". Der Freiraum der Jugendlichen ist aber sehr eingeschränkt und sie sind behüteter als in Deutschland. Man sollte offen sein und auch an Aktivitäten teilnehmen, die einen nicht so interessieren, sich nicht ausschließen."

+++++++ Häkchen (✓) = Leistung/Punkt vorhanden ++++++

USA High School-Jahr 2003/2004
Preise und Leistungen:

Grundpreis:	EUR 5.600
Leistungen der Organisation im Grundpreis:	
Schüler Vorbereitungs-Treffen	✓
Schüler-Eltern Vorbereitungs-Treffen	✓
BRD Schüler Vorbereitungs-Seminar	
USA Schüler Vorbereitungs-Seminar	
Flugbegleitung	✓
Elternabende	
Nachbereitungs-Treffen	✓
Nachbereitungs-Seminar	
Drittleistungen im Grundpreis:	
Haftpflicht-Versicherung	✓
Kranken-Versicherung	✓
Unfall-Versicherung	✓
BRD Inland-Flug	✓
Transatlantik-Flug	✓
USA Inland-Flug	✓
Angebote und Leistungen der USA-Partnerorganisation:	
Vorbereitungs-Treffen der Gastfamilien	
regelmäßiger tel. Kontakt mit dem Area Rep	✓
regelmäßige Treffen mit dem Area Rep	✓
regelmäßige Besuche des Area Rep	✓
Reiseangebote	✓
erwartbare zusätzliche Kosten:	
erwartbarer Endpreis	**EUR 5.600 ***
(Bitte „Regeln zum Tabellenteil“ beachten)	
Besonderheiten: *** Achtung! Der erwartbare Endpreis kann sich aufgrund eines Gebietszuschlages um EUR 500 erhöhen. Im Grundpreis: 6-tägige Flugreise, Reisegepäck-Vers. Mitglied in "Pro High School".**	
Spätplazierung:	
Flug zu vorgebuchten Terminen (Unterbringung bei Area-Rep oder in Welcome families)	
Flug erst nach erfolgter Plazierung	✓
1/2 Schuljahr USA im Angebot	✓

*** Achtung:**

Die Anmeldung erfolgt ausschließlich schriftlich (Selbstdarstellung, Fotos, Zeugniskopien, Stellungnahme der Eltern und des Englischlehrers). Sind die Bedingungen für die Programmteilnahme erfüllt und werden die Unterlagen positiv bewertet, wird eine Teilnahmebestätigung verschickt. ISKA behält sich vor, nach dem obligatorischen individuellen Vorbereitungsgespräch vom Vertrag zurückzutreten, wenn sich wichtige Zweifel an der Eignung des Kandidaten ergeben.

Vor- und Nachbereitungsarbeit:

Der Umfang entspricht den in der Tabelle genannten Leistungen und Angeboten.

Weltweite Austauschprogramme:

keine

Sonstige Programme:*

- Privatschulen:
  USA

* nähere Informationen beim Veranstalter

iSt Internationale Sprach- und Studienreisen GmbH
Stiftsmühle D-69080 Heidelberg
Tel.: (0 62 21) 89 00 - 0 Fax: (0 62 21) 89 00 - 2 00 E-Mail: iSt@sprachreisen.de Internet: www.sprachreisen.de
Anzahl Nebenstellen: **1** (siehe Verzeichnis Postleitzahlen)
Rechtsform: **GmbH**
Gemeinnützigkeit in Deutschland: **nein**
Gründungsjahr: **1981**
USA High School-Programm seit: **1982**
Schülerzahl im USA High School-Programm: **600** (Schuljahr 2002/2003)
USA Partner: **AISE, ASSE, CCI, CIEE**
Informationsmaterial: ✓ **beschreibt persönliche Voraussetzungen** ✓ **beschreibt zu erwartende Probleme** **wirbt mit US Führerschein** **wirbt mit High School-Diploma**
Bewerbungsfrist: **31.03.2003**
Stipendien (siehe auch Kapitel Stipendien) **ja**
Bewerbungsverfahren: ✓ **Einzelinterview (Schüler und Eltern)** ✓ **Einzelinterview (Schüler)** ✓ **Gruppeninterview (Schüler und Eltern)** **Gruppeninterview (Schüler)** **ersatzweise telefonisches Interview**

iSt Internationale Sprach- und Studienreisen GmbH

Philosophie der Arbeit:

„Mit unserer Arbeit versuchen wir, die Möglichkeit zu schaffen, auf beiden Seiten Einblicke in das Leben eines anderen Landes zu ermöglichen und die Basis für lebenslange Freundschaften zu schaffen. Nach einem Jahr im Ausland hat der Schüler nicht nur ein besseres Verständnis für sein Gastland entwickelt, er hat auch wertvolle Erfahrungen gemacht, die sein Leben hier in Deutschland betreffen: mit seinen Eltern, seinen Freunden, in der Schule. Er ist reifer und selbständiger geworden."

+++++++ Häkchen (✓) = Leistung/Punkt vorhanden ++++++

Ratschläge an Bewerber:

„Offen sein für alles; das Amerika-Jahr als etwas anzusehen, das ganz anders ist als das bisher Erlebte; neue Umgebung, Familie Schule: eine besondere Erfahrung, die man nur dort, innerhalb eines Austauschprogrammes machen kann."

Vor- und Nachbereitungsarbeit:

Der Umfang entspricht den in der Tabelle genannten Leistungen und Angeboten.

Weltweite Austauschprogramme:*

Australien, England, Frankreich, Irland, Japan, Kanada, Neuseeland, Spanien, Südafrika

Sonstige Programme:*

- Au Pair:
  USA, international
- Privatschulen
  Australien, England, Irland, Kanada, Neuseeland, Südafrika, USA
- Work and Travel (Praktikum):
  Neuseeland, USA
- Work Experience
  (Sprachkurs und Praktikum):
  Australien, England, Kanada, USA

* nähere Informationen beim Veranstalter

USA High School-Jahr 2003/2004 Preise und Leistungen:	
Grundpreis:	EUR 6.185
Leistungen der Organisation im Grundpreis:	
Schüler Vorbereitungs-Treffen	
Schüler-Eltern Vorbereitungs-Treffen	✓
BRD Schüler Vorbereitungs-Seminar	
USA Schüler Vorbereitungs-Seminar	
Flugbegleitung	✓
Elternabende	
Nachbereitungs-Treffen	
Nachbereitungs-Seminar	
Drittleistungen im Grundpreis:	
Haftpflicht-Versicherung	
Kranken-Versicherung	
Unfall-Versicherung	
BRD Inland-Flug	✓
Transatlantik-Flug	✓
USA Inland-Flug	✓
Angebote und Leistungen der USA-Partnerorganisation:	
Vorbereitungs-Treffen der Gastfamilien	✓
regelmäßiger tel. Kontakt mit dem Area Rep	✓
regelmäßige Treffen mit dem Area Rep	
regelmäßige Besuche des Area Rep	
Reiseangebote	✓
erwartbare zusätzliche Kosten:	
Versicherungs-Paket	**EUR 550**
Vorber.-Seminar (freiwillig)	**EUR 80**
Nachber.-Treffen (freiwillig)	**EUR 40**
erwartbarer Endpreis	**EUR 6.855**
(Bitte „Regeln zum Tabellenteil" beachten)	
Besonderheiten:	
Mitglied in „Deutscher Fachverband High School". Das Programm wird auch von „Euro-Internatsberatung" angeboten.	
Spätplazierung:	
Flug zu vorgebuchten Terminen (Unterbringung bei Area-Rep oder in Welcome families)	
Flug erst nach erfolgter Plazierung	✓
1/2 Schuljahr USA im Angebot	✓

+++++++ kein Häkchen = Leistung/Punkt nicht vorhanden ++++++

Kompass-Sprachreisen GmbH

Limburgstraße 11 b
D-40235 Düsseldorf

Tel.: (02 11) 6 99 13 - 0
Fax: (02 11) 6 99 13 - 22
E-Mail: info@kompass-sprachreisen.de
Internet: www.kompass-sprachreisen.de

Anzahl Nebenstellen:

6 (siehe Verzeichnis Postleitzahlen)

Rechtsform:

GmbH

Gemeinnützigkeit in Deutschland:

nein

Gründungsjahr:

1972

USA High School-Programm seit:

1973

Schülerzahl im USA High School-Programm:

224 (Schuljahr 2002/2003)

USA Partner:

PIE

Informationsmaterial:

✓ **beschreibt persönliche Voraussetzungen**
✓ **beschreibt zu erwartende Probleme**
wirbt mit US Führerschein
wirbt mit High School-Diploma

Bewerbungsfrist:

31.03.2003

Stipendien (siehe auch Kapitel Stipendien)

ja

Bewerbungsverfahren:

✓ **Einzelinterview (Schüler und Eltern)**
Einzelinterview (Schüler)
Gruppeninterview (Schüler und Eltern)
Gruppeninterview (Schüler)
ersatzweise telefonisches Interview

KOMPASS SPRACHREISEN

Philosophie der Arbeit:

„Unsere Mitarbeiter sind alle selbst im Ausland in der Schule gewesen und kennen die damit verbundenen Herausforderungen aus eigener Erfahrung. Während der Vorbereitungsphase besprechen wir intensiv die Ursache aller Probleme, die sich während des USA-Schuljahres stellen können, so daß es möglichst erst gar nicht dazu kommt. Wenn doch, werden sie rasch und professionell beseitigt. Wir kommunizieren fast täglich, notfalls auch nachts oder am Wochenende, mit unseren langjährigen amerikanischen Partnern. Jeder Schüler hat in Deutschland und in den USA seinen festen Ansprechpartner."

Ratschläge an Bewerber:

„Du mußt das Schuljahr selbst wollen. Neben den Angeboten der Austauschorganisation findet die eigentliche Vorbereitung zu Hause in Gesprächen mit Deiner Familie statt. Natürliches Taktgefühl, Anpassungsfähigkeit an andere Familien- und Lebensgewohnheiten, Verantwortungsbewußtsein Toleranz und Hilfsbereitschaft sind unabdingbare Voraussetzungen.“

Vor- und Nachbereitungsarbeit:

Der Umfang entspricht den in der Tabelle genannten Leistungen und Angeboten.

Weltweite Austauschprogramme:

keine

Sonstige Programme:*

- Privatschulen:
  Kanada

* nähere Informationen beim Veranstalter

USA High School-Jahr 2003/2004 Preise und Leistungen:	
Grundpreis:	EUR 6.195
Leistungen der Organisation im Grundpreis:	
Schüler Vorbereitungs-Treffen	
Schüler-Eltern Vorbereitungs-Treffen	✓
BRD Schüler Vorbereitungs-Seminar	
USA Schüler Vorbereitungs-Seminar	
Flugbegleitung	✓
Elternabende	
Nachbereitungs-Treffen	✓
Nachbereitungs-Seminar	
Drittleistungen im Grundpreis:	
Haftpflicht-Versicherung	✓
Kranken-Versicherung	✓
Unfall-Versicherung	✓
BRD Inland-Flug	✓
Transatlantik-Flug	✓
USA Inland-Flug	✓
Angebote und Leistungen der USA-Partnerorganisation:	
Vorbereitungs-Treffen der Gastfamilien	
regelmäßiger tel. Kontakt mit dem Area Rep	✓
regelmäßige Treffen mit dem Area Rep	✓
regelmäßige Besuche des Area Rep	✓
Reiseangebote	✓
erwartbare zusätzliche Kosten:	
erwartbarer Endpreis	**EUR 6.195**
(Bitte „Regeln zum Tabellenteil“ beachten)	
Besonderheiten: **Mitglied in „Deutscher Fachverband High School“. Eine Reiserücktrittskosten-Versicherung kann für EUR 120 abgeschlossen werden.**	
Spätplazierung:	
Flug zu vorgebuchten Terminen (Unterbringung bei Area-Rep oder in Welcome families)	
Flug erst nach erfolgter Plazierung	✓
1/2 Schuljahr USA im Angebot	✓

+++++++ kein Häkchen = Leistung/Punkt nicht vorhanden ++++++

kultur life Gesellschaft für Jugend- Kulturreisen mbH

Exerzierplatz 9
D-24103 Kiel

Tel.:	(04 31) 8 88 14 10
Fax:	(04 31) 8 88 14 19
E-Mail:	info@kultur-life.de
Internet:	www.kultur-life.de

Anzahl Nebenstellen:

1 (siehe OPEN DOOR)

Rechtsform:

GmbH

Gemeinnützigkeit in Deutschland:

nein

Gründungsjahr:

1995

USA High School-Programm seit:

1996

Schülerzahl im USA High School-Programm:

52 (Schuljahr 2002/2003)

USA Partner:

Nacel Open Door

Informationsmaterial:

✓ **beschreibt persönliche Voraussetzungen**
beschreibt zu erwartende Probleme
wirbt mit US Führerschein
wirbt mit High School-Diploma

Bewerbungsfrist:

30.04.2003

Stipendien (siehe auch Kapitel Stipendien)

nein

Bewerbungsverfahren:

✓ **Einzelinterview (Schüler und Eltern)**
✓ **Einzelinterview (Schüler)**
Gruppeninterview (Schüler und Eltern)
Gruppeninterview (Schüler)
ersatzweise telefonisches Interview

Philosophie der Arbeit:

„In einer intensiven Informations- und Vorbereitungsphase sehen wir den Schlüssel zum Erfolg eines Auslandsaufenthaltes. Denn Völkerverständigung fängt beim Verständnis für andere Lebensweisen an. Wir sehen unsere Aufgabe darin, mit den Teilnehmern die besten Voraussetzungen für Verstehen zu schaffen. Unser Motto: It´s not worse, it´s not better, it´s just different!“

Ratschläge an Bewerber:

„Toleranz, Offenheit, Anpassungsfähigkeit sowie gesunde Neugier sollten Jugendliche mitbringen. Neben Gymnasiasten sind gute Realschüler ebenso willkommen.“

Vor- und Nachbereitungsarbeit:

Der Umfang entspricht den in der Tabelle genannten Leistungen und Angeboten.

Weltweite Austauschprogramme:*

Australien, England, Frankreich, Japan, Kanada, Mexiko, Neuseeland, Spanien

Sonstige Programme:*

- Homestay: Australien, England, Frankreich, Kanada, Mexiko, USA
- Jobs und Praktika: England, Frankreich
- Privatschulen: Australien, England, Frankreich, Kanada, Neuseeland, USA
- Study Work: Kombination von Sprachschule und Demi Pair: England, Neuseeland

* nähere Informationen beim Veranstalter

USA High School-Jahr 2003/2004 Preise und Leistungen:

Grundpreis:	EUR 5.950
Leistungen der Organisation im Grundpreis:	
Schüler Vorbereitungs-Treffen	
Schüler-Eltern Vorbereitungs-Treffen	✓
BRD Schüler Vorbereitungs-Seminar	✓
USA Schüler Vorbereitungs-Seminar	✓
Flugbegleitung	
Elternabende	
Nachbereitungs-Treffen	
Nachbereitungs-Seminar	✓
Drittleistungen im Grundpreis:	
Haftpflicht-Versicherung	✓
Kranken-Versicherung	✓
Unfall-Versicherung	✓
BRD Inland-Flug	✓
Transatlantik-Flug	✓
USA Inland-Flug	✓
Angebote und Leistungen der USA-Partnerorganisation:	
Vorbereitungs-Treffen der Gastfamilien	
regelmäßiger tel. Kontakt mit dem Area Rep	✓
regelmäßige Treffen mit dem Area Rep	
regelmäßige Besuche des Area Rep	✓
Reiseangebote	
erwartbare zusätzliche Kosten:	
erwartbarer Endpreis	**EUR 5.950 ***
(Bitte „Regeln zum Tabellenteil" beachten)	
Besonderheiten:	
*** Achtung! Der erwartbare Endpreis kann sich aufgrund eines Gebietszuschlages um EUR 650 erhöhen.**	
Spätplazierung:	
Flug zu vorgebuchten Terminen (Unterbringung bei Area-Rep oder in Welcome families)	✓
Flug erst nach erfolgter Plazierung	
1/2 Schuljahr USA im Angebot	✓

+++++++ kein Häkchen = Leistung/Punkt nicht vorhanden ++++++

LSI – Language Studies International GmbH

Zeil 107
D-60313 Frankfurt

Tel.: (0 69) 2 03 09
Fax: (0 69) 29 63 39
E-Mail: fra@LSI.edu
Internet: www.LSI.de

Anzahl Nebenstellen:
keine

Rechtsform:
GmbH

Gemeinnützigkeit in Deutschland:
nein

Gründungsjahr:
1989

USA High School-Programm seit:
1997

Schülerzahl im USA High School-Programm:
150 (Schuljahr 2002/2003)

USA Partner:
ASA, CHI, ERDT/SHARE, WISE

Informationsmaterial:
- beschreibt persönliche Voraussetzungen
- beschreibt zu erwartende Probleme
- wirbt mit US Führerschein
- wirbt mit High School-Diploma

Bewerbungsfrist:
30.04.2003

Stipendien (siehe auch Kapitel Stipendien)
ja

Bewerbungsverfahren:
- ✓ Einzelinterview (Schüler und Eltern)
- Einzelinterview (Schüler)
- Gruppeninterview (Schüler und Eltern)
- Gruppeninterview (Schüler)
- ✓ ersatzweise telefonisches Interview

Philosophie der Arbeit:

„Wir verpflichten uns, jungen Leuten qualitativ hochwertige Auslandsaufenthalte zu bieten, indem wir unsere Teilnehmer und deren Familien individuell betreuen und auf ihre Wünsche und Bedürfnisse eingehen."

Ratschläge an Bewerber:

„Vorab über das Gastland informieren. Offen sein für Erfahrungen in einer fremden Kultur. Sie werden als Familienmitglied aufgenommen und entsprechend behandelt. Sie sollten sich ebenfalls wie ein Familienmitglied verhalten und nicht ein Hotel erwarten."

+++++++ Häkchen (✓) = Leistung/Punkt vorhanden ++++++

Vor- und Nachbereitungsarbeit:

Der Umfang entspricht den in der Tabelle genannten Leistungen und Angeboten.

Weltweite Austauschprogramme:*

Kanada

Sonstige Programme:*

- Berufliche Weiterbildung: Work Experience
- Farm-, Ranchstays: USA
- Homestay: USA
- Internate: England, Irland, USA
- International School Year: weltweit an LSI-Schulen
- Privatschulen: Australien, England, Irland, Neuseeland, USA

* nähere Informationen beim Veranstalter

USA High School-Jahr 2003/2004 Preise und Leistungen:

Grundpreis:	EUR 6.140
Leistungen der Organisation im Grundpreis:	
Schüler Vorbereitungs-Treffen	
Schüler-Eltern Vorbereitungs-Treffen	✓
BRD Schüler Vorbereitungs-Seminar	
USA Schüler Vorbereitungs-Seminar	
Flugbegleitung	
Elternabende	
Nachbereitungs-Treffen	✓
Nachbereitungs-Seminar	
Drittleistungen im Grundpreis:	
Haftpflicht-Versicherung	✓
Kranken-Versicherung	✓
Unfall-Versicherung	✓
BRD Inland-Flug	✓
Transatlantik-Flug	✓
USA Inland-Flug	✓
Angebote und Leistungen der USA-Partnerorganisation:	
Vorbereitungs-Treffen der Gastfamilien	
regelmäßiger tel. Kontakt mit dem Area Rep	✓
regelmäßige Treffen mit dem Area Rep	
regelmäßige Besuche des Area Rep	✓
Reiseangebote	✓
erwartbare zusätzliche Kosten:	
erwartbarer Endpreis	**EUR 6.140**
(Bitte „Regeln zum Tabellenteil“ beachten)	
Besonderheiten: **Das Programm wird auch von „Europa-Sprachclub“ angeboten.**	
Spätplazierung:	
Flug zu vorgebuchten Terminen (Unterbringung bei Area-Rep oder in Welcome families)	
Flug erst nach erfolgter Plazierung	✓
1/2 Schuljahr USA im Angebot	✓

+++++++ kein Häkchen = Leistung/Punkt nicht vorhanden ++++++

MAP Sprachreisen GmbH
Munich Academic Program

Türkenstraße 104
D-80799 München

Tel.:	**(0 89) 35 73 79 77**
Fax:	**(0 89) 35 73 79 78**
E-Mail:	**highschool@map-sprachreisen.com**
Internet:	**www.map-sprachreisen.com**

Anzahl Nebenstellen:

keine

Rechtsform:

GmbH

Gemeinnützigkeit in Deutschland:

nein

Gründungsjahr:

1996

USA High School-Programm seit:

1996

Schülerzahl im USA High School-Programm:

200 (Schuljahr 2002/2003)

USA Partner:

CCI, Study Group Private School

Informationsmaterial:

✓ **beschreibt persönliche Voraussetzungen**
✓ **beschreibt zu erwartende Probleme**
wirbt mit US Führerschein
wirbt mit High School-Diploma

Bewerbungsfrist:

15.03.2003

Stipendien (siehe auch Kapitel Stipendien)

nein

Bewerbungsverfahren:

✓ **Einzelinterview (Schüler und Eltern)**
✓ **Einzelinterview (Schüler)**
Gruppeninterview (Schüler und Eltern)
Gruppeninterview (Schüler)
ersatzweise telefonisches Interview

MAP
MUNICH ACADEMIC PROGRAM
MAP SPRACHREISEN GMBH

Philosophie der Arbeit:

„Wir haben bereits über 20 Jahre Erfahrung mit High School-Programmen. In der persönlichen Betreuung der Jugendlichen und Eltern sehen wir unsere Stärke: Fast zwei Jahre stehen wir laufend in Verbindung mit den Eltern und ihren Kindern. Dies beginnt bei der Beurteilung der Eignung des Bewerbers in einem persönlichen Gespräch, beinhaltet die gründliche Vorbereitung während der Zeit vor dem Abflug, und nicht zuletzt halten wir Kontakt während des Aufenthaltes im Gastland zu beiden Seiten. Kurz gefaßt: Wir stehen mit Service, Rat und Tat zur Seite. Solange, bis sich der Schüler nach der Rückkehr wieder eingelebt hat."

+++++++ Häkchen (✓) = Leistung/Punkt vorhanden ++++++

Ratschläge an Bewerber:

„Ein Schüler sollte offen sein, tolerant und anpassungsfähig. Er sollte sich auf neue Situationen einstellen können. Er sollte interessiert sein, ein neues Land und eine neue Kultur kennenzulernen."

Vor- und Nachbereitungsarbeit:

Der Umfang entspricht den in der Tabelle genannten Leistungen und Angeboten.

Weltweite Austauschprogramme:*
Australien, Kanada, Neuseeland

Sonstige Programme:*

- College, Internate: USA
- Privatschulen: USA

* nähere Informationen beim Veranstalter

USA High School-Jahr 2003/2004 Preise und Leistungen:		
Grundpreis:		EUR 6.490
Leistungen der Organisation im Grundpreis:		
Schüler Vorbereitungs-Treffen		
Schüler-Eltern Vorbereitungs-Treffen		✓
BRD Schüler Vorbereitungs-Seminar		
USA Schüler Vorbereitungs-Seminar		
Flugbegleitung		✓
Elternabende		
Nachbereitungs-Treffen		✓
Nachbereitungs-Seminar		
Drittleistungen im Grundpreis:		
Haftpflicht-Versicherung		
Kranken-Versicherung		
Unfall-Versicherung		
BRD Inland-Flug		✓
Transatlantik-Flug		✓
USA Inland-Flug		✓
Angebote und Leistungen der USA-Partnerorganisation:		
Vorbereitungs-Treffen der Gastfamilien		✓
regelmäßiger tel. Kontakt mit dem Area Rep		✓
regelmäßige Treffen mit dem Area Rep		✓
regelmäßige Besuche des Area Rep		✓
Reiseangebote		✓
erwartbare zusätzliche Kosten:		
Versicherungs-Paket	**EUR**	**445**
erwartbarer Endpreis (Bitte „Regeln zum Tabellenteil" beachten)		**EUR 6.935**
Besonderheiten: **Eine Reiserücktrittskosten-Versicherung ist im Preis enthalten. Der erwartbare Endpreis kann sich um einen Flugzuschlag um ca. 400 EUR (Alaska, Hawaii) erhöhen.**		
Spätplazierung:		
Flug zu vorgebuchten Terminen (Unterbringung bei Area-Rep oder in Welcome families)		
Flug erst nach erfolgter Plazierung		✓
1/2 Schuljahr USA im Angebot		✓

+++++++ kein Häkchen = Leistung/Punkt nicht vorhanden ++++++

OPEN DOOR Student Exchange e.V.

Mechtildistraße 16
D-50678 Köln

Tel.:	(02 21) 3 31 99 56
Fax:	(02 21) 3 31 99 58
E-Mail:	info@opendoor.de
Internet:	www.opendoor.de

Anzahl Nebenstellen:

1 (siehe kultur life)

Rechtsform:

e.V.

Gemeinnützigkeit in Deutschland:

ja

Gründungsjahr:

1983 (seit 1988 e.V.)

USA High School-Programm seit:

1984

Schülerzahl im USA High School-Programm:

60 (Schuljahr 2002/2003)

USA Partner:

Nacel Open Door

Informationsmaterial:

beschreibt persönliche Voraussetzungen
beschreibt zu erwartende Probleme
wirbt mit US Führerschein
wirbt mit High School-Diploma

Bewerbungsfrist:

30.04.2003

Stipendien (siehe auch Kapitel Stipendien)

nein

Bewerbungsverfahren:

✓ **Einzelinterview (Schüler und Eltern)**
✓ **Einzelinterview (Schüler)**
Gruppeninterview (Schüler und Eltern)
Gruppeninterview (Schüler)
ersatzweise telefonisches Interview

Open Door
Student Exchange e.V.

Philosophie der Arbeit:

„In Deutschland kooperieren wir mit kultur life, einer Partnerorganisation von Nacel International. kultur life erfüllt die gleichen gewohnten Qualitätsstandards wie OPEN DOOR. Gemeinsam mit kultur life treten wir gegenüber unseren internationalen Partnern als eine Einheit auf, um unsere Interessen als auch die unserer Teilnehmer noch intensiver zu vertreten. Wir haben es uns zur Aufgabe gemacht, jungen Menschen aus Amerika, Deutschland und Kanada die Gelegenheit zu geben, das jeweils andere Land, seine Sprache, Kultur und den Alltag kennenzulernen, ihre Lebenserfahrung wesentlich zu bereichern und damit eine gute Basis für die selbst gestaltete Zukunft zu erwerben."

Ratschläge an Bewerber:

„Im interkulturellen Austausch ist es wichtig, daß der Teilnehmer für viele Dinge, die im Gastland anders sind, Verständnis aufbringt und seine Erwartungshaltung revidiert. Denn nur so ist er in der Lage, nicht auf Mißverständnisse zu stoßen. Oftmals führt Mangel an Einfühlungsvermögen zu fast unlösbaren Problemen. Daher ist es wichtig, von sich aus auf Personen zuzugehen. Mit der Bereitschaft, zur Konfliktlösung beizutragen, hält man den Schlüssel zum Erfolg in der Hand."

Vor- und Nachbereitungsarbeit:

Der Umfang entspricht den in der Tabelle genannten Leistungen und Angeboten.

Weltweite Austauschprogramme:*

Australien, England, Frankreich, Japan, Mexiko, Kanada, Neuseeland, Spanien

Sonstige Programme:*

- Privatschulen:
  Australien, England, Frankreich, Japan, Kanada, Neuseeland, USA

* nähere Informationen beim Veranstalter

USA High School-Jahr 2003/2004 Preise und Leistungen:	
Grundpreis:	EUR 5.950
Leistungen der Organisation im Grundpreis:	
Schüler Vorbereitungs-Treffen	
Schüler-Eltern Vorbereitungs-Treffen	✓
BRD Schüler Vorbereitungs-Seminar	✓
USA Schüler Vorbereitungs-Seminar	✓
Flugbegleitung	✓
Elternabende	
Nachbereitungs-Treffen	
Nachbereitungs-Seminar	✓
Drittleistungen im Grundpreis:	
Haftpflicht-Versicherung	✓
Kranken-Versicherung	✓
Unfall-Versicherung	✓
BRD Inland-Flug	✓
Transatlantik-Flug	✓
USA Inland-Flug	✓
Angebote und Leistungen der USA-Partnerorganisation:	
Vorbereitungs-Treffen der Gastfamilien	
regelmäßiger tel. Kontakt mit dem Area Rep	✓
regelmäßige Treffen mit dem Area Rep	
regelmäßige Besuche des Area Rep	✓
Reiseangebote	
erwartbare zusätzliche Kosten:	
erwartbarer Endpreis	**EUR 5.950 ***
(Bitte „Regeln zum Tabellenteil" beachten)	
Besonderheiten: *** Achtung! Der erwartbare Endpreis kann sich aufgrund eines Gebietszuschlages um EUR 650 erhöhen.**	
Spätplazierung:	
Flug zu vorgebuchten Terminen (Unterbringung bei Area-Rep oder in Welcome families)	✓
Flug erst nach erfolgter Plazierung	
1/2 Schuljahr USA im Angebot	✓

+++++++ kein Häkchen = Leistung/Punkt nicht vorhanden ++++++

Partnership International e.V.
ehemals Fulbright-Gesellschaft

Hansaring 85
D-50670 Köln

Tel.: (02 21) 9 13 97 33
Fax: (02 21) 9 13 97 34
E-Mail: office@partnership.de
Internet: www.partnership.de

Anzahl Nebenstellen:
1 (siehe Verzeichnis Postleitzahlen)

Rechtsform:
e.V.

Gemeinnützigkeit in Deutschland:
ja

Gründungsjahr:
1962

USA High School-Programm seit:
1969

Schülerzahl im USA High School-Programm:
234 (Schuljahr 2002/2003)

USA Partner:
AYUSA, NWServices

Informationsmaterial:
- ✓ **beschreibt persönliche Voraussetzungen**
- ✓ **beschreibt zu erwartende Probleme**
- **wirbt mit US Führerschein**
- **wirbt mit High School-Diploma**

Bewerbungsfrist:
31.01.2003

Stipendien (siehe auch Kapitel Stipendien)
ja

Bewerbungsverfahren:
- **Einzelinterview (Schüler und Eltern)**
- ✓ **Einzelinterview (Schüler)**
- **Gruppeninterview (Schüler und Eltern)**
- ✓ **Gruppeninterview (Schüler)**
- **ersatzweise telefonisches Interview**

Philosophie der Arbeit:

„Wir fördern internationale Begegnungen auf wissenschaftlichen, pädagogischen und kulturellen Ebenen. Wir organisieren und betreuen vor allem Austauschprogramme für deutsche, europäische, amerikanische und neuseeländische Jugendliche."

Ratschläge an Bewerber:

„Keine Erwartungen zu haben, ist die beste Voraussetzung. Nichts wird besser oder schlechter sein, - bestenfalls anders. Bereitschaft, gegenseitig (Eltern - Schüler) loszulassen, ist Voraussetzung. Herausforderungen für alle Beteiligten sind vorprogrammiert."

+++++++ Häkchen (✓) = Leistung/Punkt vorhanden ++++++

Vor- und Nachbereitungsarbeit:

Der Umfang entspricht den in der Tabelle genannten Leistungen und Angeboten.

Weltweite Austauschprogramme:*
England, Irland

Sonstige Programme:*
- Berufl. Weiterbildung: Fortbildung für Schulleiter
- Homestay: Australien, China, England, Irland, Kanada, Neuseeland, USA

* nähere Informationen beim Veranstalter

USA High School-Jahr 2003/2004 Preise und Leistungen:	
Grundpreis:	EUR 6.770
Leistungen der Organisation im Grundpreis:	
Schüler Vorbereitungs-Treffen	
Schüler-Eltern Vorbereitungs-Treffen	✓
BRD Schüler Vorbereitungs-Seminar	✓
USA Schüler Vorbereitungs-Seminar	
Flugbegleitung	✓
Elternabende	✓
Nachbereitungs-Treffen	
Nachbereitungs-Seminar	✓
Drittleistungen im Grundpreis:	
Haftpflicht-Versicherung	✓
Kranken-Versicherung	✓
Unfall-Versicherung	✓
BRD Inland-Flug	
Transatlantik-Flug	✓
USA Inland-Flug	✓
Angebote und Leistungen der USA-Partnerorganisation:	
Vorbereitungs-Treffen der Gastfamilien	✓
regelmäßiger tel. Kontakt mit dem Area Rep	✓
regelmäßige Treffen mit dem Area Rep	✓
regelmäßige Besuche des Area Rep	✓
Reiseangebote	✓
erwartbare zusätzliche Kosten:	
BRD Inland-Flug (ab Frankfurt, Düsseldorf im Preis enthalten, sonst pauschal)	**EUR 100**
erwartbarer Endpreis (Bitte „Regeln zum Tabellenteil" beachten)	**EUR 6.870**
Besonderheiten: **Notfallnummer 24 Std. "rund-um-die-Uhr" für USA Teilnehmer. Mitglied im "Arbeitskreis gemeinnütziger Jugendaustauschorganisationen".**	
Spätplazierung:	
Flug zu vorgebuchten Terminen (Unterbringung bei Area-Rep oder in Welcome families)	
Flug erst nach erfolgter Plazierung	✓
1/2 Schuljahr USA im Angebot	✓

+++++++ kein Häkchen = Leistung/Punkt nicht vorhanden ++++++

Reflections International Inc.
Deutsche Vertretung

Ergster Weg 30 b
D-58093 Hagen

Tel.:	**(0 23 34) 5 34 80**
Fax:	**(0 23 34) 5 34 80**
E-Mail:	**reflect@mhtc.net**
Internet:	**www.ueberaus.de/reflect.htm**

Anzahl Nebenstellen:

1 (siehe Verzeichnis Postleitzahlen)

Rechtsform:

nicht selbstständig

Gemeinnützigkeit in Deutschland:

nein

Gründungsjahr:

1995

USA High School-Programm seit:

1996

Schülerzahl im USA High School-Programm:

31 (Schuljahr 2002/2003)

USA Partner:

Reflections International

Informationsmaterial:

- ✓ **beschreibt persönliche Voraussetzungen**
- ✓ **beschreibt zu erwartende Probleme**
- **wirbt mit US Führerschein**
- **wirbt mit High School-Diploma**

Bewerbungsfrist:

15.11.2002

Stipendien (siehe auch Kapitel Stipendien)

nein

Bewerbungsverfahren:

- ✓ **Einzelinterview (Schüler und Eltern)**
- ✓ **Einzelinterview (Schüler)**
- ✓ **Gruppeninterview (Schüler und Eltern)**
- **Gruppeninterview (Schüler)**
- **ersatzweise telefonisches Interview**

Philosophie der Arbeit:

„Wir verstehen uns als kleine, relativ exklusive Agentur, die sehr großen Wert auf den persönlichen Kontakt mit den Schülern legt. Das reicht von der mehrstündigen Beratung in der Familie (Einzelbesuche) bis zur Vorbereitung kurz vor dem Abflug in kleinem Kreis. Unsere Beratung versucht, den Schülern eine realistische Erwartungshaltung zu vermitteln, um Enttäuschungen zu vermeiden. Wir lehnen Kandidaten ab, bei denen allein die Eltern Triebkraft des Austausches sind und die Entscheidungen nicht von den Schülern getroffen werden."

+++++++ Häkchen (✓) = Leistung/Punkt vorhanden ++++++

Ratschläge an Bewerber:

„Wir empfehlen Eltern und Schülern eine kontinuierliche Arbeit an ihrem Vorhaben. Uns ist besonders wichtig, in unserer umfangreichen Vorarbeit darauf hinzuweisen, daß der Aufenthalt kein Urlaub ist, sondern zu Anfang richtige Arbeit für den Schüler bedeuten wird, ehe er aber dann nach der Überwindung der ersten Probleme (Familie, Kulturschock, Schule, Sprache) seinen Aufenthalt genießen kann."

Vor- und Nachbereitungsarbeit:

Der Umfang entspricht den in der Tabelle genannten Leistungen und Angeboten.

Weltweite Austauschprogramme:

keine

Sonstige Programme:

keine

USA High School-Jahr 2003/2004 Preise und Leistungen:	
Grundpreis:	EUR 5.950
Leistungen der Organisation im Grundpreis:	
Schüler Vorbereitungs-Treffen	✓
Schüler-Eltern Vorbereitungs-Treffen	✓
BRD Schüler Vorbereitungs-Seminar	
USA Schüler Vorbereitungs-Seminar	
Flugbegleitung	
Elternabende	✓
Nachbereitungs-Treffen	✓
Nachbereitungs-Seminar	
Drittleistungen im Grundpreis:	
Haftpflicht-Versicherung	✓
Kranken-Versicherung	✓
Unfall-Versicherung	✓
BRD Inland-Flug	
Transatlantik-Flug	✓
USA Inland-Flug	
Angebote und Leistungen der USA-Partnerorganisation:	
Vorbereitungs-Treffen der Gastfamilien	✓
regelmäßiger tel. Kontakt mit dem Area Rep	✓
regelmäßige Treffen mit dem Area Rep	✓
regelmäßige Besuche des Area Rep	
Reiseangebote	✓
erwartbare zusätzliche Kosten: **Reflections arbeitet in Deutschland und den USA lokal, deshalb fallen in der Regel keine Inland-Flugkosten an.**	
erwartbarer Endpreis *(Bitte „Regeln zum Tabellenteil" beachten)*	**EUR 5.950**
Besonderheiten: **Eine Reisegepäck-Versicherung ist im Grundpreis enthalten. Platzierung ausschließlich im Staat Wisconsin.**	
Spätplazierung:	
Flug zu vorgebuchten Terminen (Unterbringung bei Area-Rep oder in Welcome families)	
Flug erst nach erfolgter Plazierung	✓
1/2 Schuljahr USA im Angebot	✓

STEP IN
School Programmes GmbH

Beethovenallee 21
D-53173 Bonn

Tel.: (02 28) 95 69 5 - 0
Fax: (02 28) 95 69 5 - 99
E-Mail: info@step-in.de
Internet: www.step-in.de

Anzahl Nebenstellen:
keine

Rechtsform:
GmbH

Gemeinnützigkeit in Deutschland:
nein

Gründungsjahr:
1997

USA High School-Programm seit:
1997

Schülerzahl im USA High School-Programm:
60 (Schuljahr 2002/2003)

USA Partner:
ARG, PAX

Informationsmaterial:
beschreibt persönliche Voraussetzungen
beschreibt zu erwartende Probleme
wirbt mit US Führerschein
wirbt mit High School-Diploma

Bewerbungsfrist:
30.04.2003

Stipendien (siehe auch Kapitel Stipendien)
ja

Bewerbungsverfahren:
Einzelinterview (Schüler und Eltern)
✓ Einzelinterview (Schüler)
Gruppeninterview (Schüler und Eltern)
Gruppeninterview (Schüler)
ersatzweise telefonisches Interview

STEP IN
STUDENT TRAVEL & EDUCATION
PROGRAMMES INTERNATIONAL

Philosophie der Arbeit:
„Unsere Organisation wurde, mit dem Ziel gegründet, junge Menschen bei der Verwirklichung eines Auslandsaufenthaltes zu unterstützen."

Ratschläge an Bewerber:
„Motivation, Anpassungsfähigkeit, Selbständigkeit, gute schulische Leistungen."

+++++++ Häkchen (✓) = Leistung/Punkt vorhanden ++++++

Achtung: die nicht gemeinnützige STEP IN GmbH führt das Programm durch und ist Vertragspartner. Der vorläufig gemeinnützige STEP IN e.V. ist lediglich für die Beratung zuständig.

Vor- und Nachbereitungsarbeit:

Das Programm ist auch ohne USA Schüler Vorbereitungs-Seminar für EUR 5.600 buchbar.

Weltweite Austauschprogramme:*

Australien, England, Frankreich, Irland, Kanada, Neuseeland, Südafrika

Sonstige Programme:*

- Au Pair: Europa, USA
- Berufliche Weiterbildung: Auslandspraktika Australien
- Camp Counselor: USA
- Privatschulen: Australien, England, Irland, Kanada, USA
- Work + Travel
- Work + Study
- Volunteer Programm Südamerika

* nähere Informationen beim Veranstalter

USA High School-Jahr 2003/2004 Preise und Leistungen:

Grundpreis:	EUR 6.470
Leistungen der Organisation im Grundpreis:	
Schüler Vorbereitungs-Treffen	
Schüler-Eltern Vorbereitungs-Treffen	✓
BRD Schüler Vorbereitungs-Seminar	
USA Schüler Vorbereitungs-Seminar	✓
Flugbegleitung	✓
Elternabende	✓
Nachbereitungs-Treffen	
Nachbereitungs-Seminar	✓
Drittleistungen im Grundpreis:	
Haftpflicht-Versicherung	✓
Kranken-Versicherung	✓
Unfall-Versicherung	✓
BRD Inland-Flug	
Transatlantik-Flug	✓
USA Inland-Flug	✓
Angebote und Leistungen der USA-Partnerorganisation:	
Vorbereitungs-Treffen der Gastfamilien	
regelmäßiger tel. Kontakt mit dem Area Rep	
regelmäßige Treffen mit dem Area Rep	✓
regelmäßige Besuche des Area Rep	✓
Reiseangebote	✓

erwartbare zusätzliche Kosten:

BRD Inland-Flug (pauschal)	**EUR**	**100**
Nachber.-Treffen (freiwillig)	**EUR**	**15**

erwartbarer Endpreis **EUR 6.585**

(Bitte „Regeln zum Tabellenteil“ beachten)

Besonderheiten:

Eine Reiserücktrittskosten-Versicherung ist im Grundpreis enthalten.
Siehe Vor- und Nachbereitungsarbeit.
Das Programm wird auch von „AAR“ angeboten.

Spätplazierung:

Flug zu vorgebuchten Terminen (Unterbringung bei Area-Rep oder in Welcome families)	✓
Flug erst nach erfolgter Plazierung	
1/2 Schuljahr USA im Angebot	✓

+++++++ kein Häkchen = Leistung/Punkt nicht vorhanden ++++++

STS Sprachreisen GmbH

Mönckebergstraße 5
D-20095 Hamburg

Tel.: (0 40) 30 39 99 23 u. (0800) 1122426
Fax: (0 40) 30 39 99 08
E-Mail: highschool.germany@sts.se
Internet: www.sts-education.com

Anzahl Nebenstellen:
keine

Rechtsform:
GmbH

Gemeinnützigkeit in Deutschland:
nein

Gründungsjahr:
1980 (seit 1987 GmbH)

USA High School-Programm seit:
1980

Schülerzahl im USA High School-Programm:
300 (Schuljahr 2002/2003)

USA Partner:
AISE, ISE, PAX, STS

Informationsmaterial:
- beschreibt persönliche Voraussetzungen
- beschreibt zu erwartende Probleme
- wirbt mit US Führerschein
- wirbt mit High School-Diploma

Bewerbungsfrist:
15.03.2003

Stipendien (siehe auch Kapitel Stipendien)
ja

Bewerbungsverfahren:
- ✓ Einzelinterview (Schüler und Eltern)
- Einzelinterview (Schüler)
- Gruppeninterview (Schüler und Eltern)
- Gruppeninterview (Schüler)
- ersatzweise telefonisches Interview

Philosophie der Arbeit:

„Ziel ist selbstverständlich, unseren Schülern eine fremde Kultur zu vermitteln. Sie erlangen außerdem unweigerlich eine Menge Fähigkeiten, die ihnen besonders nach dem Austauschjahr sowohl schulisch als auch privat zugute kommen werden: eine zweite Muttersprache, ein besseres Selbstbewußtsein und das Privileg, einen internationalen Freundeskreis zu besitzen."

Ratschläge an Bewerber:

„Durchschnittliche Noten, Motivation, Englischkenntnisse, Reife, Flexibilität, Engagement, Anpassungsfähigkeit (Kultur, Essen, Alltag, Kirche)."

Vor- und Nachbereitungsarbeit:

Neben den in den Tabellen genannten Angeboten können die Schüler nach ihrer Rückkehr Mitglied im STS International Returnee Club werden. STS bietet ein freiwilliges Vorbereitungs-Seminar (Dauer: 10 Tage) für EUR 1.150 an.

Weltweite Austauschprogramme:*

Australien, Brasilien, Frankreich, Italien, Kanada, Neuseeland, Schweden, Spanien, Südafrika

Sonstige Programme:*

- Privatschulen: USA

* nähere Informationen beim Veranstalter

USA High School-Jahr 2003/2004 Preise und Leistungen:	
Grundpreis:	EUR 6.550
Leistungen der Organisation im Grundpreis:	
Schüler Vorbereitungs-Treffen	
Schüler-Eltern Vorbereitungs-Treffen	✓
BRD Schüler Vorbereitungs-Seminar	
USA Schüler Vorbereitungs-Seminar	
Flugbegleitung	✓
Elternabende	
Nachbereitungs-Treffen	✓
Nachbereitungs-Seminar	
Drittleistungen im Grundpreis:	
Haftpflicht-Versicherung	✓
Kranken-Versicherung	✓
Unfall-Versicherung	✓
BRD Inland-Flug	✓
Transatlantik-Flug	✓
USA Inland-Flug	✓
Angebote und Leistungen der USA-Partnerorganisation:	
Vorbereitungs-Treffen der Gastfamilien	
regelmäßiger tel. Kontakt mit dem Area Rep	✓
regelmäßige Treffen mit dem Area Rep	
regelmäßige Besuche des Area Rep	
Reiseangebote	✓
erwartbare zusätzliche Kosten:	
erwartbarer Endpreis	**EUR 6.550**
(Bitte „Regeln zum Tabellenteil" beachten)	
Besonderheiten: **Siehe Vor- und Nachbereitungsarbeit. Im Grundpreis ist eine Rechtsschutz- und eine Reisegepäck-Versicherung enthalten.**	
Spätplazierung:	
Flug zu vorgebuchten Terminen (Unterbringung bei Area-Rep oder in Welcome families)	
Flug erst nach erfolgter Plazierung	✓
1/2 Schuljahr USA im Angebot	✓

+++++++ kein Häkchen = Leistung/Punkt nicht vorhanden ++++++

Taste – TeenAge STudent Exchange
Wistaedt GbR

Kurt-Schumacher-Straße 32
D-30159 Hannover

Tel.:	**(05 11) 32 99 - 77**
Fax:	**(05 11) 32 95 15**
E-Mail:	**tastenet@aol.com**
Internet:	**www.tastenet.de**

Anzahl Nebenstellen:

keine

Rechtsform:

GbR

Gemeinnützigkeit in Deutschland:

nein

Gründungsjahr:

1990

USA High School-Programm seit:

1990

Schülerzahl im USA High School-Programm:

73 (Schuljahr 2002/2003)

USA Partner:

CHI

Informationsmaterial:

- ✓ **beschreibt persönliche Voraussetzungen**
- ✓ **beschreibt zu erwartende Probleme**
- **wirbt mit US Führerschein**
- **wirbt mit High School-Diploma**

Bewerbungsfrist:

30.04.2003

Stipendien (siehe auch Kapitel Stipendien)

nein

Bewerbungsverfahren:

- **Einzelinterview (Schüler und Eltern)**
- ✓ **Einzelinterview (Schüler)**
- **Gruppeninterview (Schüler und Eltern)**
- **Gruppeninterview (Schüler)**
- **ersatzweise telefonisches Interview**

TASTE
THE WORLD
★ ★ ★
TEEN AGE STUDENT EXCHANGE

Philosophie der Arbeit:

„Wir möchten Schülern die Möglichkeit geben, fremde Kulturen kennen zu lernen, zu erleben und die internationale Verständigung zu fördern. Wir bereiten Schüler und Eltern bestmöglich auf das Auslandsjahr vor und betreuen sie vor, während und nach dem Aufenthalt im Gastland. TASTE versucht, individuelle Wünsche erfüllen und hat aus diesem Grund z. B ein Programm, das Reitern die Platzierung in Gastfamilien mit. Pferd(en) garantiert."

Ratschläge an Bewerber:

„Jeder, der sich ein Auslandsjahr zutraut, sollte sich bewerben. Wir akzeptieren Teilnehmer aller Schulformen. Bei uns zählen nicht gute Noten, sondern Charakter und Einstellung. Man muss tolerant, offen, anpassungsfähig und humorvoll sein. Die Erwartungen müssen so niedrig wie möglich gehalten werden, die Neugier auf die fremde Kultur muss überwiegen."

Vor- und Nachbereitungsarbeit:

Der Umfang entspricht den in der Tabelle genannten Leistungen und Angeboten.

Weltweite Austauschprogramme:*

Argentinien, Australien, Kanada, Mexiko, Südafrika

Sonstige Programme:*

- Universitätsprogramm: Argentinien

* nähere Informationen beim Veranstalter

USA High School-Jahr 2003/2004 Preise und Leistungen:		
Grundpreis:	EUR 6.130	
Leistungen der Organisation im Grundpreis:		
Schüler Vorbereitungs-Treffen		
Schüler-Eltern Vorbereitungs-Treffen		✓
BRD Schüler Vorbereitungs-Seminar		✓
USA Schüler Vorbereitungs-Seminar		
Flugbegleitung		
Elternabende		
Nachbereitungs-Treffen		✓
Nachbereitungs-Seminar		
Drittleistungen im Grundpreis:		
Haftpflicht-Versicherung		
Kranken-Versicherung		
Unfall-Versicherung		
BRD Inland-Flug		
Transatlantik-Flug		✓
USA Inland-Flug		✓
Angebote und Leistungen der USA-Partnerorganisation:		
Vorbereitungs-Treffen der Gastfamilien		✓
regelmäßiger tel. Kontakt mit dem Area Rep		✓
regelmäßige Treffen mit dem Area Rep		✓
regelmäßige Besuche des Area Rep		✓
Reiseangebote		✓
erwartbare zusätzliche Kosten:		
Versicherungspaket (US$ 350)	**ca. EUR**	**368**
BRD Inland-Flug (pauschal)	**EUR**	**100**
erwartbarer Endpreis	**EUR 6.598 ***	
(Bitte „Regeln zum Tabellenteil" beachten)		
Besonderheiten: *** Achtung! Der erwartbare Endpreis kann sich aufgrund eines Gebietszuschlages um US$ 300 und um einen Flugzuschlag um EUR 410 (Alaska, Hawaii) erhöhen. Siehe Vor- und Nachbereitungsarbeit.**		
Spätplazierung:		
Flug zu vorgebuchten Terminen (Unterbringung bei Area-Rep oder in Welcome families)		
Flug erst nach erfolgter Plazierung		✓
1/2 Schuljahr USA im Angebot		✓

+++++++ kein Häkchen = Leistung/Punkt nicht vorhanden ++++++

team! Sprachen & Reisen GmbH

Bärbroich 35
D-51429 Bergisch Gladbach

Tel.: (0 22 07) 91 13 90
Fax: (0 22 07) 91 13 87
E-Mail: team@language.de
Internet: www.language.de/team

Anzahl Nebenstellen:
keine

Rechtsform:
GmbH

Gemeinnützigkeit in Deutschland:
nein

Gründungsjahr:
1992

USA High School-Programm seit:
1992

Schülerzahl im USA High School-Programm:
289 (Schuljahr 2002/2003)

USA Partner:
World Heritage

Informationsmaterial:
✓ **beschreibt persönliche Voraussetzungen**
beschreibt zu erwartende Probleme
wirbt mit US Führerschein
wirbt mit High School-Diploma

Bewerbungsfrist:
31.03.2003

Stipendien (siehe auch Kapitel Stipendien)
ja

Bewerbungsverfahren:
✓ **Einzelinterview (Schüler und Eltern)**
✓ **Einzelinterview (Schüler)**
✓ **Gruppeninterview (Schüler und Eltern)**
Gruppeninterview (Schüler)
ersatzweise telefonisches Interview

team!
SPRACHEN & REISEN

Philosophie der Arbeit:

„team! Sprachen & Reisen GmbH veranstaltet Schülersprachreisen und führt High School-Programme durch. Eltern vertrauen uns ihre Kinder an. Wir sind uns dieser Verantwortung bewußt."

Ratschläge an Bewerber:

„Bewerbern und Eltern wird von vornherein deutlich gemacht, daß es sich beim High School-Programm nicht um eine touristische Veranstaltung handelt. Die Bewerber und Bewerberinnen müssen bereit sein, sich auf neue Situationen und Lebensgewohnheiten einzustellen. Nur so können positive Erfahrungen in einem neuen Kulturkreis gemacht werden, die nur ein High School-Jahr ermöglicht."

+++++++ Häkchen (✓) = Leistung/Punkt vorhanden ++++++

Vor- und Nachbereitungsarbeit:

Der Umfang entspricht den in der Tabelle genannten Leistungen und Angeboten.

Weltweite Austauschprogramme:*

Australien, England, Neuseeland

Sonstige Programme:*

- Privatschulen:
  Australien, England, Irland, Kanada, USA

* nähere Informationen beim Veranstalter

USA High School-Jahr 2003/2004 Preise und Leistungen:	
Grundpreis:	EUR 6.670
Leistungen der Organisation im Grundpreis:	
Schüler Vorbereitungs-Treffen	
Schüler-Eltern Vorbereitungs-Treffen	✓
BRD Schüler Vorbereitungs-Seminar	
USA Schüler Vorbereitungs-Seminar	
Flugbegleitung	✓
Elternabende	
Nachbereitungs-Treffen	✓
Nachbereitungs-Seminar	
Drittleistungen im Grundpreis:	
Haftpflicht-Versicherung	✓
Kranken-Versicherung	
Unfall-Versicherung	
BRD Inland-Flug	✓
Transatlantik-Flug	✓
USA Inland-Flug	✓
Angebote und Leistungen der USA-Partnerorganisation:	
Vorbereitungs-Treffen der Gastfamilien	✓
regelmäßiger tel. Kontakt mit dem Area Rep	✓
regelmäßige Treffen mit dem Area Rep	✓
regelmäßige Besuche des Area Rep	
Reiseangebote	✓
erwartbare zusätzliche Kosten:	
Versicherungs-Paket	**EUR 550**
Vorber.-Seminar (freiwillig)	**EUR 50**
erwartbarer Endpreis	**EUR 7.270**
(Bitte „Regeln zum Tabellenteil“ beachten)	
Besonderheiten: **Eine 5-tägige Rundreise (New York, Washington) zu Beginn ist im Grundpreis enthalten. Mitglied in „Deutscher Fachverband High School“.**	
Spätplazierung:	
Flug zu vorgebuchten Terminen (Unterbringung bei Area-Rep oder in Welcome families)	
Flug erst nach erfolgter Plazierung	✓
1/2 Schuljahr USA im Angebot	✓

+++++++ kein Häkchen = Leistung/Punkt nicht vorhanden ++++++

Terre des Langues e.V.

Ludwigstraße 6
D-93047 Regensburg

Tel.: (09 41) 56 56 02
Fax: (09 41) 56 56 04
E-Mail: terre-des-langues@t-online.de
Internet: www.terre-des-langues.de

Anzahl Nebenstellen:

5 (siehe Verzeichnis Postleitzahlen)

Rechtsform:

e.V.

Gemeinnützigkeit in Deutschland:

nein

Gründungsjahr:

1995

USA High School-Programm seit:

1997

Schülerzahl im USA High School-Programm:

20 (Schuljahr 2002/2003)

USA Partner:

ARC, ISE, TERRA LINGUA USA

Informationsmaterial:

beschreibt persönliche Voraussetzungen
beschreibt zu erwartende Probleme
wirbt mit US Führerschein
wirbt mit High School-Diploma

Bewerbungsfrist:

30.04.2003

Stipendien (siehe auch Kapitel Stipendien)

nein

Bewerbungsverfahren:

✓ **Einzelinterview (Schüler und Eltern)**
✓ **Einzelinterview (Schüler)**
Gruppeninterview (Schüler und Eltern)
Gruppeninterview (Schüler)
✓ **ersatzweise telefonisches Interview**

Philosophie der Arbeit:

„Wir sind eine Terre des Langues-Familie. Unsere Mitarbeiter haben mehr als 13 Jahre Erfahrung im High School-Bereich. Das bedeutet, daß Gastfamilien, Lehrer und Schüler als auch alle Organisatoren sich persönlich kennen. Der gute Geist dieser Familie lebt weit über die Zeit eines Aufenthaltes hinaus."

Ratschläge an Bewerber:

„Bitte bringen Sie die Bereitschaft mit, sich auf neue Erfahrungen und Menschen einzulassen, ein offener und flexibler Charakter, der es ermöglicht, Schul- und Familienleben sowie eine fremde Kultur zu akzeptieren sowie Bewußtsein der Botschafter-Rolle."

Vor- und Nachbereitungsarbeit:

Neben den in der Tabelle genannten Leistungen und Angeboten können Sprachkurse in Cleveland (unterschiedliche Stufen sowie Einzelunterricht) gebucht werden. Nähere Informationen beim Veranstalter.

Weltweite Austauschprogramme:*
Australien, England, Frankreich, Irland, Kanada, Neuseeland, Spanien

Sonstige Programme:*

- Berufliche Weiterbildung: Sprachtraining, Auslandspraktika
- College: Australien, England, Frankreich, USA
- Homestay: Australien, England, Frankreich, Irland, Kanada, Mexiko, USA, Spanien
- Internate: England, Kanada
- Privatschulen: Australien, England, Frankreich, Kanada, Neuseeland, Spanien

* nähere Informationen beim Veranstalter

USA High School-Jahr 2003/2004 Preise und Leistungen:	
Grundpreis:	EUR 6.080
Leistungen der Organisation im Grundpreis:	
Schüler Vorbereitungs-Treffen	
Schüler-Eltern Vorbereitungs-Treffen	✓
BRD Schüler Vorbereitungs-Seminar	✓
USA Schüler Vorbereitungs-Seminar	✓
Flugbegleitung	
Elternabende	
Nachbereitungs-Treffen	✓
Nachbereitungs-Seminar	
Drittleistungen im Grundpreis:	
Haftpflicht-Versicherung	✓
Kranken-Versicherung	✓
Unfall-Versicherung	✓
BRD Inland-Flug	✓
Transatlantik-Flug	✓
USA Inland-Flug	✓
Angebote und Leistungen der USA-Partnerorganisation:	
Vorbereitungs-Treffen der Gastfamilien	
regelmäßiger tel. Kontakt mit dem Area Rep	✓
regelmäßige Treffen mit dem Area Rep	✓
regelmäßige Besuche des Area Rep	
Reiseangebote	
erwartbare zusätzliche Kosten:	
erwartbarer Endpreis	**EUR 6.080**
(Bitte „Regeln zum Tabellenteil“ beachten)	
Besonderheiten: **Siehe Vor- und Nachbereitungsarbeit.**	
Spätplazierung:	
Flug zu vorgebuchten Terminen (Unterbringung bei Area-Rep oder in Welcome families)	
Flug erst nach erfolgter Plazierung	✓
1/2 Schuljahr USA im Angebot	✓

+++++++ kein Häkchen = Leistung/Punkt nicht vorhanden ++++++

TREFF – International Exchange e.V.
Negelerstraße 25 D-72764 Reutlingen
Tel.: (0 71 21) 24 07 47 Fax: (0 71 21) 27 04 10 E-Mail: treff-sprachreisen@t-online.de Internet: www.treff-sprachreisen.de
Anzahl Nebenstellen: **keine**
Rechtsform: **e.V.**
Gemeinnützigkeit in Deutschland: **ja**
Gründungsjahr: **1994**
USA High School-Programm seit: **1994**
Schülerzahl im USA High School-Programm: **103** (Schuljahr 2002/2003)
USA Partner: **ACE, IntoEdVentures, ISE, Reach, WE**
Informationsmaterial: ✓ beschreibt persönliche Voraussetzungen ✓ beschreibt zu erwartende Probleme wirbt mit US Führerschein wirbt mit High School-Diploma
Bewerbungsfrist: **15.04.2003**
Stipendien (siehe auch Kapitel Stipendien) **ja**
Bewerbungsverfahren: ✓ Einzelinterview (Schüler und Eltern) Einzelinterview (Schüler) ✓ Gruppeninterview (Schüler und Eltern) Gruppeninterview (Schüler) ersatzweise telefonisches Interview

TREFF
INTERNATIONAL EXCHANGE e.V.
Gemeinnütziger Förderverein für internationalen Kulturaustausch

Philosophie der Arbeit:

„Wir wollen Völkerverständigung, Kultur- und Gedankenaustausch fördern, besonders zwischen jungen Menschen aus englischsprachigen Ländern. Wir wollen es ermöglichen, andere Länder, Kulturen und Lebensweisen kennenzulernen, um so gegenseitige Toleranz und internationale Frendschaften zu fördern. Als kleiner Veranstalter legen wir Wert auf sorgfältig ausgesuchte Gastfamilien und intensive Betreuung.“

Ratschläge an Bewerber:

„1. Information! Und zwar aus erster Hand. Vor allem die Erfahrungsberichte von Vorgängern und Bücher ehemaliger Teilnehmer sind eine wichtige Informationsquelle für Interessenten und Eltern.
2. Unser Fragebogen in der Broschüre, der Fragen zur Entscheidungshilfe bietet.“

USA High School-Jahr 2003/2004 Preise und Leistungen:	
Grundpreis:	EUR 6.250
Leistungen der Organisation im Grundpreis:	
Schüler Vorbereitungs-Treffen	
Schüler-Eltern Vorbereitungs-Treffen	✓
BRD Schüler Vorbereitungs-Seminar	
USA Schüler Vorbereitungs-Seminar	
Flugbegleitung	✓
Elternabende	
Nachbereitungs-Treffen	
Nachbereitungs-Seminar	✓
Drittleistungen im Grundpreis:	
Haftpflicht-Versicherung	✓
Kranken-Versicherung	✓
Unfall-Versicherung	✓
BRD Inland-Flug	✓
Transatlantik-Flug	✓
USA Inland-Flug	✓
Angebote und Leistungen der USA-Partnerorganisation:	
Vorbereitungs-Treffen der Gastfamilien	✓
regelmäßiger tel. Kontakt mit dem Area Rep	✓
regelmäßige Treffen mit dem Area Rep	✓
regelmäßige Besuche des Area Rep	
Reiseangebote	✓
erwartbare zusätzliche Kosten:	
erwartbarer Endpreis	**EUR 6.250 ***
(Bitte „Regeln zum Tabellenteil“ beachten)	
Besonderheiten: ***Achtung! Der erwartbare Endpreis kann sich aufgrund eines Gebietszuschlages um EUR 300-700 erhöhen (entfällt bei Bewerbung bis 01.01.2003). Im Grundpreis: Reisegepäck-Vers.**	
Spätplazierung:	
Flug zu vorgebuchten Terminen (Unterbringung bei Area-Rep oder in Welcome families)	
Flug erst nach erfolgter Plazierung	✓
1/2 Schuljahr USA im Angebot	✓

Vor- und Nachbereitungsarbeit:

Der Umfang entspricht den in der Tabelle genannten Leistungen und Angeboten.

Weltweite Austauschprogramme:*
Australien, Kanada, Neuseeland

Sonstige Programme:*

- Berufliche Weiterbildung: Sprachtraining mit Auslandsprakt. in Australien, England, USA
- College: Australien, Irland, Neuseeland, USA
- Privatschulen: Australien, Brasilien, England, Irland, Kanada, Neuseeland, USA

* nähere Informationen beim Veranstalter

+++++++ kein Häkchen = Leistung/Punkt nicht vorhanden ++++++

Xenos

Xenos Leadership Exchange
im YOUNG-LIFE-BERLIN e.V.

Eschershauser Weg 19 i
D-14163 Berlin

Tel.: (0 30) 81 49 - 96 12
Fax: (0 30) 81 49 - 96 13
E-Mail: austausch@young-life-berlin.de
Internet: www.young-life-berlin.de

Anzahl Nebenstellen:
keine

Rechtsform:
e.V.

Gemeinnützigkeit in Deutschland:
ja

Gründungsjahr:
1984 (seit 1986 im e.V., vormals Amicus)

USA High School-Programm seit:
1984

Schülerzahl im USA High School-Programm:
27 (Schuljahr 2002/2003)

USA Partner:
Student Quest (SLF)

Informationsmaterial:
- ✓ beschreibt persönliche Voraussetzungen
- ✓ beschreibt zu erwartende Probleme
- wirbt mit US Führerschein
- wirbt mit High School-Diploma

Bewerbungsfrist:
13.10.2002

Stipendien (siehe auch Kapitel Stipendien)
ja

Bewerbungsverfahren:
- Einzelinterview (Schüler und Eltern)
- ✓ Einzelinterview (Schüler)
- Gruppeninterview (Schüler und Eltern)
- ✓ Gruppeninterview (Schüler)
- ersatzweise telefonisches Interview

Philosophie der Arbeit:

„Das Schüleraustauschprogramm ist Teil der Arbeit des überkonfessionell christlichen Trägers freier Jugendhilfe YOUNG-LIFE-BERLIN e.V. Es ist eingebunden in andere Angebote wie Jugendforen, -wettbewerbe und -gruppen. Großen Wert legen wir auf eine umfassende Vorbereitung, ein Jahr lang in wöchentlichen Treffen, die von ehemaligen Austauschschülern geleitet werden. Wegen der wöchentlichen Treffen können in der Regel nur Jugendliche aus Berlin und Umgebung teilnehmen. Ein zweiter Schwerpunkt ist die persönliche Betreuung durch zwei kleine überschaubare Partnerorganisationen in den USA. Die Teilnehmer lernen einige der US-amerikanischen Betreuer vor Beginn des Austauschs in Deutschland kennen. Seit 1998 nehmen wir auch lettische und US-amerikanische Austauschschüler in Deutschland auf."

+++++++ Häkchen (✓) = Leistung/Punkt vorhanden ++++++

Ratschläge an Bewerber:

„Wer als Austauschschüler ein Jahr im Ausland verbringt, hat die einmalige Chance, durch persönlichen Kontakt seinen Beitrag zu besserem Völkerverständnis zu leisten. Wir suchen Jugendliche, die sich dafür engagieren wollen. Wir erwarten Offenheit, Toleranz, Sozialkompetenz, Lernwillen, Kontaktbereitschaft sowie die Einsicht, daß der Erfolg des Jahres vor allem vom eigenen Einsatz abhängt. Ein Austauschschüler sollte selbständig sein, aber die Autorität von Gasteltern und Lehrern akzeptieren können. Wir raten, an nachmittäglichen Arbeitsgemeinschaften teilzunehmen."

Vor- und Nachbereitungsarbeit:

Im Preis enthalten sind wöchentliche Vorbereitungstreffen von Oktober bis Juli, zwei Wochenendseminare, drei Elternabende, eine zehntägige Abschlußfahrt in den USA (Washington D.C. oder Los Angeles) und ein Wochenendseminar nach der Rückkehr nach Deutschland.

Weltweite Austauschprogramme:
keine

Sonstige Programme:
keine

USA High School-Jahr 2003/2004 Preise und Leistungen:	
Grundpreis:	ca. EUR 5.100
Leistungen der Organisation im Grundpreis:	
Schüler Vorbereitungs-Treffen	✓
Schüler-Eltern Vorbereitungs-Treffen	✓
BRD Schüler Vorbereitungs-Seminar	✓
USA Schüler Vorbereitungs-Seminar	
Flugbegleitung	
Elternabende	✓
Nachbereitungs-Treffen	✓
Nachbereitungs-Seminar	✓
Drittleistungen im Grundpreis:	
Haftpflicht-Versicherung	✓
Kranken-Versicherung	✓
Unfall-Versicherung	✓
BRD Inland-Flug	
Transatlantik-Flug	
USA Inland-Flug	
Angebote und Leistungen der USA-Partnerorganisation:	
Vorbereitungs-Treffen der Gastfamilien	✓
regelmäßiger tel. Kontakt mit dem Area Rep	✓
regelmäßige Treffen mit dem Area Rep	✓
regelmäßige Besuche des Area Rep	
Reiseangebote	
erwartbare zusätzliche Kosten:	
alle Flüge (pauschal)	**EUR 900**
erwartbarer Endpreis	**EUR 6.000**
(Bitte „Regeln zum Tabellenteil" beachten)	
Besonderheiten:	
Siehe Vor- und Nachbereitungsarbeit.	
Spätplazierung:	
Flug zu vorgebuchten Terminen (Unterbringung bei Area-Rep oder in Welcome families)	
Flug erst nach erfolgter Plazierung	✓
1/2 Schuljahr USA im Angebot	

+++++++ kein Häkchen = Leistung/Punkt nicht vorhanden ++++++

Deutsches YOUTH FOR UNDERSTANDING Komitee e.V.

Averhoffstraße 10
D-22085 Hamburg

Tel.: (0 40) 22 70 02 - 0
Fax: (0 40) 22 70 02 - 27
E-Mail: info@yfu.de
Internet: www.yfu.de

Anzahl Nebenstellen:

16 (siehe Verzeichnis Postleitzahlen)

Rechtsform:

e.V.

Gemeinnützigkeit in Deutschland:

ja

Gründungsjahr:

1957 (seit 1965 e.V.)

USA High School-Programm seit:

1957

Schülerzahl im USA High School-Programm:

897 (Schuljahr 2002/2003)

USA Partner:

ICES, USSE, YFU USA Inc.

Informationsmaterial:

✓ **beschreibt persönliche Voraussetzungen**
✓ **beschreibt zu erwartende Probleme**
wirbt mit US Führerschein
wirbt mit High School-Diploma

Bewerbungsfrist:

15.12.2002

Stipendien (siehe auch Kapitel Stipendien)

ja

Bewerbungsverfahren:

Einzelinterview (Schüler und Eltern)
Einzelinterview (Schüler)
Gruppeninterview (Schüler und Eltern)
✓ **Gruppeninterview (Schüler)**
ersatzweise telefonisches Interview

Philosophie der Arbeit:

„Wir bieten langfristige, bildungsorientierte Austauschprogramme an, veranstalten also keine Sprachreisen, sondern wollen offenen, wachen, verantwortungsbewußten jungen Menschen die Möglichkeit geben, ein Jahr lang am familiären und schulischen Alltagsleben eines fremden Landes teilzunehmen. Sie sollen, alleine in ihrer Gastfamilie, aber vorbereitet durch uns, lernen, über nationale und kulturelle Grenzen hinweg erfolgreich zu kommunizieren. Wir verstehen dies als ein Stück Erziehung zu internationaler, interkultureller Verständigung und Zusammenarbeit sowie zu politischem Verantwortungsbewußtsein."

Ratschläge an Bewerber:

„Die immensen (Lern)Chancen, die in einem solchen Austausch liegen, ergeben sich nicht von selbst, sondern nur durch aktive Bereitschaft, sich auf Neues und Fremdes offen einzulassen – auch dann, wenn es den eigenen Erwartungen zuwider läuft. Horizonte erweitern sich nicht von selbst und können auch nicht von anderen erweitert werden, wenn man nicht selbst bereit ist, sie zu erweitern."

Vor- und Nachbereitungsarbeit:

Das obligatorische Vorbereitungsseminar in Deutschland dauert sieben Tage. In den USA wird etwa zur Mitte und zum Ende des Aufenthaltes ein Orientierungsseminar veranstaltet. Für die deutschen Eltern gibt es mehrere Elternabende.

Weltweite Austauschprogramme:*
ca. 20 Länder
(siehe Anhang Austauschländer)

Sonstige Programme:
keine

* nähere Informationen beim Veranstalter

USA High School-Jahr 2003/2004 Preise und Leistungen:	
Grundpreis:	EUR 6.500
Leistungen der Organisation im Grundpreis:	
Schüler Vorbereitungs-Treffen	✓
Schüler-Eltern Vorbereitungs-Treffen	✓
BRD Schüler Vorbereitungs-Seminar	✓
USA Schüler Vorbereitungs-Seminar	✓
Flugbegleitung	✓
Elternabende	✓
Nachbereitungs-Treffen	✓
Nachbereitungs-Seminar	✓
Drittleistungen im Grundpreis:	
Haftpflicht-Versicherung	✓
Kranken-Versicherung	✓
Unfall-Versicherung	✓
BRD Inland-Flug	✓
Transatlantik-Flug	✓
USA Inland-Flug	✓
Angebote und Leistungen der USA-Partnerorganisation:	
Vorbereitungs-Treffen der Gastfamilien	
regelmäßiger tel. Kontakt mit dem Area Rep	✓
regelmäßige Treffen mit dem Area Rep	✓
regelmäßige Besuche des Area Rep	✓
Reiseangebote	✓
erwartbare zusätzliche Kosten:	
erwartbarer Endpreis	**EUR 6.500**
(Bitte „Regeln zum Tabellenteil" beachten)	
Besonderheiten: **Siehe Vor- und Nachbereitungsarbeit. Mitglied im "Arbeitskreis gemeinnütziger Jugendaustauschorganisationen".**	
Spätplazierung:	
Flug zu vorgebuchten Terminen (Unterbringung bei Area-Rep oder in Welcome families)	✓
Flug erst nach erfolgter Plazierung	
1/2 Schuljahr USA im Angebot	

B.E.S.T. - Better Exchange for Student Teenagers

Kuseler Weg 41
D-40229 Düsseldorf

Tel.: (02 11) 2 80 11 80
Fax: (02 11) 21 98 66
E-Mail: bestexchange@juno.com
Internet: www.beststudentexchange.com

Anzahl Nebenstellen:

keine

Rechtsform:

nicht selbständig

Gemeinnützigkeit in Deutschland:

nein

Gründungsjahr:

1998

USA High School-Programm seit:

1998

Schülerzahl im USA High School-Programm:

50 (Schuljahr 2002/2003)

USA Partner:

B.E.S.T.

Informationsmaterial:

✓ **beschreibt persönliche Voraussetzungen**
✓ **beschreibt zu erwartende Probleme**
wirbt mit US Führerschein
wirbt mit High School-Diploma

Bewerbungsfrist:

15.03.2003

Stipendien (siehe auch Kapitel Stipendien)

nein

Bewerbungsverfahren:

✓ **Einzelinterview (Schüler und Eltern)**
✓ **Einzelinterview (Schüler)**
Gruppeninterview (Schüler und Eltern)
Gruppeninterview (Schüler)
✓ **ersatzweise telefonisches Interview**

B.E.S.T. hat derzeit nur das halbe Schuljahr USA im Programm. Die Preise sind daher nicht direkt mit denen der anderen Anbieter vergleichbar. Das ganze Schuljahr USA soll in Kürze angeboten werden. Näheres beim Veranstalter.

Philosophie der Arbeit:

„Es heißt, dass ein Auslandsaufenthalt den Charakter eines Menschen prägt, und genau das wollen wir erreichen! Better Exchange for Student Teenagers (B.E.S.T.) ist eine in den USA gemeinnützige Austauschorganisation deren Ziel es ist, möglichst vielen Austauschschülern einen bezahlbaren Auslandsaufenthalt zu ermöglichen, um von unseren Bildungsprogrammen zu profitieren. Schließlich ist und bleibt ein High School Semester in den USA eine unbeschreiblich kostbare Investition in die Zukunft."

Ratschläge an Bewerber:

„Alle Bewerber sollten die Bewerbungsunterlagen unbedingt wahrheitsgemäß und ausführlich beantworten, um den Gastfamilien und Entscheidern vor Ort eine bestmögliche Beurteilungsgrundlage zu bieten. Nicht wahrheitsgemäß ausgefüllte Unterlagen führen zu einer bildlichen Verzerrung des Bewerbers und möglicherweise zu einer Platzierung bei einer Gastfamilie, die Interessen verfolgt, die nicht unbedingt mit den Interessen des Bewerbers konform sind.“

Vor- und Nachbereitungsarbeit:

Der Umfang entspricht den in der Tabelle genannten Leistungen und Angeboten.

Weltweite Austauschprogramme:

keine

Sonstige Programme:

keine

USA High School-Jahr 2003/2004 Preise und Leistungen:	
*Grundpreis **(1/2 Schuljahr)**:*	EUR 3.316
Leistungen der Organisation im Grundpreis:	
Schüler Vorbereitungs-Treffen	✓
Schüler-Eltern Vorbereitungs-Treffen	✓
BRD Schüler Vorbereitungs-Seminar	
USA Schüler Vorbereitungs-Seminar	
Flugbegleitung	✓
Elternabende	
Nachbereitungs-Treffen	✓
Nachbereitungs-Seminar	
Drittleistungen im Grundpreis:	
Haftpflicht-Versicherung	
Kranken-Versicherung	✓
Unfall-Versicherung	✓
BRD Inland-Flug	
Transatlantik-Flug	
USA Inland-Flug	
Angebote und Leistungen der USA-Partnerorganisation:	
Vorbereitungs-Treffen der Gastfamilien	✓
regelmäßiger tel. Kontakt mit dem Area Rep	✓
regelmäßige Treffen mit dem Area Rep	✓
regelmäßige Besuche des Area Rep	✓
Reiseangebote	✓
erwartbare zusätzliche Kosten:	
Haftpflicht-Vers. (pauschal)	**EUR 50**
alle Flüge	**EUR 650**
erwartbarer Endpreis	**EUR 4.016**
(Bitte „Regeln zum Tabellenteil“ beachten)	
Besonderheiten:	
Platzierung ausschließlich in Nordkalifornien. Der Reisepreis beinhaltet einen Campingtrip zum Lake Tahoe oder zum Yosemite National Park.	
Spätplazierung:	
Flug zu vorgebuchten Terminen (Unterbringung bei Area-Rep oder in Welcome families)	✓
Flug erst nach erfolgter Plazierung	
1/2 Schuljahr USA im Angebot	✓

Gastschüler in Deutschland: Inbound-Programme

Der wirkliche Austausch im eigentlichen Sinne des Wortes, das heißt auf Gegenseitigkeit, findet schon lange nicht mehr statt. Dennoch kommen jährlich gut 1.400 Schüler aus Ländern aller Kontinente nach Deutschland, um hier ein Schuljahr zu verbringen. Für diese Jugendlichen suchen die deutschen Organisationen Gastfamilien, was leider nicht immer ganz einfach ist. Interessierte Familien können direkt mit den Anbietern Kontakt aufnehmen (Adressen siehe Tabellenteil).

Organisation	Anzahl der Austauschüler im Schuljahr 2003/2004
Advised	7 Schüler aus Nord- und Südamerika sowie Europa
AFS	600 Schüler aus Nord- und Südamerika, Asien sowie Europa
AYUSA	9 Schüler aus Nord- und Südamerika sowie Asien
CIEE	7 Schüler aus Nordamerika und Ozeanien
DFSR	keine Angabe, da das Programm neu ist
EF	40 Schüler aus Nordamerika, Ozeanien und Europa
Experiment	75 Schüler aus Südamerika und Europa
GIVE	60 Schüler aus Südamerika und Europa
GLS	25 Schüler aus Südamerika und Europa
ICX	30 Schüler aus Südamerika und Europa
Into	keine Angabe, da das Programm neu ist
Kultur life	15 Schüler aus Nordamerika und Europa
Open Door	20 Schüler aus Nordamerika und Europa
Partnership	120 Schüler aus Nordamerika und Europa
STEP IN	35 Schüler aus Ozeanien und Europa
STS	ca. 50 Schüler aus Europa
TASTE	2 Schüler aus Südamerika und Ozeanien
TREFF	7 Schüler aus Nord- und Südamerika
XENOS	2 Schüler aus Nordamerika
YFU	335 Schüler aus Nordamerika und Osteuropa

Weitere Organisationen

Vermittler

Folgende Veranstalter vermitteln Schüler nicht selber in die USA sondern bieten das Programm anderer in Deutschland tätigen Organisationen an:

AAR Anglo-American-Reisebüro GmbH
SHARE Int. Exchange Programs
Vidumstraße 2
D-49492 Westerkappeln
Tel.: (0 54 04) 96 08 12
Fax: (0 54 04) 96 08 11
E-Mail: info@aartravel.com
Internet: www.aartravel.com
➔ Programm von STEP IN

Auslandsgesellschaft Nordrhein-Westfalen e.V.
Steinstraße 48
D-44147 Dortmund
Tel.: (02 31) 8 38 00 36
Fax: (02 31) 8 38 00 40
E-Mail: info@agnrw.de
Internet: www.agnrw.de
➔ Programm von Advised

Euro-Internatsberatung Tumulka GmbH
Abteilung High School
Grillparzerstraße 46
D-81675 München
Tel.: (0 89) 4 55 55 50
Fax: (0 89) 45 55 55 44
E-Mail: info@boarding-school.com
Internet: www.boarding-school.com
➔ Programm von ASPECT, AYUSA, iSt

Europa-Sprachclub GmbH
Diezstraße 4 A
D-70565 Stuttgart
Tel.: (07 11) 74 10 61
Fax: (07 11) 74 20 73
E-Mail: europa-sprachclub@t-online.de
Internet: www.europa-sprachclub.de
➔ Programm von LSI

Verein Berliner Austauschschüler e.V. (VBA)
Adalbertstraße 4
(Galerie 1. OG)
D-10999 Berlin
Tel.: (0 30) 25 29 51 33
Fax: (0 30) 25 29 51 32
E-Mail: vba@Austausch-Berlin.de
Internet: www.austausch-berlin.de
➔ Programm von AFS und YFU ausschließlich für Berliner Teilnehmer

Lokale und überkonfessionelle Anbieter

Christliche Ferienzeiten Wolbeck e.V.
Koordination Schüleraustausch
Postfach 470128
D-48075 Münster
Tel.: (02 51) 763 60 63
Fax: (02 51) 763 60 63
➔ Bieten im begrenzten Rahmen für Schüler aus dem Raum Münster ein High School-Jahr USA an.

CJD Arnold-Dannemann-Akademie
Institut für internationale und ökumenische Arbeit
Ottilienberg
D-70531 Eppingen
Tel.: (0 72 62) 91 66 70
Fax: (0 72 62) 91 66 90
E-Mail: cjd.akademie@cjd.de
➔ Bieten im Rahmen ihrer Arbeit Schüleraustausch bundesweit an.

Privatschulen

i-WAY
Verein für individuelle deutsch-amerikanische
Bildungsprogramme e.V.
Gleueler Straße 272
D-50935 Köln
Tel.: (02 21) 46 39 47
Fax: (02 21) 46 42 14
E-Mail: info@i-way.de
➔ gemeinnützig
Das Vermittlungshonorar bei i-WAY beträgt EUR 2.400 - 2.700. Die geschätzten Preise der amerikanischen Schulen und Internate liegen zwischen US$ 15.000 und US$ 26.000, je nach Unterbringungsart (Gastfamilie oder Internat).

Soweit die in den Tabellen dargestellten Organisationen diese Möglichkeit bieten, haben wir sie unter „Sonstige Programme“ auf der rechten Tabelleninnenseite unten aufgeführt. Hier die Organisationen im Überblick: Advised, AMS, ASPECT, ASSIST, AYUSA, CAMPS, cdc, CIEE, DFSR, ecse, EEI, EUROVACANCES, Experiment, fee, GIJK, GIVE, GLS, House of English, iE, Into, Iska, iST, Kultur life, LSI, MAP, Open Door, STEP IN, STS, team!, Terre des Langues, TREFF. (Die entsprechende Seite finden Sie im „Verzeichnis Organisationen“. Siehe auch Euro-Internatsberatung).

Privat organisierter USA-Aufenthalt

Wer glaubt, durch ein privat organisiertes Schuljahr in den USA Zeit und Geld sparen zu können, muß Folgendes bedenken: Seit 1996 sind die Public High Schools gesetzlich verpflichtet, Gastschülern, die ohne Organisation in die USA kommen, das volle Schulgeld zu berechnen. Dies liegt je nach Gemeinde durchschnittlich bei 7.000 US$. Dazu kommen die Kosten für den Flug und mögliche Versicherungen - der Gesamtpreis liegt also deutlich über dem Durchschnittspreis von EUR 6.500, den eine Organisation in Deutschland für alle Leistungen (inklusive Vor- und Nachbereitung) verlangt. Auch für den Schulplatz und das Visum muß selbst gesorgt werden. Zusätzlich ist zu bedenken, dass selbst bei Verwandten, bekannten Familien

oder Geschäftskontakten Probleme auftauchen können, die einen Familienwechsel erforderlich machen. Und dann gibt es vor Ort keinen Ansprechpartner, der helfen kann. Schüler (und Eltern in Deutschland) sind in diesem Fall selbst für eine Regulierung verantwortlich. Positive Erfahrungen mit einem privat organisiertem Jahr können Sie in Katjas Erfahrungsbericht im Internet nachlesen:
www.schueleraustausch.de/sa/berichte/katja.shtml

Schulpartnerschaften und Pädagogenaustausch

German American Partnership Program (GAPP)
Pädagogischer Austauschdienst
Lennéstraße 6
D-53113 Bonn
Tel.: (02 28) 50 12 13
Fax: (02 28) 50 13 01
E-Mail: pad@kmk.org
Internet: www.kmk.org/pad/home.htm
➔ Vermittlung von Schulpartnerschaften in Nordamerika (Aufenthaltsdauer 3-4 Wochen) und ganzjähriger Lehreraustausch mit den USA.

Anbieter in Österreich

AFS Österreich
Maria-Theresien-Straße 9/6
A-1090 Wien
Tel.: (01) 3 19 25 20-0
Fax: (01) 3 19 25 31 32
E-Mail: office@afs.at
Internet: www.afs.at
➔ Weitere Austauschziele: siehe AFS Deutschland im Tabellenteil.

AYUSA
Leebgasse 81-83 2/6
A-1100 Wien
Tel.: (01) 9 54 26 36
E-Mail: robert.dewanger@ayusa.de
Internet: www.ayusa.de
➔ Weitere Austauschziele: siehe AYUSA Deutschland im Tabellenteil.

EF Education Österreich
Johannesgasse 16
A-1010 Wien
Tel.: (01) 5 12 82 87
Fax: (01) 5 12 20 76
E-Mail: nina.schimana@ef.com
Internet: www.ef.com
➔ Weitere Austauschziele: siehe EF Deutschland im Tabellenteil.

FSTS
Gesellschaft für Studienreisen GesmbH
Pfeilgasse 1 a
A-1180 Wien
Tel: (01) 4 03 32 51
Tel: (01) 4 08 14 80
E-Mail: fsts@fsts.at
Internet: www.fsts.at
➔ Weitere Austauschziele: Australien, Frankreich, Kanada, Spanien. Halbjahresprogramme möglich.

into Schüleraustausch e.V.
Scheibenbergstraße 22/2
A-1180 Wien
Tel.: (01) 4 78 75 15
Fax: (01) 4 78 66 03
E-Mail: into-austria@nextra.at
Internet: www.into.edu
➔ Weitere Austauschziele und Halbjahresprogramme: siehe into Deutschland im Tabellenteil.

Terre des Langues
Altsiedlergasse 26-28
A-3411 Klosterneuburg bei Wien
Tel.: (0 22 43) 3 39 25
Internet: www.terre-des-langues.de

SFA-Sprachreisen
Nussdorfer Straße 4
A-5050 Salzburg
Tel.: (06 62) 82 89 70
Fax: (06 62) 82 89 70 16
E-Mail: highschool@sfa-sprachreisen.at
Internet: www.sfa-sprachreisen.at
➔ Weitere Austauschziele und Halbjahresprogramme: siehe STS Deutschland im Tabellenteil.

Anbieter in der Schweiz

AeA Séjours linguistiques
2, rue du Léman, c.p. 43
CH-1814 La Tour-de-Peliz
Tel.: (0 21) 9 71 10 03
Fax: (0 21) 9 71 10 04
E-Mail: contact@aea.ch
Internet: www.aea.ch
➔ Weitere Austauschziele: Australien, Deutschland, England, Frankreich. Halbjahresprogramme möglich.

AFS Interkulturelle Programme Schweiz
Löwenstraße 16
CH-8001 Zürich
Tel.: (01) 2 18 19 19
Fax: (01) 2 12 20 12
E-Mail: info@afs.ch
Internet: www.afs.ch

AFS Programmes Interculturels
Rue du Pont 22
CH-1003 Lausanne
Tel.: (0 21) 3 51 67 40
Fax: (0 21) 3 51 67 45
Internet: www.afs.ch
➔ Weitere Austauschziele: siehe AFS Deutschland im Tabellenteil.

ASPECT International Language Schools
Talacker 42
CH-8001 Zürich
Tel.: (01) 2 11 22 12
Fax: (01) 2 12 55 14
E-Mail: info.schweiz@aspectworld.com (deutsche Schweiz)
info.suisse@aspectworld.com (französische Schweiz)
info.svizzera@aspectworld.com (italienische Schweiz)
Internet: www.aspect-sprachreisen.ch
➔ Weitere Austauschziele: siehe ASPECT Deutschland im Tabellenteil.

CCA Sprachaufenthalte
Maihofstraße 85
CH-6006 Luzern
Tel.: (0 41) 4 20 73 05
Fax: (0 41) 4 20 73 06
E-Mail: cca@tic.ch
Internet: www.sprachaufenthalte-cca.ch
➔ Weitere Austauschziele: Australien, England, Frankreich, Holland, Spanien. Halbjahresprogramme möglich.

DFSR Schweiz
Nordweg 8
CH-5503 Schafisheim
Tel.: (0 62) 8 92 12 20
Fax: (0 62) 8 92 16 24
E-Mail: m.haeni@dfsr.ch
Internet: www.dfsr.ch
➔ Weitere Austauschziele und Halbjahresprogramme: siehe DFSR Deutschland im Tabellenteil.

EF Education Schweiz
Limmatquai 94
CH-8001 Zürich
Tel.: (01) 2 50 41 03
Fax: (01) 2 50 41 10
E-Mail: ina.eckert@ef.com
Internet: www.ef.com
➔ Weitere Austauschziele und Halbjahresprogramme: siehe EF Deutschland im Tabellenteil.

The experiment in international living in Switzerland
Weinbergstraße 29
CH-8006 Zürich
Tel.: (01) 2 62 47 77
Fax: (01) 2 62 29 96
E-Mail: info@experiment.ch
Internet: www.experiment.ch

The experiment in international living in Switzerland
Rue Marterey 31
CH-1005 Lausanne
Tel.: (0 21) 3 20 85 25
E-Mail: info@experiment.ch
Internet: www.experiment.ch
➔ Weitere Austauschziele und Halbjahresprogramme: siehe Experiment Deutschland im Tabellenteil.

ICYE
Belpstraße 69
CH-3000 Bern 14
Tel.: (0 31) 371 77 80
Fax: (0 31) 3 71 40 78
E-Mail: info@icye.ch
Internet: www.icye.ch
➔ Weitere Austauschziele: etwa 25 Länder.

into Schüleraustausch e.V.
Unterdorf 22
CH-7278 Davos Monstein
Tel.: (0 81) 4 10 30 30
Fax: (0 81) 4 10 30 31
E-Mail: switzerland@into.ch
Internet: www.into.edu
➔ Weitere Austauschziele und Halbjahresprogramme: siehe into Deutschland im Tabellenteil.

iST Zürich
Kuttelgasse 1
CH-8001 Zürich
Tel.: (01) 2 15 70 10
Fax: (01) 2 15 70 11
E-Mail: info@ist-sprachreisen.ch
www.ist-sprachreisen.ch
➔ Weitere Austauschziele und Halbjahresprogramme: siehe iST Deutschland im Tabellenteil.

LSI Language Studies International
Kreuzstraße 36
CH-8008 Zürich
Tel.: (01) 2 51 58 89
Fax: (01) 2 51 58 05
E-mail: zur@Lsi.edu
Internet: www.Lsi.edu
➔ Weitere Austauschziele und Halbjahresprogramme: siehe LSI Deutschland im Tabellenteil.

Rotary Jugendaustausch Schweiz
Dorfstraße 30
CH-5430 Wettingen
Tel.: (0 56) 4 26 50 58
Fax: (0 56) 4 26 79 91
E-Mail: rotary.youthexchange@bluewin.ch
➔ Weitere Austauschziele: etwa 160 Länder. Die Austauschschüler leben während des Aufenthaltes in zwei bis drei verschiedenen Gastfamilien. Das Programm beruht auf Gegenseitigkeit. Die Familie des Austauschschülers verpflichtet sich, ebenfalls als Gastfamilie zur Verfügung zu stehen.

STS Student Travel Schools
Minervastraße 99
CH-8035 Zürich
Tel.: (01) 3 88 68 89
Fax: (01) 3 88 68 78
E-mail: highschool.switzerland@sts.se
Internet: www.sts-education.com
➔ Weitere Austauschziele und Halbjahresprogramme: siehe STS Deutschland im Tabellenteil.

Youth for Understanding (Schweiz)
Stadtbachstraße 42
CH-3001 Bern
Tel.: (0 31) 3 05 30 60
Fax: (0 31) 3 05 30 61
E-Mail: infoyfu@yfu.ch
Internet: www.yfu.ch
➔ Weitere Austauschziele: siehe YFU Deutschland im Tabellenteil.

VIII Auswertung und Perspektiven

Die Vorgabe aus der Einleitung, Schüleraustausch sei kompliziert, wurde wohl eingehalten. Wer das Buch durchgearbeitet hat, ist vielleicht zunächst verunsichert. So viele Details und Unwägbarkeiten hängen an dieser Materie, daß ein klares Bild über die Verhältnisse in diesem „boomenden Markt“ sich nur schwer formen will.

Wer deutliche Aussagen zu einzelnen Organisationen erwartet hat, ist bis hierher enttäuscht worden. Manch einer wird sich fragen, warum denn die eine oder andere Organisation in diesem Buch überhaupt Berücksichtigung fand, weiß man doch ganz genau, daß sie ...

Genau hier liegt das Problem: Die Kette der Horrorstorys über die angeblichen Schandtaten vereinzelter Organisationen ist lang und reißt nicht ab. Viele meiner Versuche, diesen Geschichten auf den Grund zu gehen, verliefen jedoch im Sande. Fast scheint es mir, als wenn sich die verschiedensten örtlichen Institutionen (Schulämter, Amerikahäuser, Kultusministerien etc.) auf ihre Spezis „eingeschossen“ haben, im positiven wie im negativen Sinne. Da kommen dann sicherlich in vielen Fällen noch persönliche Sympathien bzw. Antipathien der einzelnen Mitarbeiter in den Institutionen und den Mitarbeitern diverser Austauschorganisationen dazu. Und schon hört man in bestimmten Regionen über bestimmte Organisationen verdächtig viel Positives bzw. Negatives.

Ich will das gar nicht bewerten, da es sich eben um Menschen handelt, die nun mal miteinander klarkommen bzw. nicht. Ich finde es nur schade, wenn wiederum andere Institutionen oder Vertreter der öffentlichen Meinung diese kleinen „Grabenkriege“ ausnutzen, um mit sensationslüsternen Darstellungen die Diskussion um den Schüleraustausch unnötig anzuheizen.

Genau das will dieses Buch nicht. Wir wollen nicht dramatisieren, sondern aufklären. Auch wenn das manchmal eben zu Lasten konkreter Aussagen geht.

Klare Aussagen machen heißt, Bewertungen auszusprechen. Das bedeutet immer, sich zum Richter aufzuschwingen und alle richtigen Antworten zu wissen. Die vorangegangenen Seiten haben gezeigt, daß gerade dies im Bereich Schüleraustausch ausgesprochen schwierig ist. Die Gewißheit, was eine Organisation zu einer guten Organisation

macht, ist schwer zu erlangen.
Nach Abschluß dieser Untersuchung, nach unzähligen Gesprächen mit kompetenten Marktteilnehmern sowie vielen Seiten des Literaturstudiums ergibt sich zwangsläufig ein Kriterienkatalog. Die Auflistung dieser Kriterien macht eine Hilfestellung möglich. Trotzdem bleibt die spezifische Problematik – nämlich die Wahl der Austauschorganisation bestehen. Anders als beim Autokauf oder bei sonstigen Konsumgütern kann der Betroffene beim „nächsten Mal" keine Korrektur vornehmen.
Schüleraustausch ist eine einmalige Sache und ist nur in einem winzigen Zeitabschnitt praktikabel. Entsprechend groß ist die Tragik einer schlechten Erfahrung. Viel hängt vom Schüler selbst ab und nicht zuletzt auch von den glücklichen Umständen. Aber, und das ist eine Schlußfolgerung aus diesem Buch, viel hängt auch von den günstigen Startbedingungen ab, von der guten Vorbereitung, von der reibungslosen administrativen Arbeit der Organisation.

Kriterien für besonders gute Arbeit

Zum Abschluß die Kriterien für besonders gute Arbeit im langfristigen Schüleraustausch mit den USA, die wir auch am 07.10.1999 vor dem Ältestenrat des Deutschen Bundestages vorstellen konnten.

1. **Die Organisation sollte den Fragebogen für dieses Buch ausgefüllt zurückgesandt haben.**
   Der Fragebogen war umfangreich, aber – wie mir von den verschiedensten Geschäftsführern der Organisationen immer wieder bestätigt wurde – differenziert und fachkundig. Die Fragen dienten nicht der hinterlistigen Überführung übler Machenschaften, sondern alleine der transparenten Darstellung der Marktsituation.

2. **Die Organisation sollte eine in Deutschland selbständige Geschäftsform haben.**
   Die Eltern eines Austauschschülers müssen wissen, wer ihr Ansprechpartner ist – insbesondere im Notfall. Und wenn es ganz schlimm kommt, müssen sie ihr Recht vor einem deutschen Gericht erstreiten dürfen. Organisationen, die aufgrund eines rechtlich nicht selbständigen Status dies nicht ermöglichen, nut-

zen die Schwächen ihrer Kunden aus. Es kann von keinem verlangt werden, in einer fremden Sprache in einem fremden Land und einem fremden Rechtssystem für sein Recht kämpfen zu müssen.

3. **Die Informationsmaterialien sollten nicht die Möglichkeit hervorheben, in den USA den Führerschein und/oder das High School-Diplom zu erlangen.**
Die Arbeit im Schüleraustausch hat mir immer wieder gezeigt, für wie viele Schüler (und Eltern!) die Erlangung des Führerscheins eine wichtige Motivation für ein Austauschjahr ist. Angesichts der Vielseitigkeit an Erfahrungen und dem Wert des persönlichen Reifeprozesses, der durch das USA-Jahr ausgelöst wird, halte ich den Führerschein für eine ungenügende Motivation. Schüleraustausch des Führerscheins wegen zu machen, ist vergleichbar mit einer Hochzeit der günstigeren Steuerklasse wegen (siehe auch „High School-Diplom").

4. **Die Organisation sollte keine Plazierungsgarantie geben.**
Schüleraustausch ist ein „Menschen-zu-Menschen"-Geschäft. Wer behauptet, Vermittlungen zwischen Menschen garantieren zu können, beschönigt die Situation und ignoriert den Tatbestand, daß Jahr für Jahr Schüler unplaziert bleiben.

5. **Die Organisation sollte keine Gebietsgarantie geben.**
Einige amerikanische Organisationen lehnen sogar Teilnehmer ab mit der Begründung, daß es den Bewerbern gar nicht um ein Kennenlernen der Kultur geht, sondern nur um oberflächliches touristisches Interesse.

6. **Die Organisation sollte den Schüler vor einer Annahme persönlich kennenlernen. Daher darf der Bewerbungsablauf nicht ausschließlich schriftlich bzw. telefonisch sein.**
Ich verweise in diesem Zusammenhang auf die Ausführungen im Abschnitt „Bewerbungsverfahren – Meinungen".

7. **Die Organisation sollte zur Vorbereitung des Schülers mindestens ein mehrtägiges Seminar anbieten.**
Wichtigster Bestandteil der Vorbereitungsarbeit ist die Auslösung eines Bewußtseinmachungsprozesses beim Schüler. Fast-Food-Informationen, geballt in wenigen Stunden, können solch einen Prozeß mit Sicherheit nicht auslösen. Der Schüler

muß die Möglichkeit haben, dialogisch seinen Horizont zu erweitern. Genau dies ist bei einem mehrtägigen Seminar, auf dem Mitarbeiter und Ehemalige „rund um die Uhr“ zur Verfügung stehen, am ehesten gegeben.

8. **Die Organisation sollte ein eigenständiges Nachbereitungsangebot (Treffen oder Seminare) im Programm haben.**
Ich verweise in diesem Zusammenhang auf den Abschnitt „Nachbereitung“. Zwar ist die Wiedereingliederungsproblematik, wie dort beschrieben, eine relativ neue Erkenntnis, trotzdem aber halte ich es für die moralische Pflicht eines Anbieters, sich auch um die emotionalen Folgen des Austausches beim Schüler zu kümmern. Ich erwarte in diesem Zusammenhang in jedem Fall das Angebot einer Nachbereitung, um hier entstandene Konflikte mit der Unterstützung anderer Ehemaliger auffangen zu helfen.

Diese Kriterien stellen meine persönliche Meinung dar, die ich mir gebildet habe aufgrund eigener Erfahrung und als Ergebnis der Arbeit an diesem Buch. Auch die Resonanz von Branchenkennern auf die vorherigen Auflagen des Buches haben das bestätigt.
Die Kriterien erfüllen leider immer noch nur wenige Organisationen. Ich hoffe, daß dieses Buch dazu beiträgt, die Qualitätsstandards auf dem Schüleraustauschmarkt beständig zu erhöhen. Ziel sollte sein, daß austauschwillige Schüler und ihre Eltern in Zukunft aus einer gewachsenen Zahl anspruchsvoller Organisationen wählen können.
Dies wird eintreten, wenn sich allgemeine Standards in der Betreuung von und Arbeit mit Austauschschülern durchgesetzt haben. Dann werden Austauschschüler sich voll und ganz auf das ihnen Bevorstehende konzentrieren können: das größte Abenteuer ihres Lebens.

Handlungsbedarf

Zur Festsetzung eines einheitlichen Qualitätsstandards sehen wir folgenden Handlungsbedarf:

- Einheitliche Qualitätsstandards: Festlegung durch unabhängiges Gremium und / oder gesetzliche Regelungen.
- Mindestanforderungen für die Vor- und Nachbereitung.
- Spätbewerbungen vermeiden.
- Informationen an zuständige Lehrer.
- Organisationen sollten auskunftspflichtig sein.
- „Spontanprüfungen“ bei Bewerbungen, Vor- und Nachbereitungen sollten möglich sein.

Verzeichnisse

Verzeichnis deutsche Organisationen

Verzeichnis Postleitzahlen

Hier haben Sie sofort einen Überblick über die Organisationen bzw. deren Vertretungen in Ihrer Nähe. Der Hauptsitz ist jeweils **fett** gedruckt.

PLZ	Ort	Organisation(en)
01	Dresden	AFS, AYUSA, EF, EUROVACANCES, iST, YFU
03	Cottbus	EUROVACANCES
04	Leipzig	AFS, AYUSA, fee, Kompass
06	Halle	AFS
09	Chemnitz	AFS, GIJK
10-14	Berlin	AFS, **AIYSEP**, **AYUSA**, Carl Duisberg, **Council**, DFSR, **EF**, EUROVACANCES, GIJK, **GLS**, Kompass, Partnership, Terre des Langues, **VBA, Xenos**, YFU
	Brandenburg	AFS
	Potsdam	AFS
	Kleinmachnow	AYUSA
15	Oderland	AFS
17	Greifswald	AFS
18	Güstrow	EUROVACANCES
	Rostock	AFS, GLS, YFU
19	Schwerin	AFS, AYUSA
20+22	Hamburg	**AFS**, AYUSA, **EUROVACANCES**, DFSR, GIJK, **STS**, **YFU**

PLZ	Ort	Organisation(en)
21	Lüneburg	AFS
	Schnakenbek	Kompass
24	Kiel	AFS, **Kultur life**, OPEN DOOR, Terre des Langues
	Plön	GLS
25	Elmshorn	**CAMPS**, YFU
26	Oldenburg	AFS, **ICX**, YFU
	Ostfriesland	AFS
27	Bremerhaven	AFS
28	Bremen	AFS, EUROVACANCES
	Stuhr	GLS
	Weyhe	YFU
29	Celle	AFS
	Bienenbüttel	EUROVACANCES
30	Hannover	AFS, AYUSA, Carl Duisberg, fee, **TASTE**
31	Leinebergland	AFS
	Rinteln	AYUSA
33	Bielefeld	AFS
34	Kassel	AFS
35	Gießen	AFS
36	Bad Hersfeld	AYUSA

PLZ	Ort	Organisation(en)
37	Göttingen	AFS, YFU
	Leinebergland	AFS
	Rosdorf	EUROVACANCES
38	Braunschweig	AFS, **ARC**
39	Magdeburg	YFU
	Stendal	AFS
40	Düsseldorf	AFS, **ASSIST, Kompass**
41	Kaarst	EUROVACANCES
	Linker Niederrhein	AFS
42	Wuppertal	AFS, EUROVACANCES
44	Bochum	AFS
	Dortmund	**Advised**, AFS, **Auslandsges. NRW**, Carl Duisberg
45	Essen	AFS, EUROVACANCES
	Herten	fee
	Sprockhövel	AYUSA
47	Linker Niederrhein	AFS
48	Münster	AFS, **Christliche Ferienzeiten**, YFU
	Saerbeck	EUROVACANCES
49	Osnabrück	AFS
	Westerkappeln	**Share**

PLZ	Ort	Organisation(en)
50	Erftstadt	EUROVACANCES
	Köln	AFS, AYUSA, **Carl Duisberg**, **EEI**, **Into**, **i-WAY**, **OPEN DOOR, Partnership,** Terre des Languages, Kultur life
51	Bergisch Gladbach	**team!**
52	Aachen	AFS
	Linnich	YFU
53	Bonn	AFS, **ecse, Experiment**, **GIJK**, **STEP IN**
	Lohmar	**iE**
	Neunkirchen	**FLAG**
54	Trier	AFS
56	Koblenz	AFS
57	Siegen	AFS
58	Hagen	**Reflections**
60	Frankfurt	AFS, Council, EUROVACANCES, **ISKA**, Kompass, **LSI**, Terre des Langues
61	Rosbach	AYUSA
63	Seligenstadt	GLS
64	Darmstadt	AFS
	Heppenheim	**DFSR**
65	Wiesbaden	AFS, **ASPECT**
66	Saarbrücken	AFS, AYUSA, EUROVACANCES, GIJK
67	Südpfalz	AFS
	Kaiserslautern	YFU

PLZ	Ort	Organisation(en)
68	Mannheim	Carl Duisberg, EUROVACANCES
	Neulußheim	AYUSA
69	Heidelberg	AFS, **GIVE**, **iST**
70	Stuttgart	AFS, AYUSA, **Europa Sprachclub**, EUROVACANCES, **fee**, **GGS**, **House of English**
71	Ludwigsburg	AFS
72	Reutlingen	**TREFF**, YFU
	Tübingen	AFS
74	Bad Rappenau	**AMS**
76	Karlsruhe	AFS, AYUSA
78	Konstanz	AFS, YFU
	Radolfzell	Carl Duisberg
	Schwarzwald-Baar	AFS
79	Freiburg	AFS
	Gundelfingen	AYUSA
	Lörrach	AFS
	Sölden	Reflections
80+81	München	AFS, AYUSA, Carl Duisberg, DFSR, EF, EUROVACANCES, **Euro-Internatsberatung**, **MAP**
82	Puchheim	GIJK
83	Brannenburg	EUROVACANCES
	Holzkirchen	GLS

PLZ	Ort	Organisation(en)
85	Eichstädt	AYUSA
86	Augsburg	AFS, Terre des Langues
	Bobingen	EUROVACANCES
88	Friedrichshafen	AFS
89	Ulm	AFS, AYUSA, EUROVACANCES
90	Nürnberg	AFS, AYUSA
91	Erlangen	AFS, EUROVACANCES
93	Regensburg	AFS, AYUSA, **Terre des Langues**
94	Passau	AFS
	Ruderting	Kompass
95	Bayreuth	AFS, AYUSA, Kompass
96	Coburg	AFS
	Bamberg	AYUSA
97	Würzburg	AFS
98	Ilmenau	AFS
	Neuhaus	YFU
99	Apolda	EUROVACANCES
	Erfurt	AYUSA, GIJK

Verzeichnis Austauschländer

Argentinien	AFS, EUROVACANCES, Into, TASTE
Australien	Advised, AFS, ASPECT, AYUSA, Carl Duisberg, Council, DFSR, EEI, EF, EUROVACANCES, Experiment, fee, GIJK, GLS, House of English, ICX, iE, Into, iST, Kultur life, MAP, OPEN DOOR, STEP IN, STS, TASTE, Terre des Langues, TREFF, YFU
Belgien	EUROVACANCES, YFU
Brasilien	AFS, AYUSA, EUROVACANCES, GIJK, Into, STS, YFU
Chile	EUROVACANCES, YFU
China	AFS
Costa Rica	EUROVACANCES
Ecuador	AFS, GLS, ICX, YFU
England	Advised, AFS, ASPECT, AYUSA, Council, EF, EUROVACANCES, fee, GGS, GLS, House of English, ICX, Into, iST, Kultur life, OPEN DOOR, Partnership, STEP IN, team!, Terre des Langues
Frankreich	Advised, AFS, ASPECT, AYUSA, DFSR, EF, EUROVACANCES, GIJK, GLS, ICX, ISKA, Kultur life, STEP IN, STS, Terre des Langues, YFU
Irland	Advised, ASPECT, AYUSA, civtas mundi, Council, EEI, Experiment, GIJK, GLS, House of English, ICX, iST, Kultur life, Partnership, Terre des Langues, TREFF
Italien	Advised, AFS, EUROVACANCES, STS
Japan	Advised, AYUSA, EEI, Experiment, GLS, House of English, ICX, iST, Partnership, STEP IN, Terre des Langues

Kanada	Advised, AFS, AIYSEP, Aspect, Carl Duisberg, Council, DFSR, ecse, EF, EUROVACANCES, fee, GIVE, GLS, House of English, ICX, iE, Into, iST, Kultur life, LSI, MAP, OPEN DOOR, STEP IN, STS, TASTE, team!, Terre des Langues, TREFF, YFU
Mexiko	AFS, Kultur life, OPEN DOOR, TASTE, YFU
Neuseeland	Advised, AFS, AIYSEP, Aspect, AYUSA, Carl Duisberg, Council, DFSR, EEI, EF, EUROVACANCES, Experiment, fee, GIVE, GLS, House of English, iE, into, iST, Kultur life, MAP, OPEN DOOR, STEP IN, STS, Terre des Langues, TREFF, YFU
Norwegen	AFS, STS, YFU
Schweden	AFS, GLS, STS, YFU
Spanien	Advised, AFS, EF, EUROVACANCES, GIJK, GLS, iST, Kultur life, OPEN DOOR, STEP IN, STS, Terre des Langues
Südafrika	Advised, AFS, AYUSA, EF, EUROVACANCES, GIJK, GIVE, GLS, Into, iST, STEP IN, STS, TASTE, YFU
Uruguay	ASPECT, EUROVACANCES, YFU

AFS, AIYSEP und YFU bieten neben den hier genannten Ländern weitere Austauschziele an. Nähere Informationen beim Veranstalter.

Literatur Verzeichnis

Online-Bezugsquellen der hier gelisteten Titel finden Sie auch auf unserer Internetseite **www.schueleraustausch.de** (Literaturtipps)

Erfahrungsberichte

Berg, Heike (1999) „What´s up“ (Berlin: Berg-Verlag) ISBN 3-930902-05-2. EUR 10,12. Als Erfahrungsbericht eines Mädchens sehr poetisch und spannend geschrieben. Mit Fragebogen und Adress-Teil mit den Angaben für 1999. 191 Seiten.

Bernuth, Wolf von (2002), „I´m ok in OK - The diary of my year in Oklahoma“ (Berlin: Cornelsen) ISBN 3-464-05329-6.EUR 5,50. In englischer Sprache verfaßtes Tagebuch als Erfahrungsbericht eines Schülers, der ein Austauschjahr in Oklahoma verbrachte. (Mit Vokabel-Anhang). 64 Seiten.

Falkenberg, Karin (1997), "Rock´n`Roll im Reifrock" (Würzburg: Selbstverlag) ISBN 3-3-00-001451-9. USA von Innen aus der Sicht einer Austauschschülerin: Zuerst auf einer Farm, dann im bürgerlichen Alltag einer Kleinstadt. Für alle, die mehr über die USA wissen wollen. 123 Seiten.

Faltin, Daniel (2001), "Mein Jahr in den USA" (Berlin: Berlin Verlag) ISBN 3-8305-0227-3. EUR 15. Subjektiver Einblick in das Leben eines Austauschschülers: Von der Idee über die Vorbereitung bis zum letzten Tag in den Staaten und der Rückkehr nach Deutschland. 170 Seiten.

Frenzel, Ronny (2000), "Alaska mal anders" (Berlin: edition belletriste) ISBN 3-933664-07-1. EUR 8,80. Ein äußerst humorvoller Bericht über ein Schuljahr in Alaska. Der Autor beschreibt Probleme mit seiner Gastfamilie genauso wie gemeinsame Ausflüge. Ironisch, teils charmant überlegen berichtet er vom High School Leben, dem kalten alaskanischen Winter und dem warmen Sommer. 94 Seiten.

Herberth, Johann (1998), „Als Schüler in den Vereinigten Staaten“ (Freiburg: interconnections) ISBN 3-86040-064-9. EUR 13,90. In Tagebuchform geschriebener Erlebnisbericht mit einem Teil „Praktische Hinweise“ sowie Adress-Sammlung von 1998. 218 Seiten.

Kinkead, Katharine T. (1962), „Walk together, talk together" (New York: W.W. Norton) ISBN 0-393-07384-X. EUR 4,17. Ein Zeitdokument: Wie die ersten AFS-Austauschschüler ihren Austausch erlebten, mit welchen Problemen sie kämpfen mußten. Gut geeignet, um die heute Sicht der Dinge zu relativieren (engl.). 101 Seiten.

Kitz, Volker (2002), „Das USA-Gastschülerbuch" (Frankfurt: Eichborn) ISBN 3-8218-3932-5. EUR 14,90. Persönlicher Erlebnisbericht gepaart mit praktischen Tipps und Checklisten. 240 Seiten.

Rauner, Max (2001), „Als Gastschüler in den USA" (Ganderkesee: REISE KNOW-HOW Verlag) ISBN 3-89662-181-5. EUR 14,90. Immer noch der beste Erfahrungsbericht eines Austauschschülers, angereichert mit allem Wissenswerten rund um die Planung und Realisierung eines Schulbesuchs in den USA. 308 Seiten.

Redieck, Jenny (1999), „Mein kalifornisches Schuljahr" (Rostock: Redieck & Schade) ISBN 3-934116-06-X. EUR 8,13. In Tagebuchform geschriebener Erlebnisbericht, der sicher nicht das durchschnittliche Schuljahr repräsentiert. Nur beim Verlag: Fax (03 81) 2 78 62. 94 Seiten.

Terbeck, Thomas (2001), „Handbuch Fernweh" (Dortmund: polartext Verlag) ISBN 3-935897-00-6. EUR 18,50. Der Band gibt allgemeine Hinweise zum Austauschjahr und enthält einen Veranstalter-Tabellenteil mit Angaben für die USA und andere Austauschländer. 432 Seiten.

Forschung / Fachliteratur

Bredella, Lothar / Gast, Wolfgang / Quandt, Siegfried (1994), „Deutschlandbilder im amerikanischen Fernsehen" (Tübingen: Narr Verlag) ISBN 3-8233-4369-6. EUR 29. Die meisten Amerikaner gewinnen ihre Kenntnisse über Deutschland aus dem Fernsehen. Wie der „typische Deutsche dargestellt wird, analysieren die Autoren anhand von sechs amerikanischen Fernsehsendern und mehr als 3.500 Stunden aufgezeichneten Sendungen. 277 Seiten.

Donath, Reinhard / Volkmer, Ingrid (1997), „Das transatlantische Klassenzimmer“ (Hamburg: edition Körber-Stiftung) ISBN 3-89684-002-9. EUR 14. Schüleraustausch per Internet. Authentische Korrespondenz von Schülern aus Deutschland und den USA nach verschiedenen Themen geordnet. 476 Seiten.

Saeger, Jan. G. (2001), "Deutsch-Amerikanischer Schüleraustausch. Frühe Intention und heutige Wahrnehmung" (Erlangen, Selbstverlag: jansaeger@aol.com). EUR 19,80 inkl. Versandkosten. Themen: Ursprung der Austauschprogramme. Ist/war Schüleraustausch Teil der amerikanischen Außenpolitik? Beschreibung des Schüleraustauschmarktes. Umfrage unter drei Jahrgängen deutscher Austauschschüler. 105 Seiten.

Ratgeber

Eichhorn, Jutta / Motta Julia (1999), „Schüleraustausch – Englisch lernen – Kultur erleben“ (Wiesbaden: Universum Verlagsanstalt) ISBN 3-933355-26-5. EUR 15,25. Ein sehr ausführliches Buch mit Tips zum Schüleraustausch mit den USA und anderen Ländern, das sich eher an Lehrer richtet (inclusive CD-Rom). Leider durch die kleine Schrift sehr leseunfreundlich. 189 Seiten.

Engler, Barbara. (2002), „Schuljahres-Aufenthalte in den USA“ (Stuttgart: Aktion Bildungsinformation e.V.). EUR 16 inkl. Versandkosten. Allgemeines über High School-Aufenthalte, Entscheidungshilfen sowie eine Marktübersicht über ca. 38 deutsche Anbieter mit den Angaben für 2002, wobei einige große, renommierte Organisationen fehlen. 237 Seiten.

Englert, Sylvia (1999), „Ein Schuljahr im Ausland“ (Frankfurt: Campus) ISBN 3-593-36278-3. EUR 15,90. Der Band gibt allgemeine Hinweise zum Austauschjahr und listet im Tabellenteil 50 deutsche Veranstalter mit den Angaben für 1999 auf. 270 Seiten.

Hansel, Bettina (1993), „The Exchange Student Survival Kit“ (Yarmouth: Intercultural Press) ISBN 1-877864-17-X. EUR 15,81. In englischer Sprache erfährt man hier alles über mögliche Probleme während eines Austauschjahres und wie man diese meistern kann. Sehr gut geeignet als Begleiter während des Austauschjahres. 128 Seiten.

Hawks, John (1994), „Youth Exchanges. The complete guide to the homestay experience abroad“ (New York: Facts On File) ISBN 0-8160-2923-7. EUR 13,70. Ein Handbuch in englischer Sprache, das die Möglichkeiten und Grenzen eines Austauschjahres beleuchtet. Der Tabellenteil vergleicht allerdings nur amerikanische Organisationen. 234 Seiten.

King, Nancy / Huff, Ken (1997), „Host Family Survival Kit - A Guide for American Host Families“ (Yarmouth: Intercultural Press) ISBN 1-877864-37-4. US $ 14,95. In englischer Sprache erfährt man hier alles über mögliche Probleme einer amerikanischen Gastfamilie. Sehr gut geeignet, einen Blick „über den Tellerrand“ zu werfen, besonders für Eltern des deutschen Austauschschülers zum Verständnis geeignet. 199 Seiten.

Lanbacher, Mareike (1999), „Zur Highschool in die USA“ (Bonn: TIA) ISBN 3-933155-04-5. EUR 15. Allgemeine Hinweise zum Austauschjahr und Mini-Erfahrungsberichte von Austausch-Schülern. Im Tabellenteil Informationen über Veranstalter mit den Angaben für 1999. 299 Seiten

Romane

Nöstlinger, Christine (1995), „Das Austauschkind“ (Weinhein, Basel: Beltz & Gelberg) ISBN 3-407-781989. EUR 5,90. Ein englisches Austauschkind in Wien, das alle Regeln und Gebote der Gastfamilie auf den Kopf stellt. Zum Nachdenken und Schmunzeln für Eltern und Schüler. 160 Seiten.

Sonstige

Knorr, Rosanne (1998), „The grown-UP's guide to running away from Home“ (Ten Speed Press) ISBN 1-58008-000-6. EUR 12,64. Ratgeber für Eltern, die selbst nicht die Gelegenheit hatten, ein Austauschjahr zu machen und jetzt als Erwachsene einen längeren Auslandsaufenthalt planen oder in einem anderen Land ein neues Leben beginnen wollen (engl.). 216 Seiten

Köster, Magdalena (1999), „Nix wie weg. Anderswo ganz anders leben“ (München: dtv) ISBN 3-423-78147-5. EUR 9. Eine bunte Mischung ganz verschiedener Arten von Auslandsaufenthalten in Magazin-Charakter. Viele Statements von Teilnehmern, wenig Fakten. 191 Seiten.

Zeitungen/Zeitschriften

„GAPP Magazin“ (Bonn: Sekretariat der Kultusministerkonferenz) ISSN 0940-3116. Kostenfrei bei Pädagogischer Austauschdienst, Lennéstraße 6, D-53113 Bonn). Das zweimal jährlich erscheinende Magazin ist an Lehrer gerichtet, die sich im Schüler- und Lehreraustausch engagieren und hat darüber hinaus gute Tips für jeden Interessierten. Ca. 32 Seiten, A4-Format.

„Oskar´s (Stern Spezial)“ (Hamburg: Gruner + Jahr). EUR 1,70 pro Ausgabe. Das deutsch-amerikanische Jugendmagazin erscheint zweimal jährlich mit einem deutsch- und einem englischsprachigen Teil. Ca. 76 Seiten, A4-Format, Traveler zum Herausnehmen.

„Spoton“ (München, Spotlight Verlag) ISSN 1437-1103. EUR 2,80 pro Ausgabe. (Im Abonnement EUR 32,20 inkl. Versand). Das Junior-Magazin von Spotlight erscheint monatlich mit aktuellen Berichten in „Easy English“. Vokabelhilfen erleichtern das Lesen. Ca. 46 Seiten, A4-Format.

World Press Special, „Growing up in the U.S.“ EUR 6,50. „USA Today“ EUR 5,50. „USA in Focus: Regions, States, Cities, Trends“ EUR 5,50. (Bremen: Eilers & Schünemann). In englischer Sprache sind zu den jeweiligen Themen aktuelle amerikanische Zeitungsberichte abgedruckt, die einen realen Überblick bieten. Jeweils 64 Seiten.

Zeitschrift für Kulturaustausch (1987). Seite 581-589: Berg, Wolfgang „Zurück zu den anderen. Internationaler Schüleraustausch und das reentry-Problem.“

Broschüren, Videos

Auswärtiges Amt, „Adressbuch der deutsch-amerikanischen Zusammenarbeit“ (Auswärtiges Amt). Kostenlos zu beziehen beim Auswärtigen Amt, Broschürenstelle, Werderscher Markt 1, D-11013 Berlin oder per Fax: (0 18 88) 1 75 49 90. Umfangreiche Adress-Sammlung mit Informationen zu Institutionen und Organisationen, die aktiv den Kontakt zwischen Deutschland und den USA fördern. Die Online-Version des Adress-Buches kann heruntergeladen werden unter: www.auswaertiges-amt.de/www/de/infoservice/publikationen.

“Facts about Germany” Das Buch ist in der englischen Ausgabe für Austauschschüler ideal. Es erleichtert wesentlich das Darstellen von Deutschland, denn es sind alle wichtigen Informationen zusammengefasst: Von Geschichte, Wirtschaft, Bevölkerung bis hin zur Vorstellung der einzelnen Bundesländer. Kostenlos bestellen: E-Mail an Fahne@inter-nationes.de.

„Internationale Begegnungen für junge Leute - Übersee“ Dieses Faltblatt mit Adressen und Zielgebieten kann angefordert werden unter: Internationaler Jugendaustausch- und Besucherdienst der Bundesrepublik Deutschland (IJAB) e.V., Hochkreuzallee 20, D-53175 Bonn, Fax: (02 28) 95 06 - 1 99, E-Mail: ijab-info@ijab.de. Eine umfangreiche Datenbank steht im Internet zur Verfügung: www.ijab.de.

„Schüleraustausch“ Dieses auf Nordrhein-Westfalen bezogene Heft kann angefordert werden unter: Landeselternschaft der Gymnasien in NRW. e.V., Mühlenstraße 129, D-41236 Mönchengladbach. Tel.: (0 21 66) 2 20 21.

„Schüleraustausch USA“ Liste über Organisationen in Deutschland kann angefordert werden unter: Informationsbüro für Deutsch-Amerikanischen Austausch, Brümmerstraße 52, D-14195 Berlin, Tel.: (0 30) 8 31 38 20, Fax: (0 30) 8 31 80 31.

“Video Deutschland, Teil 1: Von der Zugspitze zur Insel Sylt” Ein Video über Deutschland in englischer Sprache im für USA notwendigen Fernsehsystem NTSC - das ideale Gastgeschenk. Zu Bestellen unter www.deutschlandvideos.de

USA - Geschichte und Gegenwart

Bailey, Thomas A. / Kennedy, David M. (1994), „The American Pageant" (Lexington: Heath and Company) ISBN 0-669-33892-3. In Deutschland: (Stuttgart, Klett-Cotta) ISBN 3-12-516141-X. EUR 43,20. Ein Standardwerk amerikanischer Geschichte bis in die Gegenwart, locker zu lesen (englisch), zahlreiche Abbildungen, umfangreicher Anhang. Für das Reisegepäck aufgrund des hohen Gewichtes nicht geeignet. 1.038 Seiten.

Stevenson, Douglas K. (1996), „American Life and Institutions" (Stuttgart, Klett-Cotta) ISBN 3-12-513800-0. EUR 16,60. Von der Wirtschaft über die Freiheitsliebe bis hin zum kulturellen Leben werden viele Themen abgedeckt (englisch). 176 Seiten.

Versetzungrichtlinien der Bundesländer

Als Richtlinie gibt die deutsche Kultusministerkonferenz vor, daß Leistungen, die in einem ausländischen Schulsystem erbracht wurden, für das deutsche Abitur nicht übernommen werden können. Im Ermessen der einzelnen Bundesländer liegt es jedoch, ein Überspringen des Schul(halb)jahres zu ermöglichen. Dementsprechend vielfältig sind die Regelungen, die teilweise sogar noch von Schule zu Schule variieren. Unterschieden wird zwischen der "Einführungsphase" (11. Schuljahr) und der "Kursphase" (12. und 13. Schuljahr), die für das Abitur zählt.

> Achtung!
> Unbedingt vor Beginn des Schüleraustausches Kontakt mit dem Schulleiter aufnehmen und konkrete Einzelheiten bis hin zur Fächerwahl im Ausland besprechen.

Im Beschluß der Kultusministerkonferenz vom 13.09.1974 heißt es:

"Der internationale Schüleraustausch fördert das friedliche Zusammenleben der Völker. Für den jungen Menschen, der an einem solchen Schüleraustausch teilnimmt, bedeuten die anderssprachige Umgebung, ihre Lebens- und Schulformen, die Kenntnis einer anderen Sicht von kulturellen, kommunalen und politischen Problemen, einen nachhaltigen Gewinn für die eigene Entwicklung. Er gewinnt einen Zuwachs an Erfahrungen und Fähigkeiten, der über den Bereich meßbarer Kenntnisse erheblich hinausgeht.
Das gilt auch dann, wenn im Rahmen des Besuchs der neugestalteten gymnasialen Oberstufe gemäß der Vereinbarung vom 07. Juli 1972 nur Leistungen mit Punkten bewertet und in die Gesamtqualifikation eingebracht werden können, die unter deutschen Schul- und Rechtsverhältnissen zustande gekommen sind. Die notwendige Vergleichbarkeit der Anforderungen und Abiturzeugnisse, wie sie sich insbesondere aus dem "Staatsvertrag über die Vergabe von Studienplätzen" ergibt, gestattet grundsätzlich nicht die Übernahme ausländischer Leistungsbewertungen. Die vier Halbjahre des Kurssystems sind daher auch für Schüler, die an einem internationalen Schüleraustausch teilnehmen, in der Regel unverzichtbar.
Soweit in den Ländern vorgesehen, können durch Anrechnungen von

Leistungen in der 11. Jahrgangsstufe Möglichkeiten gefunden werden, einen Zeitverlust zu verkürzen."

> Wer mehr wissen möchte, kann sich die jeweilige Landesausgabe der schulrechtlichen Sammlung des Luchterhand-Verlages besorgen. Erste Infos unter www.luchterhand.de
>
> Links und Informationen zu den nachfolgenden Ministerien finden sich auch direkt auf der Webseite der Kultusministerkonferenz, wo sie ständig aktualisiert werden:
> www.kmk.org/aktuell/home.htm?links

Baden-Württemberg

Kurzinfo:

Auf Antrag der Erziehungsberechtigten oder des Schülers bei Volljährigkeit wird der Schüler ohne Versetzungsentscheidung in die nächsthöhere Klasse aufgenommen.

Originaltext:

"Ein Schüler, für den zum Ende der Klassen 5 bis 11 kein Zeugnis erteilt und damit keine Versetzungsentscheidung getroffen werden kann, weil er an einem längerfristigen Einzelschüleraustausch mit dem Ausland teilgenommen und dort die Schule besucht hat, wird auf Antrag der Erziehungsberechtigten, bei Volljährigkeit auf seinen Antrag ohne Versetzungsentscheidung in die nächsthöhere Klasse bzw. in die Jahrgansstufe 12 aufgenommen. Abweichend von Satz 1 kann ein Schüler, bei dem die Voraussetzungen von Satz 1 am Ende der Klasse 11 vorliegen und der nicht die dem Unterricht in den Klassen 7 bis 10 entsprechenden Kenntnisse in einer zweiten Pflichtfremdsprache besitzt, nur nach Bestehen einer Feststellungsprüfung in der zweiten Pflichtfremdsprache in die Jahrgangsstufe 12 aufgenommen werden."

Kontakt:

Ministerium für Kultus, Jugend und Sport Baden-Württemberg
Schloßplatz 4
D-70173 Stuttgart
Tel.: (07 11) 27 90
Fax: (07 11) 2 79 30 81
E-Mail: poststelle@km.kv.bwl.de
Internet: www.kultusministerium.baden-wuerttemberg.de

Bayern

Kurzinfo:
Überspringen der 11. Klasse nach Probezeit in der 12. Klasse und erfolgreichen schriftlichen sowie mündlichen Prüfungen oder nach anderen Verfahren der zuständigen Schule möglich, wenn zu erwarten ist, daß mögliche Wissenslücken geschlossen werden können.

Originaltext:
"Wird einem Schüler das Vorrücken auf Probe in die Jahrgangsstufe 12 gestattet, so hat er in den Vorrückungsfächern der Jahrgangsstufe 11, in denen er im Ausbildungsabschnitt 12/1 nicht unterrichtet wird, spätestens bis zum Ende dieses Ausbildungsabschnittes Feststellungsprüfungen (schriftlich und mündlich) abzulegen. Bei den Feststellungsprüfungen zählen die schriftlichen Leistungen doppelt. Die Probezeit ist bestanden, wenn der Schüler in keinem seiner Leistungskursfächer und insgesamt in höchstens zwei der vorgeschriebenen Grundkursfächer und den Fächern der Feststellungsprüfung weniger als 5 Punkte der einfachen Wertung bzw. Note 5, in keinem Fall jedoch weniger als 1 Punkt bzw. Note 6 erzielt hat."

Kontakt:
Bayerisches Staatsministerium für Unterricht und Kultus
Salvatorstraße 2
D-80333 München
Tel.: (0 89) 2 18 60
Fax: (0 89) 21 86 28 00
E-Mail: abteilung6@stmukwk.bayern.de
Internet: www.stmwfk.bayern.de

Berlin

Kurzinfo:
Findet der Schüleraustausch während der 11. Klasse statt, entscheidet der Schulleiter bei über ein mögliches Überspringen. Bei Schüleraustausch während der 12. Klasse entscheidet das Landesschulamt. Empfohlen wird ein Auslandsschuljahr in der 10. oder 11. Klasse.

Originaltext:
"Wird wegen einer zur Teilnahme an einem Schüleraustausch ausgesprochenen Beurlaubung der Unterricht in der Einführungsphase nicht besucht, so ist nach Rückkehr die unmittelbare Eingliederung des Schülers in die Kursphase möglich, wenn zu erwarten ist, daß er dort erfolgreich mitarbeiten kann. Die Entscheidung trifft der Schulleiter. (...) Die Voraussetzungen für die Wahl eines Faches zum Prüfungsfach sind auch erfüllt, wenn der Schüler während der Beurlaubung vom Unterricht der Einführungsphase zum Zweck des Auslandsaufenthaltes im jeweilgen Fach in der ausländischen Schule unterrichtet wurde. (...) Wird wegen der Teilnahme am Schüleraustausch ein Halbjahr der Kursphase versäumt, so entscheidet das Landesschulamt im Einzelfall über eine Anrechnung von Leistungen des zweiten Halbjahres der Einführungsphase anstelle des Kurshalbjahres."

Kontakt:
Senatsverwaltung für Bildung, Jugend und Sport
Beuthstraße 6-8
D-10117 Berlin
Tel.: (0 30) 9 02 67
Fax: (0 30) 90 26 50 12
E-Mail: briefkasten@sensjs.verwalt-berlin.de
Internet: www.sensjs.berlin.de

Brandenburg

Kurzinfo:
Das 11. Schuljahr kann auf Antrag und entsprechender Fächerauswahl übersprungen werden.

Originaltext:
"Wer in der Einführungsphase für einen Schulbesuch im Ausland beurlaubt war und einen vergleichbaren Bildungsgang besucht hat, kann auf Antrag den Schulbesuch im Ausland auf den Besuch der Einführungsphase angerechnet bekommen. Eine Anrechnung soll erfolgen, wenn im Rahmen der Möglichkeiten der ausländischen Schule in Umfang, Fächerbreite und Anforderungsniveau der Einführungsphase vergleichbarer Unterricht besucht und entsprechende Leistungen erreicht wurden. Über den Antrag entscheidet das zuständige staatliche Schulamt."

Kontakt:
Ministerium für Bildung, Jugend und Sport
Steinstraße 104-106
D-14480 Potsdam
Tel: (03 31) 86 60
Fax: (03 31) 8 66 35 95
E-Mail: poststelle@mbjs.brandenburg.de
Internet: www.brandenburg.de

Bremen

Kurzinfo:
Überspringen ist mit Einverständnis von Erziehungsberechtigten und Schulleitung möglich - jedoch darf nur ein Halbjahr des 12. Schuljahres betroffen sein.

Originaltext:
"Während eines Schulbesuchs im Ausland versäumte Halbjahre können wiederholt oder übersprungen werden. Es kann höchstens ein Halbjahr der Qualifikationsphase übersprungen werden. In diesem Fall wird das zuletzt besuchte Halbjahr der Einführungsphase angerechnet. Für den Auslandsaufenthalt ist eine Beurlaubung durch die aufnehmende bzw. besuchte Oberstufe erforderlich. Vor Antritt führt die Schülerin oder der Schüler ein Beratungsgespräch in der Oberstufe. Dabei werden die Bedingungen für den Wiedereintritt in die gymasiale Oberstufe, die Erfüllung der Auflagen und das Verfahren sowie die persönlichen Voraussetzungen für ein Überspringen von Halbjahren geklärt. (...) Die Entscheidung trifft die Schülerin oder der Schüler ggf. im Einvernehmen mit ihren oder seinen Erziehungsberechtigten nach einer Beratung durch die Schule."

Kontakt:
Der Senator für Bildung und Wissenschaft
Rembertiring 8-12
D-28195 Bremen
Tel.: (04 21) 3 61 47 86
Fax: (04 21) 3 61 41 76
E-Mail: office@bildung.bremen.de
Internet: www.bildung.bremen.de

Hamburg

Kurzinfo:
Wenn der Schüler mindestens befriedigende Leistungen in Deutsch, Mathematik und einem naturwissenschaftlichen Fach erbracht hat, kann er in die Klasse 12 versetzt werden. Änderungen sind möglich, da Hamburg im Sommer 2002 das Abitur nach dem 12. Schuljahr eingeführt hat.

Originaltext:
"Ein Schüler, der den Besuch des Gymnasiums nach der Klasse 9, in oder nach der Klasse 10 oder in der Vorstufe bis zu einem Jahr unterbricht und in dieser Zeit eine vergleichbare Schule im Ausland regelmäßig besucht, kann unter Anrechnung der Dauer des ausländischen Schulbesuchs in die Vorstufe oder in die Studienstufe übergehen, wenn seine Leistungen den Voraussetzungen für die Versetzung in die Vorstufe oder - bei einer Unterbrechung der Vorstufe - für die Versetzung in die Studienstufe entsprechen. Der Übergang der Schülerin oder eines Schülers nach mindestens halbjährigen Auslandsaufenthalt in das zweite Halbjahr der Vorstufe innerhalb der letzten drei Monate des Unterrichts oder in die Studienstufe setzt ferner voraus, daß er oder sie in den Fächern Deutsch, Mathematik, sowie in einem naturwissenschaftlichen Fach im Durchschnitt mindestens befriedigende Leistungen und keine mangelhaften oder ungenügenden Leistungen erbracht hat."

Kontakt:
Behörde für Bildung und Sport
Hamburger Straße 31
D-22083 Hamburg
Tel.: (0 40) 42 86 30
Fax: (0 40) 4 28 63 40 11
Internet: www.hamburg.de/fhh/behoerden/behoerde_fuer_bildung_und_sport

Hessen

Kurzinfo:
Findet der Schüleraustausch während der 11. Klasse statt, entscheidet der Schulleiter über ein Überspringen. Im Zweifelsfall gibt eine Prüfung den Ausschlag. Bei Schüleraustausch während der 12. Klasse wird im Einzelfall beschlossen, ob Leistungen der 11. Klasse angerechnet werden.

Originaltext:
"Dieses soll gefördert werden und den Schülerinnen und Schülern ermöglicht werden, ihre schulische Ausbildung anschließend ohne zeitlichen Verlust fortzusetzen, wenn der entsprechende Leistungsstand nachgewiesen wird. Dieser Nachweis kann erforderlichenfalls durch ein Überprüfungsverfahren erfolgen. Die Entscheidung darüber trifft die Schulleiterin oder der Schulleiter. Findet der Auslandsaufenthalt von mindestens halbjähriger Dauer während der Qualifikationsphase statt, so können auf Antrag Leistungen der Pflichtfächer aus der Einführungsphase bei der Gesamtqualifikation angerechnet werden. Ergebnisse, die im Ausland erzielt wurden, können hierbei jedoch nicht berücksichtigt werden."

Kontakt:
Hessisches Kultusministerium
Luisenplatz 10
D-65185 Wiesbaden
Tel.: (06 11) 36 80
Fax: (06 11) 3 68 20 96
E-Mail: poststelle@hkm.hessen.de
Internet: www.kultusministerium.hessen.de

Mecklenburg-Vorpommern

Kurzinfo:
Kein Problem ist das Überspringen, wenn der Schüleraustausch im 11. Schuljahr stattfindet und die erfolgreiche Teilnahme unten gelisteter Fächer nachgewiesen werden kann.

Originaltext:
"Auf Antrag kann die Verpflichtung zum Besuch der Einführungsphase um die Zeit eines nachgewiesenen, regelmäßigen und gleichwertigen Schulbesuchs im Ausland verkürzt werden. Erstreckt sich dieser Schulbesuch über die gesamte Einführungsphase, so kann der Eintritt in die Qualifikationsphase ohne Versetzung erfolgen. Die Entscheidung trifft der Schulleiter. (...) Eine Verkürzung des Besuchs der gymnasialen Oberstufe um die Einführungsphase ist nur möglich, wenn die erfolgreiche Teilnahme am Unterricht mindestens folgender Fächer nachgewiesen wird:
1. Unterricht in beiden Pflichtfremdsprachen aus dem Sekundarbereich I oder Fortsetzung der 1. Pflichtfremdsprache und Beginn einer neuen Fremdsprache,
2. Mathematik,
3. ein naturwissenschaftliches Fach (Chemie, Biologie, Physik),
4. ein Fach aus dem gesellschaftswissenschaftlichen Aufgabenfeld.
In Zweifelsfällen holt der Schulleiter die Entscheidung der zuständigen Schulaufsichtsbehörde ein."

Kontakt:
Ministerium für Bildung,
Wissenschaft und Kultur Mecklenburg-Vorpommern
Werderstraße 124
D-19055 Schwerin
Tel.: (03 85) 58 80
Fax: (03 85) 5 88 70 82
E-Mail: poststelle@kultus-mv.de
Internet: www.kultus-mv.de

Niedersachsen

Kurzinfo:
Eine Anrechnung des Auslandsschuljahres ist nur während des 11. Schuljahres möglich.

Originaltext:
“Eine Verkürzung des Besuchs der Vorstufe um die Zeit des Auslandsaufenthaltes ist nur möglich, wenn die erfolgreiche Teilnahme am Unterricht mindestens folgender Fächer nachgewiesen wird:
- in den im 5. und 7. Schuljahrgang begonnenen Pflichtfremdsprachen oder
- in einer der im 5. oder 7. Schuljahrgang begonnenen Pflichtfremdsprachen und in einer weiteren Pflicht- oder Wahlpflichtfremdsprache oder einer neu begonnenen Fremdsprache
- in einem Fach aus dem gesellschaftswissenschaftlichen Aufgabenfeld
- in Mathematik
- in einem der Fächer Physik, Chemie oder Biologie.”

Kontakt:
Niedersächsisches Kultusministerium
Schiffgraben 12
D-30159 Hannover
Tel.: (05 11) 12 1
Fax: (05 11) 1 20 74 50
Internet: www.niedersachsen.de/Mk1.htm

Nordrhein-Westfalen

Kurzinfo:
Überspringen der 11. Klasse ist bei entsprechendem Leistungsstand mit Einverständnis der Schulleitung möglich.

Originaltext:
"Während der Jahrgangsstufen 11 und 12 können Schülerinnen und Schüler für einen Auslandsaufenthalt (...) beurlaubt werden. Nach Rückkehr wird die Schullaufbahn grundsätzlich in der Jahrgangsstufe fortgesetzt, in der der Auslandsaufenthalt begonnen wurde. Die Jahrgangsstufe 13 kann nicht für einen Auslandsaufenthalt unterbrochen werden. Schülerinnen und Schüler, die zu einem einjährigen Auslandsaufenthalt in der Jahrgangsstufe 11 oder einem halbjährigen Auslandsaufenthalt in der Jahrgangsstufe 11/II beurlaubt sind, können ihre Schullaufbahn ohne Versetzungsentscheidung in der Jahrgangsstufe 12 fortsetzen, wenn aufgrund ihres Leistungsstandes zu erwarten ist, dass sie erfolgreich in der Jahrgangsstufe mitarbeiten können. Ausländische Leistungsnachweise können bei der Berechnung der Gesamtqualifikation nicht übernommen werden."

Kontakt:
Ministerium für Schule,
Wissenschaft und Forschung NRW
Völklinger Straße 49
D-40221 Düsseldorf
Tel.: (02 11) 8 96 03
Fax: (02 11) 8 96 32 20
E-Mail: poststelle@mswf.nrw.de
Internet: www.mswwf.nrw.de

Rheinland-Pfalz

Kurzinfo:
Überspringen der 11. Klasse nach maximal 10-wöchiger Probezeit in der 12. Klasse und Entscheidung der Kurslehrerkonferenz möglich.

Originaltext:
"Schülerinnen und Schüler, die für die Dauer der Einführungsphase zum Besuch einer Auslandsschule beurlaubt waren, können ausnahmsweise in die Jahrgangsstufe 12 eintreten. Spätestens nach 10 Wochen entscheidet die Kurslehrerkonferenz, ob die bis dahin gezeigten Leistungen die Zulassung zur Jahrgangsstufe 12 rechtfertigen. Bei Verbleib der Jahrgangsstufe 12 werden die Noten des Halbjahres 12/2 doppelt gerechnet."

Kontakt:
Ministerium für Bildung, Frauen
und Jugend Rheinland-Pfalz
Mittlere Bleiche 61
D-55116 Mainz
Tel.: (0 61 31) 1 60
Fax: (0 61 31) 16 28 78
E-Mail: poststelle@mbfj.rlp.de
Internet: www.mbfj.rlp.de

Saarland

Kurzinfo:
Überspringen nach Einzelfallbetrachtung möglich.

Originaltext:
"Es gilt die übliche Zeugnis- und Versetzungsordnung. Im Hinblick auf Auslandsaufenthalte erfolgt eine individuelle Einzelfallberatung durch die Schule betreffend des Beurlaubungs- und Reintegrationsverfahrens."

Kontakt:
Ministerium für Bildung, Kultur
und Wissenschaft
Hohenzollernstraße 60
D-66117 Saarbrücken
Tel.: (06 81) 5 01 00
Fax: (06 81) 5 01 72 91
Internet: www.bildung.saarland.de

Sachsen

Kurzinfo:
Wird das Auslandsschuljahr in der 11. Klasse durchgeführt, ist kein Überspringen der 11. Klasse möglich. In der 12. Klasse ist ein Auslandsschuljahr nur in Ausnahmefällen gestattet.

Originaltext:
"Schüler, die nach Absolvierung von Jahrgangsstufe 10 (...) für ein Schuljahr eine Schule im Ausland besuchen, setzen nach ihrer Rückkehr ihr Lernen auf jeden Fall in Jahrgangsstufe 11 der Heimatschule fort. Schüler des allgemeinbildenden Gymnasiums, die die Jahrgangsstufe 11 erfolgreich absolviert haben, setzen grundsätzlich ohne Unterbrechung ihr Lernen in Jahrgangsstufe 12 der Heimatschule fort, da beide Jahrgangsstufen als Qualifikationsphase der gymnasialen Oberstufe eine pädagogische und organisatorische Einheit bilden."

Kontakt:
Sächsisches Staatsminiusterium für Kultus
Carolaplatz 1, Westflügel
D-01079 Dresden
Tel.: (03 51) 56 40
Fax: (03 51) 5 64 28 87
E-Mail: presse@smwk.sachsen.de
Internet: www.smwk.de

Sachsen-Anhalt

Kurzinfo:
Möglich ist das Überspringen, wenn der Schüleraustausch im 11. Schuljahr stattfindet, die erfolgreiche Teilnahme der unten gelisteter Fächer nachgewiesen werden kann und eine Genehmigung des staatlichen Schulamtes vorliegt. Eine Beurlaubung für einen Schüleraustausch in der Klasse 12 ist nicht zulässig.

Originaltext:
"Ein Schulbesuch im Ausland kann auf Antrag durch das Staatliche Schulamt auf den Besuch der Einführungsphase angerechnet werden. Umfasst dieser Schulbesuch auch das zweite Halbjahr der Einführungsphase, kann der Eintritt in die Qualifikationsphase ohne Versetzungsentscheidung erfolgen, wenn in der jeweiligen Landessprache, einer weiteren Fremdsprache, Mathematik, einer Naturwissenschaft und einem Fach des gesellschaftswissenschaftlichen Aufgabenfeldes zumindest ausreichende Leistungen erzielt worden sind. Das Staatliche Schulamt kann im Einzelfall den Eintritt in die Qualifikationsphase auch zulassen, wenn eine vollständige entsprechende Belegung nachweislich nicht möglich war. Erfolgt die Beurlaubung nach dem Absolvieren der Einführungsphase und vor Eintritt in die Qualifikationsphase, wird diese Zeit nicht auf die Verweildauer in der gymnasialen Oberstufe angerechnet. Eine Beurlaubung vom Besuch der Qualifikationsphase für einen Schulbesuch im Ausland ist unzulässig."

Kontakt:
Kultusministerium des Landes
Sachsen-Anhalt
Turmschanzenstraße 32
D-39114 Magdeburg
Tel.: (03 91) 5 67 01
Fax: (03 91) 5 67 76 27
Internet: www.mk.sachsen-anhalt.de

Schleswig-Holstein

Kurzinfo:
Auf Antrag der Erziehungsberechtigten (oder des Schülers bei Volljährigkeit) bei der Schulleitung kann der Schüler die 11. Klasse überspringen.

Originaltext:
"Besonders leistungsfähige Schülerinnen und Schüler, die in der Jahrgangsstufe 11 im Rahmen eines mindestens halbjährigen, höchstens einjährigen Schulbesuches im Ausland beurlaubt wurden, können nach ihrer Rückkehr einen Antrag auf Überspringen eines Schulhalbjahres der Einführungszeit oder der gesamten Einführungszeit stellen. Bei minderjährigen Schülerinnen und Schülern ist der Antrag jeweils von den Eltern zu stellen. Über den Antrag entscheidet die Schulleiterin oder der Schulleiter."

Kontakt:
Ministerium für Bildung,
Wissenschaft, Forschung und Kultur
des Landes Schleswig-Holstein
Brunswiker Straße 16-22
D-24105 Kiel
Tel.: (04 31) 98 80
Fax: (04 31) 9 88 58 88
Internet:
www.schleswig-holstein.de/landsh/landesreg/min_bildung/bildung1.html

Thüringen

Kurzinfo:
Die Entscheidung, ob ein Schüler die Klasse überspringen kann, wird individuell getroffen.

Originaltext:
"In die nächsthöhere Klassenstufe werden die Schüler versetzt, die während des laufenden Schuljahres die erforderlichen Leistungsnachweise erbracht und dabei den Anforderungen genügt haben. Abweichend hiervon kann ein Schüler bei Vorliegen besonderer Gründe, wie Wechsel der Schule während des Schuljahres oder längerer Krankheit, versetzt werden, wenn dies bei Würdigung seines Leistungswillens gerechtfertigt erscheint und eine erfolgreiche Mitarbeit in der nächsthöheren Klassenstufe erwartet werden kann; über die Versetzung oder Nichtversetzung entscheidet die Klassenkonferenz. Näheres wird durch Rechtsverordnung des Kultusministers geregelt."

Kontakt:
Thüringer Kultusministerium
Werner-Seelenbinder-Straße 1
D-99069 Erfurt
Tel.: (03 61) 3 79 00
Fax: (03 61) 37 94 690
E-Mail: tkm@thueringen.de
Internet: www.thueringen.de/tkm

WWW - Verzeichnis

Damit Sie die hier aufgelisteten Links nicht erst mühsam eintippen müssen, finden Sie diese und viele weitere Links direkt zum Anklicken unter unserer eigenen WWW-Adresse, die wir laufend erweitern und aktualisieren:

www.schueleraustausch.de (Surftipps)

Erfahrungsberichte

www.schueleraustausch.net
Homepage von Max Rauner, Autor des Buches "Als Gastschüler in den USA", mit einer Link-Sammlung und wichtigen Adressen.

www.dpf.de/
Homepage von Johannes Pfeffer. Für zukünftige und ehemalige Austauschschüler. Mit Forum und Chats. Bietet kostenloses Homepage-Hosting für Austauschschüler.

www.ausgetauscht.de
Homepage von Stefan Pfau, Austauschschüler in Michigan. Persönlicher Erfahrungsbericht, Tips und Links.

www.muenster.org/mauritz/projekte_in/LiveEnglish/LiveEnglish.html
Homepage des St. Mauritz Gymnasiums, Münster. Tips und Adressen rund um ein USA-Austauschschuljahr, aber auch zu anderen Ländern.

www.austauschjahr.de
Homepage von Tillmann Eisenberg, Austauschschüler 92/93 in Redford TWP, Mi, USA. Persönlicher Erfahrungsbericht, Artikel, Tips und Links.

Allgemeine Informationen

http://web66.umn.edu/schools.html
Homepage des Web66, das sich zur Aufgabe gemacht hat, Schulen weltweit zu vernetzen. Gibt Informationen zu Schulen überall auf der Welt.

www.auswaertiges-amt.de/www/de/laenderinfos
Homepage des Auswärtigen Amtes mit Länder- und Reiseinformationen, konsularischer Service und Visa-Informationen sowie Broschüren und Adressen der deutschen Auslandsvertretungen.

www.csiet.org
Homepage des Council on Standars for International Educational Travel, der amerikanischen Organisation, die für die Qualitätssicherung bei Austausch- und Lehrprogrammen sorgt. Die Liste der von der CSIET anerkannten Organisationen kann hier abgeufen werden.

www.deutsche-kultur-international.de/j/djtran.htm
Deutsche Kultur International ist ein Gemeinschaftsprojekt der Vereinigung für internationale Zusammenarbeit und wird von der Kulturabteilung des Auswärtigen Amtes gefördert. Programme, Stipendien, Organisationen - Link-Sammlung zum deutsch-amerikanischen Jugendaustausch.

www.deutschlandvideo.de
Ein Video über Deutschland in englischer Sprache im für USA notwendigen Fernsehsystem NTSC - das ideale Gastgeschenk.

www.ed.gov
Homepage des U.S. Department of Education. US-Bildungsserver mit Infos über fast alles. Besonders interessant: Schulindex aller US-Schulen.

www.educationusa.de
Homepage des privaten Beratungsdienstes Council on International Educational Exchange e.V.

www.verizonreads.net
Homepage des Verlages Lifeplaybook mit Infos, Links, Chats und schulbezogenen Themen für US-Teenager.

www.osa.s.bw.schule.de/sch-aust/
Homepage des Oberschulamtes Stuttgart: Auslandskontakte, Schüleraustausch, internationale Schülerbegegnungen und Schülergruppenaustausch (für Klassen und Schülergruppen). Übersicht der Fördermöglichkeiten.

www.stern.de/oskars
Homepage des deutsch-amerikanischen Jugendmagazins Oskar´s mit Adressen, Infos und Links zum Schüleraustausch (siehe auch Literaturhinweise).

www.stiftung.koerber.de
Homepage der Körber-Stiftung, die das Projekt „Das Transatlantische Klassenzimmer – Schüler erobern die Welt per E-Mail" leitet. Gibt viele Tips und Ideen für Online-Projekte im Unterricht.

www.usembassy.de
Homepage der US-Botschaft mit allen notwendigen Adressen, Telefonnummern und Informationen zur Beschaffung eines Visums.

www.usinfo.state.gov
Homepage des United States Information Service. Hier findet man zum Beispiel die vorgeschriebenen Versicherungstypen für Austauschschüler.

Amerikahäuser, DAI´s, Infozentren

www.dialogzentrum-md.de
Deutsch-Amerikanisches Dialogzentrum Magdeburg

www.carl-schurz-haus.de
Deutsch-Amerikanisches Institut Freiburg, Carl-Schurz-Haus

www.dai-heidelberg.de
Deutsch-Amerikanisches Institut Heidelberg

www.dai-nuernberg.de
Deutsch-Amerikanisches Institut Nürnberg

www.dai-tuebingen.de
Deutsch-Amerikanisches Institut Tübingen

www.daz.org
Deutsch-Amerikanisches-Zentrum / Byrnes-Institut e.V. Stuttgart

www.amerikahaus.de
Bayerisch-Amerikanisches Zentrum

www.amerikazentrum.de
Amerikazentrum Hamburg e.V

Wenn Sie einen interessanten Link zum Thema „Schüleraustausch" kennen, nehmen Sie bitte über „www.schueleraustausch.de" Kontakt zu uns auf.

2002-2003 CSIET Advisory List

Die hier gelisteten US-Organisationen erfüllen die Standards des CSIET (weitere Infos unter www.CSIET.org) zum Zeitpunkt der Erhebung. CSIET übernimmt mit diesen Angaben keine Garantie für Qualität sowie Art und Weise der Durchführung der Programme einzelner Organisationen. Weiterhin können auch Organisationen, die nicht bei CSIET aufgeführt sind, im Bereich Schüleraustausch arbeiten. Die in Klammern gesetzten Abkürzungen finden Sie im Tabellenteil bei den USA-Partnern der deutschen Organisationen wieder. Soweit vorhanden, sind E-Mail bzw. Internet-Adressen angegeben.

Abbey Road Overseas Program
Internet: www.goabbeyroad.com

Academic Adventures in America (AAA)
E-Mail: aaiasandy@att.net

Academic and Cultural Exchange (ACE)
E-Mail: acelaf@aol.com
Internet: www.academicculturalexch.com

Adventures in Real Communication (ARC)
Internet: www.archomestay.com

Adventures in Real Communication-Year (ARC-YP)
Internet: www.arcyp.com

AFS-USA (AFS)
E-Mail: afsinfo@afs.org
Internet: www.afs.org/usa

AIFS Foundation (AIFS)
E-Mail: pbologna@aifs.org
Internet: www.aifsfoundation.org

American Academic & Cultural Exchange (AACE)

American Council for International Education (ACTR/ACCELS)

American Intercultural Student Exchange (AISE)
E-Mail: mail@aise.com
Internet: www.aise.com

American International Youth Student Exchange Program (AIYSEP)
E-Mail: aiysep@aol.com
Internet: www.aiysep.com

Amicus International Student Exchange

Amigos de las Americas

Asa International (ASA)
E-Mail: asassc@aol.com
Internet: www.asainternational.com

ASPECT Foundation
E-Mail: exchange@aspectworld.com
Internet: www.aspectworld.com

ASSE International
E-Mail: asse@asse.com
Internet: www.asse.com

ASSIST

Association for Teenage Diplomats (ATAD)

AYUSA International
Internet: www.ayusa.org

Center for Cultural Interchange (CCI)
E-Mailo: info@cci-exchange.com
Internet: www.cci-exchange.com

Children's International Summer Villages (CISV)

Council on International Educational Exchange (CIEE)
E-Mail: highschool@councilexchanges.org
Internet: www.councilexchanges.org

Cooperative Extension 4-H Youth Program

Council for Educational Travel USA (CETUSA)

Cultural Academic Student Exchange (CASE)
E-Mail: casenj@ExchangeStudents.org
Internet: www.exchangestudents.org

Cultural Homestay International (CHI)

DM Discoveries
E-Mail: dmd@aol.com

Education Travel and Culture Inc. (ETC)
E-Mail: edutrav@aol.com
Internet: www.edutrav.org

Educational Merit Foundation (EMF)
Internet: www.emfusa.org

Educational Resource Development (ERDT/SHARE)
E-Mail: info@erdtshare.org
Internet: www.erdtshare.org

EF Foundation

Face the World Foundation (FTW)
E-Mail: info@facetheworld.org
Internet: www.facetheworld.org

Foreign Links Around the Globe (FLAG)
E-Mail: mcunha@flag-intl.org
Internet: www.flag-intl.org

Foreign Study League (FSL)

Foundation for Academic Cultural Exchange (FACE)
E-Mail: fndcultexg@aol.com
Internet: www.facexchange.org

Foundation for Worldwide International Student Exchange (WISE)
Internet: www.wisefoundation.com

Global Insights (GLI)
E-Mail: GLInsights@aol.com
Internet: www.globalinsights.org

Intercultural Homestay Services (IHS)

International Cultural Exchange Services (ICES)
E-Mail: icesusa@icesusa.org
Internet: www.icesusa.org

International Fellowship (INFEL)
E-Mail: infelwes@cecomet.net
Internet: www.internationalfellowship.org

International Student Exchange (ISE)
E-Mail: mary@iseusa.com

Into EdVentures

Nacel Open Door
E-Mail: info@nacelopendoor.org
Internet: www.nacelopendoor.org

Northwest Student Exchange (NWSE)
E-Mail: nwse@nwse.com
Internet: www.nwse.com

Northwest International Study Exchange (NISE)
E-Mail: nisenw@aol.com
Internet: www.exchanges@nisenw.org

NW Services
E-Mail: khuitt@aol.com

Organization for Cultural Exchange Among Nations (OCEAN)
Internet: www.oceanintl.org

Pacific Intercultural Exchange (PIE)
E-Mail: info@pieusa.org
Internet: www.pieusa.org

Presidential Classroom for Young Americans

Program of Academic Exchange (PAX)
Internet: www.pax.org

Quest International

REACH
E-Mail: reachtx@lcc.net
Internet: www.reachtx.org

Reflections International Inc.

Rotary: Central States, ESSEX, International, Ohio-Erie, Rocky Mountain, SCANEX, South Central

Rotary (District 5190, 5580, 5950, 5960, 7120, 7150, 7190

School Year Abroad
E-Mail: mail@sya.org
Internet: www.sya.org

STS Foundation
E-Mail: info@stsfoundation.org
Internet: www.stsfoundation.org

Student American International (SAI)

Summer Discovery

Terra Lingua
E-Mail: terralinguaus@aol.com
Internet: www.terralingua.com

United Studies Student Exchange (USSE)
E-Mail: info@unitedstudies.org
Internet: www.unitedstudies.org

Ventures International Association (VIA)

World Experience
Internet: www.worldexperience.org

World Heritage
E-Mail: info@world-heritage.org
Internet: www.world-heritage.org

Stichworte

Notizen

Ideal als Ergänzung zu »Ein Schuljahr in den USA«

Max Rauner

Als Gastschüler in den USA

Erfahrungen, Fakten und Informationen

Vielen wird es gehen wie Max Rauner, der schreibt »... die Prospekte und Broschüren fast aller Organisationen zeigten zwar hübsche Farbfotos mit fröhlichen Gesichtern, und die Handbücher sprachen von Kulturschock und erforderlicher Anpassungsfähigkeit. Doch weder sie noch Reiseführer und Länderanalysen konnten mir wirklich vermitteln, was es bedeutet, Gastschüler zu sein«.

Max war ein volles Schuljahr drüben und berichtet im Hauptteil seines Buches kenntnisreich und mit Humor über seine Erfahrungen in Amerika. Im Gegensatz zu manch anderem zu persönlichen Erlebnisbericht reflektiert der Autor das Gesehene und Erlebte. Dadurch erhalten seine Schilderungen und Einsichten einen generellen Charakter, der sich auch auf zunächst ganz andere Situationen übertragen läßt. Zudem ist das Buch leicht lesbar und spannend. Wer sich für das Thema interessiert und selbst erwägt, zeitweise eine US-Highschool zu besuchen, wird es nach ein paar Seiten nicht mehr aus der Hand legen.

Zusätzlich enthält das Buch viele wichtige Informationen zu Schulsystem und -alltag in den USA und zum Leben jenseits des Atlantik.

308 Seiten, Fotos, Illustrationen
ISBN 3-89662-181-5 EUR 14,90 (D)

Reise Know-How Verlag
Dr. Hans-R. Grundmann GmbH
Am Hamjebusch 29
26655 Westerstede

WEBSITES: www.reisebuch.de
www.schueleraustausch.net

Das Buch für Austauschschülerinnen

Heike Berg

What´s Up

Das Buch für Austauschschüler und Eltern

Lehr- und Wanderjahre, das ist eine Konstruktion, die den Menschen ins Unbekannte entläßt, aber ebenso nicht ohne Anbindung an den Alltag - regeln, Konventionen, einen Platz für sich selbst. Genau das bietet ein Schüleraustausch. Unabhängig, flexibel, aktiv, neugierig, kommunikationsfähig...all das soll der moderne tolle Typ sein. Aber wie wird man das? Persönlichkeit, Ausstrahlung, den richtigen Platz für sich finden - wo trainiert man die Suche danach? Und wann? Im echten Leben natürlich und möglichst früh! Heike Berg ist mit einem Riesenschub Energie von ihrem einjährigen USA-Aufenthalt zurückgekommen - sie hat mit diesem Buch ihr Gesellenstück abgeliefert - und wir alle können uns schon freuen auf “Things to Come”.

Georgia Tornow, Berliner Zeitung

Das Buch ist auch für Eltern lesenswert, da Heike Berg sehr offen über viele Sorgen schreibt.

stern spezial Oskar´s

Heike Berg verbrachte ihr Schuljahr in Kalifornien. Sie lebt und arbeitet heute als Investmentbankerin in NYC.

"Meine Freunde aus der High School sind inzwischen in der ganzen Welt verstreut. Das klingt bizarr, aber wir treffen und besuchen uns gegenseitig in Tokyo, Paris und L.A."

Heike Berg

192 Seiten, Fotos, Fragebogen zum Selbsttest
ISBN 3-930902-05-2 EUR 10,12

Exclusiv im Buchshop bei:
www.schueleraustausch.de

BEHALTEN SIE DEN ÜBERBLICK.
Hier
And there
spezial
OSKAR'S
SCHÜLERAUSTAUSCH USA
Hobos
ALS BLINDER PASSAGIER DURCHS LAND
Rodeo
AUF DIE PFERDE, FERTIG, LOS!
INFO-TEIL:
ALLES WISSENSWERTE FÜR EIN JAHR IN DEN USA
LEBEN WIE WIR WOLLEN
Skater, Hippies, Geeks & Co: Junge Amerikaner erzählen, wofür sie sich entschieden haben
IM INTERNET: WWW.STERN.DE/OSKARS
stern spezial OSKAR'S ist ein zweisprachiges Jugendmagazin mit Tipps und Tricks für einen gelungenen Schüleraustausch in die USA.